21世纪高等院校工商管理精品教材

特许经营管理

Franchise Management

（第五版）
5th Edition

肖怡　编著

东北财经大学出版社　大连
Dongbei University of Finance & Economics Press

图书在版编目（CIP）数据

特许经营管理 / 肖怡编著. —5 版. —大连：东北财经大学出版社，2025.8. —（21世纪高等院校工商管理精品教材）. —ISBN 978-7-5654-5772-2

Ⅰ. F713.3

中国国家版本馆 CIP 数据核字第 20259LG464 号

特许经营管理

TEXU JINGYING GUANLI

东北财经大学出版社出版

（大连市黑石礁尖山街 217 号　邮政编码　116025）

网　　址：http://www.dufep.cn

读者信箱：dufep@dufe.edu.cn

大连东泰彩印技术开发有限公司印刷　东北财经大学出版社发行

幅面尺寸：185mm×260mm　　　　字数：339千字　　　　印张：16.5

2025 年 8 月第 5 版　　　　　　　　2025 年 8 月第 1 次印刷

责任编辑：石真珍　吴　焕　　　　　　责任校对：何　群

封面设计：张智波　　　　　　　　　　版式设计：原　皓

书号：ISBN 978-7-5654-5772-2　　　　定价：45.00 元

教学支持　售后服务　　联系电话：（0411）84710309

版权所有　侵权必究　　举报电话：（0411）84710523

如有印装质量问题，请联系营销部：（0411）84710711

第五版前言

特许经营被视为商业活动中最富有活力和最具成长潜力的经营方式，在世界各国广泛流行，成为许多国家商业经营的一种主流形式。特许经营自20世纪80年代传入中国以来，经过40多年的发展，日益显现出其强大的生命力。如今的中国特许经营不仅涵盖了所有类型和所有模式，而且从零售业、餐饮业迅速向其他服务行业渗透，并借助现代大数据分析技术和人工智能技术，开始步入一个新的数字化转型阶段。

各家连锁企业的年报显示，2024年销售额和利润双增长的连锁企业大多以特许经营方式实现了规模扩张，并通过数字化能力提升和AI技术加持实现了利润增长。当然，我们也应看到，国内近几年加盟纠纷骤然增多，一些知名品牌也深陷加盟风波中，品牌形象受损。可见，特许经营是一把"双刃剑"，用得好，可以披荆斩棘；用不好，可能两败俱伤。

当前，中国经济发展正处于一个战略机遇和风险挑战并存的重要关口。党的二十大报告指出："加快构建以国内大循环为主体、国内国际双循环相互促进的新发展格局。"一方面，消费已连续多年成为中国经济增长的第一引擎；另一方面，各种新消费品牌、新消费场景接踵而至，一场新消费运动正在兴起。这些都为特许经营行业发展提供了巨大的机会。

如何在中国经济战略转型的当口，迎接新经济、新消费发展带来的机遇？此时需要行业正本清源，更需要系统的理论给予实践指导，帮助企业和加盟者少走弯路，利用好特许经营这一有力武器实现企业快速扩张和创业成功的目的。令人欣慰的是，随着国家反垄断的深入和各项法律、法规、政策的出台，中国特许经营正走上一条规范化、有序化发展轨道。同时，越来越多的理论工作者致力于特许经营领域的研究，许多专业律师提供特许经营法律事务的解决方案，各地高校也开始重视培养特许经营的专业人才。

本书自出版以来，得到了众多读者和教育工作者的反馈，他们对本书给予了充分的肯定，也提出了许多宝贵的意见。鉴于近几年国内特许经营发生的巨大变化，笔者结合自己多年的研究和教学心得，在充分结合同行与读者意见的基础上对教材内容进行了修改和完善。

　　《特许经营管理》（第五版）共分为8章：第1章主要介绍特许经营的概念、类型及优劣剖析，以及特许经营的起源及发展；第2章主要介绍特许商业的概念及可行性研究、特许权与特许经营业务模式、特许经营运作流程；第3章主要介绍特许经营费用构成及影响因素、加盟总部如何确定特许经营费用；第4章主要介绍特许经营合约的特征及内容、加盟双方的权利与义务、签订特许经营合约的注意事项；第5章主要介绍加盟商招募计划、加盟商招募实施及如何培训加盟商；第6章主要介绍加盟总部如何建立内部控制系统、特许经营督导制度及加盟总部如何维护和拓展特许经营体系；第7章主要介绍加盟商的投资决策、加盟店的业务运作、加盟店如何提升经营业绩；第8章主要介绍特许经营的风险来源、加盟总部和加盟商如何规避特许经营风险。

　　本书第五版秉承了如下特点：

　　第一，强调系统性与逻辑性。本书从最基本的概念及理论逐步深入、递进，全面系统地介绍了现代特许经营管理理论的体系和运作技巧，每一章的内容均兼顾了"知识点""技能点""能力点"，各章节有机组合在一起，存在内在的逻辑联系，方便学生学习和理解。

　　第二，理论性与实务性高度结合，注重时效性。本书立足于中国特许经营管理面临的实际问题，借鉴国内外特许经营的成功经验和最新研究成果，深入浅出，使读者更容易掌握理论在实际中的运用情况。同时，数据是一种最有说服力的解释，本次修订对所有相关数据进行了更新，力求通过数据来呈现特许经营发展的最新高度。

　　第三，为强化案例教学而配备大量企业案例资料。本版教材对许多案例进行了更新，这些案例都是精心挑选的，极具代表性，无论是成功经验还是失败教训，都值得读者思考和借鉴。需要说明的是，笔者对书中提及的案例企业并非有推荐之意，而是为了补充说明书中相关问题。读者在投资时仍要仔细研究，慎重决策。

　　此外，笔者专门开设了一个微信公众号"零售与连锁经营"作为课程资源中心，以弥补纸质版教材的不足。公众号上还有相关的教学内容课件、思考题和案例分析参考答案、优秀学生作业和本科毕业论文、大量精美的商品陈列图讲解，以及教案、大纲、连续20多年中国连锁业和特许经营发展相关数据，可供读者参考。

　　笔者希望教材以最完美的形式呈现出来，并真正为中国特许经营发展尽一份绵薄之力。本书力求将特许经营管理各要素合乎逻辑且清晰地联系在一起，在文字表达上也力求新颖独特而又简明易懂，但由于学识有限，时间仓促，疏漏在所难免，恳请读者批评指正。本书在编写的过程中，由于研究的需要，参考了大量的相关论著、网站和公众号资料，在此向作者们表示深深的谢意。

联系方式：广东财经大学工商管理学院　肖怡教授（510320）
E-mail：xy_gd@126.com
微信公众号：零售与连锁经营

"零售与连锁经营"公众号

肖　怡

2025年6月于广州

目 录

第1章
特许经营导论

学习目标 ☑ ------------------------------●

知识目标
- 了解特许经营的概念及核心术语，掌握不同特许经营类型的基本特点；
- 掌握特许经营与其他连锁经营方式的特征及区别；
- 深入理解特许经营对加盟总部与加盟商的优势与劣势；
- 了解国内外特许经营的起源和发展近况。

技能目标
- 能区分特许经营的不同类型，并了解这些类型的具体特点；
- 能分析一个特许经营体系失败的主要原因。

能力目标
- 能比较不同连锁经营形式对某连锁企业发展的主要作用；
- 能根据一个特许经营体系的具体发展情况分析其存在的优势和劣势。

1.1 特许经营的概念、类型及与其他连锁经营模式的区别

案例1-1

7-11便利店对特许经营的理解

　　日本7-11便利店不是最早尝试特许经营业务的企业，却是对特许经营概念理解最透彻的一家企业。

　　早在20世纪70年代初，任职伊藤洋华堂董事的铃木敏文先生负责店铺开发，可他每到一处开店都会遇到当地中小零售商店的强烈反对，大家的理由是大型超市的到来必将压迫中小零售商店的经营甚至导致其倒闭。束手无策的铃木敏文先生偶然在美国看到了7-11，在对其经营模式进行深入分析的基础上，得出的结论是：中小零售商店不能和大型超市竞争的原因不在于其"小"，而在于其"生产力"（生产效率）的低下，如果能有效提高小型店铺的生产力，就不存在"小"遇"大"必死的问题。

为了证明自己的观点，铃木敏文先生开始向日本引进7-11，准备以此解决小型店铺的生存问题，因此，日本7-11从一开始就注定要以中小零售店为对象做特许加盟事业。而当时的日本中小零售店缺乏资金，议价能力差，缺乏信息化手段，设备陈旧，装修简陋，就连小店老板的子女都认为自家小店太土，不愿继承经营。鉴于此，日本7-11一开始的业务出发点就是如何整体地、系统地解决上述问题，从而提高小店的生产力，创造体系的核心竞争力，而非总部如何将产品卖出去或者是单纯地如何帮小店多赚钱。

在日本7-11看来，做特许经营的难度远远高于直营，做直营有整体盈利之说，哪怕其中少数店亏损，只要企业整体盈利就可以了。而特许经营中每一家加盟店都是独立的个体，对于每一位加盟者来说只有盈利或者亏损两种结果，任何一种结果对于加盟者都是100%。所以对7-11而言，总部的经营原则、制度设计以及日常经营中双方的责任与义务规范一定是以让每家加盟店都盈利为目标。

1974年5月15日，7-11在日本的第一家店开业。之后，7-11构建了一套自己的特许经营体系，明确了总部和加盟者的分工，建立了督导员制度和自动融资制度，创新了大家所熟悉的单品管理、共同配送、多频小量配送、联合商品开发、IT精益管理、毛利分配制度、差异化PB商品策略、高密度集中开店策略等。截至2024年年底，7-11在全世界开设了8万多家便利店。

在零售业有一种说法："世上只有两家便利店，7-11便利店和其他便利店。"7-11便利店的成功正是来自对特许经营内涵的准确理解，即为每一个加盟商赋能。这种赋能的核心理念正在成为其他企业的效仿标准，并演变成为当今新零售变革的主要标志。而所有这一切，7-11便利店早在20世纪70年代就已经付诸实践了。

资料来源：中国连锁经营协会（微信公众号）。

日本7-11便利店是成功的便利店，其成功与其说是组织制度创新的成功，不如说是将自己转变成一个能量型组织的成功，从而得以赋能每一个加盟店。如今，特许经营被视为商业活动中最富活力和最具成长潜力的经营方式，在世界各国广泛流行，成为许多国家商业经营的主流形式。可口可乐公司、麦当劳公司、肯德基公司等世界著名的企业，都是特许经营的成功实践者，它们向世界展示了特许经营的巨大魅力，也引起了人们对特许经营内涵的探究。

1.1.1 特许经营的概念及核心术语

特许经营是一个舶来词，其英文单词"franchise"本意是指"特别的权利"。这个词用在商业上又被赋予了许多新的含义，常被视作一种商业经营模式。我国自2007年5月1日起实施的《商业特许经营管理条例》将特许经营定义为：拥有注册商标、企业标志、专利、专有技术等经营资源的企业（以下称特许人），以合同形式将其拥有的经营资源许可其他经营者（以下称被特许人）使用，被特许人按照合同约定在统一的经营模式下开展经营，并向特许人支付特许经营费用的经营活动。

目前，世界各国对特许经营的定义表述不完全一样，但实质内容是一致的。这些定义涉及以下几个重要术语：

（1）特许人（franchisor）

特许人也称加盟总部，指拥有可授予他人使用的商标、商号、经营模式、专利和专有技术等经营资源并授予他人使用的一方，包括特许人和二级特许人。各国政府管理条例和法律上经常使用特许人概念，而企业界多用加盟总部概念。本书后面的内容中涉及特许人概念时多称为加盟总部。

（2）受许人（franchisee）

受许人也称被特许人、加盟者、加盟商，是指获得他人授权，使用其商标、商号、经营模式、专利和专有技术等经营资源从事经营活动的一方。本书后面的内容中涉及受许人概念时多称为加盟者或加盟商。

（3）加盟店（franchised outlet）

加盟店是被特许人获得特许人授权后，使用其商标、商号、经营模式、专利和专有技术等经营资源建立的经营场所和设施。

（4）特许权（franchise）

特许权是指加盟总部所拥有或有权授予别的组织及个人的商标、商号、CIS系统、专利、经营诀窍、经营模式等无形资产，以及与之相配套的有形产品、无形服务等。特许权又有广义和狭义之分。广义的特许权是上述无形资产和有形产品及无形服务的组合；狭义的特许权仅包括商标、商号、CIS系统、专利、经营诀窍、经营模式等无形资产。"franchise"一词有多重含义，既可译为特许权，也可译为特许经营。国际特许经营协会（IFA）网站上明确指出，"franchise"指特许权，而"franchising"指特许经营模式。

（5）特许经营费用（franchise fee）

特许经营费用是指在特许经营合同期限内，加盟者为取得特许权并正常经营而向加盟总部交纳的所有费用，一般包括加盟金、特许权使用费（权利金）、保证金及其他费用。

（6）特许经营合约（franchise contract）

特许经营合约也称特许合同、特许合约，这是加盟总部和加盟者签订的用于规定双方在特许经营关系过程中的权利和义务、确定双方特许经营关系的法律契约。它往往由一系列的合同组成，包括特许经营主合同和辅助合同。

（7）特许经营体系（franchise system）

特许经营体系是在统一的品牌和经营模式下，由加盟总部和加盟商共同经营的一个连锁管理和运营系统，在本书中也被称为特许体系。

1.1.2 特许经营类型

特许经营涉及的领域十分广泛，其具体形式又呈现出多种多样的特点。我们可以根据不同的标准，将其划分成不同的类型。

1.1.2.1 按特许内容划分

特许经营按照特许内容，可以分为商品商标特许经营（product and trade name franchising）和经营模式特许经营（business format franchising）两种。

（1）商品商标特许经营

商品商标特许经营是指受许人使用特许人的商标、生产配方和营销方式来生产和销售特许人的产品，或对商品商标进行多种形式的商业开发，作为回报，受许人应定期向特许人支付费用。一般来说，受许人仍保持着原有企业的商号，单一或非单一地生产销售特许人取得商标所有权的产品。

商品商标特许经营由来已久，最早是代销商为制造商代销某种产品的契约关系，如我国常见的"特约经销商"。随着时间的推移，代销商逐渐集中为一个制造商服务，成为制造商的一个销售部门。代销商与制造商因此形成了类似母公司和子公司的关系，产生了最初的特许连锁经营，它也被称为"第一代特许经营"。如今，这种特许经营模式又演变出几种形式来：

① 商标特许。商标特许是指商标注册人许可他人使用其注册的商标进行商业开发，双方签订商标使用许可合同，被授权使用他人商标的受许人必须交纳一定的使用费。采用商标特许形式的加盟总部一般只对商标的使用方法提出具体的要求和限制，对加盟商的经营活动并不做严格规定。史努比（Snoopy）就是商标特许的典型代表。史努比是由美国著名卡通画家查尔斯·舒尔茨创作的卡通小狗形象，自从1950年他的漫画作品一炮而红后，他便将这一形象作为商标向外转让。至今，已有超过2万种与史努比有关的商品，包括婴儿服装、家用纺织品、文具、背包、钟表、体育用品、主题电脑、特色手机、休闲食品、特色机车、主题公园以及各种各样的儿童玩具和用品，每年加盟总部的利润高达10多亿美元，而加盟商还在年年增加。类似史努比这样的商标特许的例子还有很多，如米老鼠、流氓兔、凯蒂猫、皮卡丘、机器猫、蓝猫等。

② 商品销售特许。商品销售特许主要是指加盟总部将自己生产的商品授权给加盟商销售。加盟总部一般对商品的销售方式、销售价格、销售区域及售后服务有要求，有时对加盟商的销售模式有特别的要求，如汽车行业的4S店。这种形式的特许经营通常是一个大制造商为其名牌产品寻找销路时采用，常见的有汽车专卖店、加油站、服装专卖店等。

③ 商品生产特许。商品生产特许是指加盟商获得许可，自己投资建厂，使用加盟总部的专利、技术、设计和生产标准或产品配方来加工或制造取得特许权的产品，并使用加盟总部的商标销售该产品。商品生产特许与商品销售特许不同的是，商品生产特许权不仅包括商品的销售，还包括产品的生产。著名的可口可乐公司就是商品生产特许的典型代表。诞生于1886年的可口可乐公司为了满足日益扩大的市场需要，降低生产地与销售地之间的运输成本，于20世纪初尝试引入了商品生产特许，向一些地方性企业授予装瓶和销售的独家经营权以及按固定价格供应浓缩液的承诺，由此建立了一个全国性乃至全球性的装瓶商网络。这种经营模式使可口可乐取得了

巨大的成功，并迅速走向全世界，成为美国文化和美国生活方式的代表。

（2）经营模式特许经营

经营模式特许经营被称为"第二代特许经营"，目前人们常说的特许连锁经营主要就是这种类型。经营模式特许经营不仅要求加盟商经营加盟总部的产品和服务，而且加盟店的商店标志、店名、商标、经营标准、产品和服务的质量标准、经营方针等都要按照加盟总部的全套方式进行，亦即加盟店购买的不仅是商品的销售权，而且是整个模式的经营权。加盟店必须交纳加盟费和后继不断的权利金（特许权使用费），这些费用使加盟总部能为加盟店提供培训、广告、研究开发和后续支持。这种经营模式特许经营范围广泛，在零售行业、快餐业、服务业中最为突出，其中消费者较为熟悉的麦当劳、肯德基和7-11便利店都属于这种形式。目前，第一代特许连锁经营有向第二代经营模式特许经营转化的趋势。

在过去几十年特许经营的整个销售额中，商品商标特许经营大约占70%，其中绝大部分是汽车销售额，而经营模式特许经营的销售额大约占30%。最近几十年来，后者发展较快，已成为引人注目的特许经营方式。

案例 1-2

泡泡玛特IP运营助其国内国外高速发展

泡泡玛特成立于2010年，是中国一家潮流文化娱乐公司，于2020年12月正式在港交所挂牌上市。2025年3月26日，泡泡玛特披露了2024年度业绩报告。报告显示，泡泡玛特在2024年总营收为130.38亿元人民币，同比增长106.9%；净利润为34.03亿元，同比增长185.9%。在总营收中，泡泡玛特中国内地营收为79.7亿元，同比增长52.3%；海外及我国港澳台业务营收为50.7亿元，同比增长高达375.2%。

泡泡玛特的高速发展，离不开其成功的IP运营与创意设计。一方面，它积极争取国内外著名IP的商标特许经营权用作其产品创意设计。泡泡玛特获得授权的IP包括迪士尼公主、天线宝宝、芭比、米奇家族、航海王、恋与制作人、哈利·波特、哪吒、疯狂动物城、唐老鸭、小王子、漫威、三丽鸥家族、小熊维尼、海绵宝宝、原神、唐探1900等。正因如此，泡泡玛特在IP授权支出方面的成本也持续增长。根据报告，在设计与授权支出成本方面，泡泡玛特2022年支出1.60亿元，2023年支出2.37亿元，2024年支出5.07亿元。与2023年相比，2024年泡泡玛特在IP授权支出成本方面同比增长114.2%。另一方面，泡泡玛特凭借着成熟的IP运营体系，成功打造出多个深受欢迎的潮流文化自有IP，其中有13个IP收入过亿元。因此，在拿IP授权的同时，泡泡玛特也在对外授权旗下自有IP，如"THE MONSTERS×瑞幸咖啡""MOLLY×安踏""SKULLPANDA×优衣库"等。"THE MONSTERS"精灵天团，包含了"LABUBU""ZIMOMO""MOKOKO"等多个小精灵。其中，LABUBU堪称泡泡玛特旗下IP"顶流"，表现尤为亮眼。2024年6月，LABUBU受泰国驻华大使馆邀请，以"神奇泰国体验官"的身份亮相泰国风情节，与"粉丝"高频互动，进一步巩固了其作为中泰潮流文化纽带的核心地位。

资料来源：角研社. 拆解泡泡玛特两个数据：海外营收50亿，一年花5亿买IP［EB/OL］. (2025-04-02)［2025-07-07］. https://www.jiemian.com/article/12557413.html.

1.1.2.2 按授予特许权方式划分

特许经营按授予特许权的方式不同，可分为如下类型：

（1）单体特许

单体特许是指加盟总部赋予加盟商在某个地点开设一家加盟店的权利。加盟总部与加盟商直接签订特许合同，加盟者亲自参与店铺的运营，加盟商的经济实力普遍较弱。目前，在该类加盟商中，相当一部分是在自己原有网点的基础上加盟。单体特许适用于在较小的空间区域内发展特许网点。其优点是：加盟总部直接控制加盟者，对加盟商的投资能力没有限制，没有区域独占，不会对加盟总部构成威胁。其缺点是：网点发展速度慢，加盟总部支持、管理加盟商的投入较大，限制了有实力的加盟商的加盟。

（2）区域特许

区域特许是指加盟总部赋予加盟商在规定区域、规定时间开设规定数量的加盟网点的权利。由区域加盟商投资、建立、拥有和经营加盟网点，该加盟商不得再转让特许权，加盟商要为获得区域开发权交纳一笔费用并遵守开发计划。这种方式十分普遍，适用于在一定的区域（一个地区、一个省乃至一个国家）内发展特许网络。加盟总部与区域加盟商首先签订开发合同，赋予加盟商在规定区域、规定时间的开发权。当加盟网点达到加盟总部的要求时，由加盟总部与加盟商分别就每个网点签订特许合同。这种特许方式的优点是：有助于加盟商尽快实现规模效益；能发挥加盟商的投资开发能力。其缺点是：在开发合同规定的时间和区域内，加盟总部无法发展新的加盟商；对区域加盟商的控制力较小。

（3）二级特许

二级特许是指加盟总部赋予加盟者在指定区域销售特许权的权利。二级特许者扮演着二级加盟总部的角色，要支付数目可观的特许费，它是开展跨国特许的主要方式之一。加盟总部与二级特许者签订授权合同，二级特许者再与加盟者签订特许合同。这种特许形式的优点是：扩张速度快；加盟总部没有管理每个加盟者的任务和相应的经济负担；二级特许者可以根据当地市场的特点改进特许体系。其缺点是：把管理权和特许费的支配权交给了二级特许者；过分依赖二级特许者，特许合同的执行没有保证；特许收入分流。

（4）代理特许

代理特许是指特许代理商经加盟总部授权成为加盟总部的招募加盟者。特许代理商作为加盟总部的一个服务机构，代表加盟总部招募加盟者，为加盟者提供指导、培训、咨询、监督和支持，它是开展跨国特许的主要方式之一。加盟总部与特许代理商签订代理合同，加盟总部与加盟者签订特许合同，合同往往是跨国合同，必须了解和遵守所在国的法律，代理商不构成特许合同的主体。这种特许形式的优点是：扩张速度快；减少了加盟总部开发特许网络的费用支出；对特许权的销售有较强的控制力；能够对加盟者实施有效控制而不会过分依赖代理商；能够方便地中止特许合同；可以直接收取特许费。其缺点是：加盟总部要对代理商的行为负责；要承担被加盟者起诉的风险；要承担汇率等其他风险。

1.1.2.3　按加盟双方成员的关系划分

特许经营按加盟双方关系的不同，可分为如下类型：

（1）制造商–零售商特许系统

制造商–零售商特许系统是由制造商发起并提供特许经营权，零售商作为受许人经营制造商的商品而形成的特许经营体系，这种体系在汽车销售、服装业和全屋家居定制行业最为普遍。

（2）批发商–零售商特许系统

批发商–零售商特许系统是由一个批发商发起同时吸收大量零售店加入所形成的特许经营体系，如美宜佳、京东便利店等就属于这种系统。

（3）零售商–零售商特许系统

零售商–零售商特许系统是由一个零售商发起并大量吸收零售加盟商所形成的特许系统，也是最普遍、最典型的经营模式特许，代表企业有百果园、良品铺子等。

（4）服务特许系统

服务特许系统主要应用于餐饮业和纯服务行业，由一个创造出自己独一无二服务概念的服务企业发起建立，通过特许经营合同授予特许经营人使用加盟总部的商业名称和专长的特权，加盟总部则收取一定的特许权使用费作为补偿。如各种餐饮品牌和儿童教育机构、房产中介、家居清洁业、旅行社、美容业等。

1.1.3　特许经营与其他连锁经营模式的区别

尽管特许经营的应用领域十分广泛，并演化成多种形式，但通常我们看到的特许经营主要是经营模式的特许经营。经营模式特许经营一般是连锁商店采用的一种连锁经营方式，称为特许连锁经营。由于特许经营在商业连锁经营中的广泛应用，这里我们主要从商业连锁经营几种不同连锁方式的比较视角来考察特许经营的特点和内涵。

连锁经营是连锁商店（包含零售业、饮食业及其他服务业的连锁商店）所采取的一种经营方式和管理制度，它是指由同一加盟总部领导下的若干分支企业或门店构成的联合体为实现规模效益所进行的统一的商业经营活动。连锁经营最初是以单一所有权形式，即直营连锁形式出现的。随着长期的发展实践，逐渐形成了三种形式并存的局面，即直营连锁、自由连锁和特许连锁。

1.1.3.1 特许经营的基本特征

在连锁经营的范畴中，特许经营被称为特许连锁经营（franchise chain，FC），这种连锁形式也称合同连锁、加盟连锁、契约连锁，是加盟总部与加盟店之间依靠契约结合起来的一种形式。一个特许连锁系统必须具有如下特征：

（1）特许经营的核心是特许权的转让

特许权的转让方是加盟总部，接受方是加盟者。加盟总部转让的特许权一般包括商标、专利、商业秘密、技术秘密、经营诀窍等无形资产。如果加盟总部没有形成这些无形资产，就不会出现特许经营模式。这些无形资产都属于知识产权范畴，因此，特许经营的核心实际上是知识产权的转让。它推出的是一个活生生的样板店，如肯德基、麦当劳，人们很容易就会发现这一经营模式所带来的效益，于是，人们很容易接受这样一种无形资产的转让。

（2）加盟总部与加盟店之间的关系是通过签订特许经营合约而形成的纵向关系

特许连锁经营加盟店与加盟总部之间的关系是以特许经营合约为纽带的，这个特许经营合约是加盟总部与加盟者之间签订的一份协议书。根据协议，加盟总部称为特许权所有方或特许人，加盟者称为特许权使用方或受许人。这份协议具有法律效力，它将加盟总部与加盟者紧紧地连在一起。正因为特许经营是通过加盟总部与加盟店签订一对一的特许合同而形成的，因而加盟总部与加盟店之间的关系是纵向关系，而各加盟店之间不存在横向关系。

（3）特许经营的所有权是分散的，但经营权高度集中，对外要形成一致形象

在特许连锁系统里，加盟者对自己的店铺拥有所有权，经营权则高度集中于加盟总部。加盟店是独立法人，是资产的所有者，店主对自己的经营成败负责。当店主认为加盟连锁组织比独立经营更有利时，就会对市场上现有的特许连锁组织进行调查、比较，最后决定向哪家特许连锁组织提出加盟申请。尽管特许经营的所有权是分散的，但表面上与直营连锁相似，对外形成同一资本经营的形象，使公众把加盟店看作加盟总部的有机组成部分。例如，麦当劳快餐店在全世界有上万家分店，它们的标记、商标、布局、风格都一模一样。它们既有直营的连锁门店，也有特许的连锁门店，除了加盟总部知道两者的区别外，消费者是无法对两者分辨清楚的。

（4）加盟总部提供特许权许可和经营指导，加盟店要支付一定的费用

一旦加盟总部和加盟者签订特许经营合约，就意味着加盟总部许可加盟者使用加盟总部特有的商标、店名和字号，使用加盟总部开发的生产、加工、销售、服务及其他经营方面的技术，加盟总部在合约有效期内应持续提供各种指导和帮助，这种后续服务的目的在于帮助加盟者了解、吸收和复制特殊技术，并在开业之后尽快走上正轨，取得收益。加盟者在取得这些权利时要付出一定的代价，即要向加盟总部交纳一定的费用。一般情况下，加盟者在签订特许经营合约时，要一次性交纳一笔加盟金，各特许连锁组织的加盟金视自身情况而定。对于加盟总部提供的指导、服务，统一开展的广告宣传，加盟店则要按合约规定每月向加盟总部交纳特许权使用费和广告费等。

特许连锁经营在国外萌芽较早，已有100多年的历史，但直到20世纪80年代，特许连锁经营才如火如荼，飞速发展起来。目前，特许连锁经营已经渗透到商业、服务业的各个领域，并被认为是最好的连锁形式。特许连锁之所以能如此飞速地发展，主要是因为它具有其他连锁形式无法比拟的优越性。直营连锁以单一资本向市场辐射，易受资金、时间、人力的限制。而特许连锁以特许权向市场辐射，对加盟总部而言，企业无须投入大量的资金和人力，可以借助他人的力量，将已成熟的规范化管理方式和独具特色的经营技术以及名牌化的品牌通过特许的方式占领市场，是一种安全而迅速地扩大知名度、拓展市场的经营方式。对于加盟店而言，业主无须拥有一定的技术和经验，只需支付一定的加盟费就可以直接套用他人成功的经验和管理技术，得到加盟总部的长期指导和服务，"借他人之梯，登自己发展之楼"，从而省去探索的时间，降低投资的风险。因而，特许连锁经营对双方都有吸引力，成为目前国际上最为流行的连锁经营方式。

1.1.3.2 直营连锁的基本特征

直营连锁（regular chain，RC）又叫正规连锁，是连锁经营的基本形态。这是连锁企业的加盟总部通过独资、控股或兼并等途径开设门店、发展壮大自身实力和规模的一种连锁形式。连锁企业的所有门店在加盟总部的直接领导下统一经营，加盟总部对各门店实施人、财、物及商流、物流、信息流等方面的统一管理。直营连锁具有以下特点：

（1）同一资本开设门店

同一资本开设门店是直营连锁与特许连锁和自由连锁之间最大的区别。直营连锁各门店之间是以资本为主要联结纽带的，资本又必须属于同一个所有者，归一个企业、一个联合组织或一个人，由同一个投资主体投资开办门店，各门店不具备独立的法人资格。

（2）经营管理高度集中统一

加盟总部对各门店拥有全部的所有权、经营权、监督权，实施人、财、物与商流、信息流、物流、资金流等方面的集中统一管理，门店的业务必须按加盟总部的指令行事。因此，直营连锁企业必须建立合理的分工体制，即加盟总部必须设置分工明确、专业精细的内部管理机构及各门店的层级管理制度、各类责任制度、分配制度和规范的门店管理制度，以联结加盟总部与各职能部门和门店的统一运作。

（3）统一的财务核算制度

在人事关系上，直营连锁各门店的店长是连锁企业的雇员而不是所有者，所有门店的店长均由加盟总部委派，其工资、奖金由加盟总部确定。店长无权决定门店的利润分配，因为整个连锁企业实行统一的核算制度，各个门店的工资、奖金由加盟总部依据连锁企业制定的标准来决定。

采取直营连锁方式经营的好处是显而易见的：它采用高度集权管理，可以统一调度资金，统一经营战略，统一管理人事，统一开发和利用企业整体性资源，具有雄厚的实力，易于同金融机构、生产厂家打交道，在新产品的开发与推广、信息管理现代化方面也能发挥整体优势。但直营连锁也有其难以克服的缺陷：由于直营连锁是以单一资本向市场辐射的，各门店由加盟总部投资兴建，因而易受资金、人力、时间等方面的影响，发展规模和速度有限；此外，各门店的自主权小，利益关系不紧密，其积极性、主动性、创造性难以充分发挥出来。

1.1.3.3 自由连锁的基本特征

自由连锁（voluntary chain，VC）又称自愿连锁，其原意是自发性连锁或任意性连锁。自由连锁是企业之间为了共同利益结合而成的事业合作体，各成员店是独立法人，具有较高的自主权，只是在部分业务范围内合作经营，以达到共享规模效益的目的。

自由连锁主要有两种形式：第一种是以几家企业联合为龙头，开办自由连锁的总店，然后吸收其他中小企业加盟，建立统一的物资配送中心，所需资金可以在分店中集资解决；第二种是由某个批发企业发起，与一些具有长期稳定交易关系的零售企业在自愿的原则下，结成连锁集团，批发企业作为加盟总部承担配送和服务指导的功能。无论哪一种形式，自由连锁都必须具有以下特征：

（1）成员店拥有独立的所有权、经营权和核算权

一个自由连锁组织往往拥有众多分散的成员店，这些成员店一般都是小型的，门店的资产归门店经营者所有。各门店不仅独立核算、自负盈亏、自主安排人事，而且在经营品种、经营方式、经营策略上也有很大的自主权，但每年须上交一定的费用给加盟总部以享受合作带来的规模效益。自由连锁组织创立初期，各成员店可以使用各自的店名商标，但是，当自由连锁发展到合股建立一家能为成员店提供服务的商业机构时，使用不同店名商标的成员店将转换成使用同一店名商标的连锁店。

（2）加盟总部与成员店之间的关系是协商与服务的关系

自由连锁的加盟总部与成员店之间不存在经营权的买卖关系，而是靠合同和商业信誉建立一种互助互利关系，以达到规模经营的目的。加盟总部应遵循共同利益原则，统一组织进货，协调各方面关系，制定发展战略，收集信息并及时反馈给各成员店。美国自由连锁商店加盟总部的职能大致可以归纳为12项：①决定组织大规模销售计划；②共同进货；③联合开展广告宣传等促销活动；④业务指导，包括商店内部装修、商品陈列等；⑤组织物流；⑥教育培训；⑦信息反馈；⑧资金融通；⑨开发店铺；⑩财务管理咨询；⑪劳保福利；⑫帮助劳务管理。由此可见，各成员店向加盟总部上交的加盟费又以另一种形式返还给各成员店。

（3）维系自由连锁经营的经济关系纽带是协商确定的合同

加盟总部与各成员店之间是通过合同作为纽带联结在一起的，合同是各成员之间通过民主协商确定的，而不是采用定式合同。民主协商确定的合同约束力比较弱，合同规定的加盟时间一般以年为单位，加盟店可以随时退出自由连锁组织，在自由连锁的合同上并未规定随时退出时的具体惩罚细则。

自由连锁形成的原因，是众多中小企业在与一些规模庞大、实力雄厚的大型连

锁企业的竞争中，由于势单力薄，竞争力不断下降，占有的市场份额日益萎缩，为了摆脱困境，若干企业共同投资设立机构，共同负责进货，共同开展促销和广告宣传等活动，以降低成本，提高利润。可见，自由连锁主要是中小企业为了维护自己的利益联合起来，通过连锁经营的形式获得规模效益，以便与大型连锁企业抗衡、争夺市场而产生的。

自由连锁的优势在于：门店的独立性强、自主权大、利益直接，有利于调动各门店的积极性和创造性；连锁系统集中管理指导，有利于提高门店的经营水平；统一进货、统一促销，有利于降低各门店的成本，享受规模效益的好处。因此，自由连锁具有较好的灵活性、可转换性和发展潜力，它既具有连锁经营的规模优势，同时又保持了独立小商店的某些经营特色。自由连锁的劣势在于：其联结纽带不紧，凝聚力相对较弱；各门店的独立性强，加盟总部集中统一运作的作用受到限制，因而组织不够稳定，发展规模和地域有一定的局限性；由于过于民主，决策迟缓，竞争力相对受到影响。

为了更好地认识三种连锁经营模式的特点，下面列出它们的比较表，见表1-1。

表1-1 三种商业连锁经营模式的比较

连锁形态	正规连锁（RC）	自由连锁（VC）	特许连锁（FC）
决策	加盟总部做出	参考加盟总部意见，分店有较大的自主权	以加盟总部为主，加盟店为辅
所有权	加盟总部所有	成员店所有	加盟店所有
经营权	非独立	独立	非独立
分店经理	加盟总部任命	成员店店主	加盟店店主
商品来源	加盟总部统一进货	大部分通过加盟总部进货，部分自己进货	加盟总部统一进货
价格管制	加盟总部规定	自由	原则上加盟总部规定
促销	加盟总部统一实施	自由加入	加盟总部统一实施
总部与分店的关系	完全一体	任意共同体	契约关系
分店建议对总部的影响	小	大	小
分店上交总部的指导费	无	5%以下	5%以上
合同规定加盟时间	—	多为1年	多为5年以上
外观形象	完全一样	基本一样	完全一样
合同约束力	加盟总部规定	松散	强硬

小思考1-1　为什么在7-11便利店看来，做特许连锁比直营连锁难度更大？

1.2　特许经营的优劣剖析

案例1-3

一代"甜品天王"没落，许留山败给了谁？

提起港式甜品或者跟芒果相关的甜品，很多人第一时间会想起"许留山"，如现在爆火的杨枝甘露、芒果西米捞等甜品，有不少都是从许留山流传出来的。据说许留山在巅峰时期，全球门店超过300家，一度被人称为"甜品天王"。然而，在过去的两年内，不断传来许留山闭店关门的消息，随着深圳最后的一家许留山于2023年5月关闭，全国目前只有为数不多的几个加盟商，仍在苦苦支撑。

曾经的"甜品天王"许留山缘何败落？主要原因有三。

一是高速扩张背后的品牌经营不稳。许留山对行业洞察不够敏感，急于扩张，导致十年间三次"易主"，先是把股权卖给马来西亚的一家投资公司，再转手到黄记煌母公司，最后被百胜餐饮收购。许留山的三度易主，员工频繁变动，内部多次传出不和、内斗等传言，导致品牌经营不稳。

二是产品跟不上时代变化。自从许留山开创了"芒果王国"后，一直坚守经典，但由于市场环境变化，饮品消费迭代升级，新式茶饮及网红餐饮不断涌现，饮品市场的多元化让消费者有了更多的选择，而许留山的产品线已无法满足当代年轻人的消费欲望，导致许留山被市场和消费者一步步抛弃。

三是特许经营管理跟不上企业扩张。特许经营是企业快速扩张的一把利器，但企业在扩张时要把控好门店服务和产品质量，不能只在意门店数量。由于许留山在后续发展过程中收编了太多加盟商，而加盟商的管理水平参差不齐，许留山也未意识到这一点，从而导致众多门店经营不善，良莠不齐，成为压垮许留山的最后一根稻草。

资料来源：餐饮界（微信公众号）。

正如许留山一样，特许经营常常被企业看作一个低成本扩张的利器而盲目使用。尽管特许经营具有其独特的魅力和优胜之处，但它并不是十全十美的，也有缺陷。它是一把"双刃剑"，用得好，能帮助企业披荆斩棘；用得不好，企业反被其伤。因此，加盟双方在涉足特许经营之前，必须对该经营方式有一个清醒的认识，充分了解它的优劣之处，才能扬长避短，走向成功。

1.2.1　特许经营的优势分析

1.2.1.1　特许经营对加盟总部的好处

（1）加盟总部不受资金限制，可以迅速扩大规模

欧美连锁业早期都是以正规连锁起步的，但正规连锁的发展常常受到资金（开

设一家直营连锁店需要几万美元甚至几十万美元的资金）、地域（各国的商业往往有严格的地域性，地方性法规、税收等都有所不同，有些地区甚至严格禁止外来资本进入零售业或其他行业）、时间（由于所需的投资较大，不可能同时发展多家连锁分店）等方面的限制，无法得到很好的发展。有些连锁企业甚至出现严重的资金周转不灵或亏损的现象，而不得不关门或出让。特许经营恰好可以弥补正规连锁的这种缺陷，可以不受资金的限制而迅速扩张，因为每一家加盟店都是由加盟商出资的，加盟总部只需提供已经成熟的经营方式即可。当然，这并不意味着加盟总部在经营中完全不需要资金，加盟总部在初创品牌时也需要注入大量的资金，其经营模式在自己的直营连锁店内被成功试验以后才能进行特许权的授予，但在日后的经营中，所需资金比开设直营连锁店要少得多。

由于特许经营风险较小，各金融机构更乐意贷款给加盟总部和加盟店，因而资金来源问题比较容易解决，这使得加速发展成为可能。另外，加盟总部通过出售自己的品牌声誉、商标、经营模式等无形资产，不仅增开加盟店不需要自己出资，而且能从加盟商那里收取加盟金及特许权使用费，用来增开直营连锁店，从而进一步加快发展。因此，特许经营对加盟总部而言是一种低成本、高速扩张的经营模式，这种模式不受资金的限制，仅凭授予特许权就可以发展新店，迅速扩大规模。

（2）加盟店店主更加积极肯干，有利于加盟总部事业发展

连锁事业的发展，除了易受资金的限制外，还容易受到人才的限制。一个连锁企业随着事业的不断发展，想找到足够多的有业务知识和工作经验的人才做店长很难，培养出来的店长有了一定经验后不是自立门户就是另谋高就。另外，即使加盟总部能找到足够多的高素质人才，但要求这些人既有知识、能力、工作经验，又有高度的责任心、事业心，则是难上加难，因为正规连锁店店主是加盟总部的雇员，他们不是分店的所有者，分店的利润高低对于他们个人的收入没有多大影响。尽管许多连锁企业实施了一系列激励措施，但他们毕竟不会像对待自己的事业那样去尽心尽力工作，因而其主动性和积极性相对会差一些。

加盟者则不一样，他们是加盟店真正的主人，加盟店经营的好坏与自己的切身利益密切相关。或许他们中有许多人是拿出自己大半辈子的心血投入到该项特许经营事业中，一旦破产则会血本无归。即使有些人是从银行贷款来进行投资的，但若无法归还，那么贷款时的抵押物也不得不赔进去，这是他们不愿看到的结果。因此，特许经营加盟者比正规连锁店的店主更勤奋、更努力、更有责任心、更有干劲。他们在将自己的商店经营得有声有色的同时，也使加盟总部的事业、信誉与声望蒸蒸日上，这也是许多连锁企业将一些正规连锁店转为特许连锁店的主要原因。

国外许多特许经营的加盟总部均要求加盟者必须亲自参与管理，并在合同中明文规定，一旦发现加盟店经理是投资者聘用的，则立即取消其特许权。一些加盟总部甚至要求加盟者从最基本的扫地、清洗等工作学起，凡事不论大小，都要亲力亲为，以此希望加盟者能够了解加盟特许经营不像投资股票、房地产那样可以放着等它自然升值，若想坐享其成则只能就此止步。

（3）加盟总部可以降低经营费用，集中精力提高企业管理水平

特许经营方式可以使加盟总部得到更多的经营优势。如随着加盟店的不断增多，集中采购商品的数量也越来越多，加盟总部可以从供应商那里获得较多的折扣和优惠条件，付款期限也可以适当延长，从而降低进货成本，进而可以降低商品售价，增强企业的竞争能力。又如广告宣传，如果是正规连锁，广告费用实际上是由加盟总部来支付的，但若是特许经营，加盟总部负责广告策划和实施，广告费用则由各加盟店分担，这实际上降低了加盟总部的广告宣传成本。加盟总部给予加盟商的各项帮助，包括监管督导费用，都可以从各加盟店的营业额中抽取一定比例来获得补偿，这实际上是将部分管理费用分散，由各加盟店分担，相应地降低了加盟总部的经营成本。

由于加盟总部不需要处理各加盟店在日常经营中可能出现的各种问题，也不需要处理每个加盟店可能出现的人事纠纷，因而可以集中精力改善经营管理，开发新产品，挖掘新货源，做好后勤工作。加盟总部可以从各加盟店获得市场需求方面的信息，及时对新产品的外观、质量、性能等方面做出改进，反过来再推向市场，加快畅销产品的培养；加盟总部可以发现更多物美价廉的进货渠道，进一步降低进货成本；加盟总部可以研究改进商店设计、广告策划、商品陈列、操作规程、技术管理等一系列问题，使各加盟店保持统一形象，形成新特色，更好地吸引消费者。

（4）制造商或品牌商通过特许经营可以控制产品的分销渠道

以制造商或品牌商为主导的特许经营体系，可以为该企业成功地建立一个垂直营销系统，对其产品分销具有重要意义。例如，目前国内许多服装连锁专卖店、汽车专卖店等，都是由制造商或品牌商通过特许经营的方式建立的。制造商或品牌商直接控制零售终端，主要出于以下目的：一是为商品寻求新的营销渠道，扩大销售；二是通过零售终端直接获得消费者对商品需求的信息，使商品更能适应市场需求；三是扩大品牌知名度；四是控制整个商品的营销渠道，实施整体的营销策略。垂直营销系统的优点是：自给自足；无中间环节，可以降低成本；与消费者直接接触，能够及时获取市场信息；对外具有较强的议价能力；可以控制生产至零售的全过程。其缺点是：多元化经营，不利于企业集中力量搞好生产；自建零售网络投资较大，降低了投资效益；不利于扩大销售。如果制造商或品牌商自己投资兴建零售网络，则风险较大，投资额度也可能超过自己的承受能力，同时由于多元化经营，核心竞争力也可能被削弱，最终得不偿失。而制造商或品牌商通过特许经营的方式来兴建垂直营销系统，既可以控制自己产品的分销渠道，又可以降低投资的风险，利用他人的资源来达到自己的目的。

（5）加盟总部可以获得政府的支持，加快国际化发展

随着世界各国连锁业的不断发展，商业集中和垄断的趋势逐渐加强，各国政府认为这种集中不利于实现自由竞争。如美国小企业管理局的一份报告指出：就零售业而言，其集中程度的提高，正是由于零售业中的不少行业如餐饮业、食品业、百货业等大力发展连锁商店而引起的，造成这种集中的基础是规模经济的发展，这又

使得零售业中 1~4 人的小企业在竞争中大量倒闭、歇业或被兼并。

在这种情况下，许多政府已意识到保护中小企业的重要性，并采取了一系列措施，支持鼓励自由连锁和特许加盟连锁组织的发展。如日本对加盟店所需的现代化设备资金的 80% 发放 15 年期低息、贴息甚至无息贷款；新加坡政府对加盟店提供25%~50% 的委托咨询费和用于商店装修改造的优惠贷款；美国、加拿大政府也纷纷制定了相应的政策，大开方便之门。因此，相对于正规连锁来说，特许经营在政府的支持下具有更多的经营优势。

特许连锁比正规连锁更容易打开他国的国门，更有利于实施国际化战略。许多国家，尤其是发展中国家，其市场是逐渐对外开放的，对零售业、服务业等第三产业的开放较为谨慎，外国资金要进入这些行业非常困难。而特许经营是一种无形资产的许可，并不涉及外资的进入，因而可以绕过壁垒，顺利地将事业发展到世界各地，这是正规连锁难以企及的。表 1-2 是对连锁企业进行跨国经营的几种具体市场进入方式的优点及风险比较，从中可以看出特许经营在帮助企业实施国际化战略中的一些特点。

表1-2　　　　　　　　连锁企业跨国经营的市场进入方式的优点及风险

方式	优点	风险
自主进入	任何规模的公司都可以采用； 能强有力地控制国外公司； 能在适度风险的条件下以较低的成本进行试验经营； 能根据每个阶段的营运结果及时进行调整并很快确定规范化模式； 能进行快速复制	建立具有一定规模的连锁体系需要较长时间； 初期需要耗费大量的高层管理时间； 不会很快回收成本或获得利润； 需要进行全面的地点评估； 如果进入的国家距离母国较远，则会面临更多的困难
收购	能够快速建立自己的连锁体系； 可以获得较佳位置； 能立刻产生现金流量； 可以从所收购的企业转移经验和技术； 能迅速建立网点并将其转型为新业态	决策一旦出错则很难退出； 评估接收对象有难度且花费时间较长； 合适的收购对象不容易找到； 必须对高级管理层做出承诺； 所收购企业的文化可能不适合本企业或新的运营体系的要求
特许经营	能实现快速扩张； 加盟总部的扩张成本低； 有助于进入高风险阻碍投资的边缘市场； 可利用当地的管理改善服务并节省开支； 可利用的合作协议形式多样； 十分适合小型店面	可能有比较复杂的法律规定； 必须找到合适的加盟者； 很难控制外国的加盟者； 可能陷入一种令人不满意的合作关系中； 加盟者可能变得过于独立； 培训加盟者可能是在培训未来的竞争对手
合资	可以与现有的市场模式相结合； 有助于获取技术并克服非关税壁垒； 可以随时退出或全面进入市场； 与合作伙伴分担进入成本，降低了风险	必须分享利润； 寻找合适的伙伴比较困难； 会出现争夺第一的危险； 可能被合作方控制
特卖	能借用他人成熟的网络资源； 无须考虑地址的获得和评估工作； 可节省新进入者大部分的广告宣传费	所处的地位比较被动； 投资的影响力小； 市场发展受到限制

1.2.1.2　特许经营对加盟者的好处

（1）降低创业风险，增加成功机会

在当今日趋激烈的竞争环境里，市场机会对一个资本比较少的独立创业者来说已是越来越稀少。国内外每年大量中小企业倒闭的事实告诉人们，一个资金有限、缺乏经验的投资者要在高度饱和的市场中独立开创一份自己的事业是非常困难的。而投资者若选择了一家业绩良好、实力雄厚、信誉颇高的加盟总部并加盟其连锁网络，其成功的机会将大大提高。小投资者加盟特许经营网络，有加盟总部作"靠山"，又可以从加盟总部获得专业技术等方面的援助，这对于缺乏经验的创业者来说，是一条通往成功的捷径。

当然，这并不意味着在特许经营的保护伞下就没有商业风险。所有的企业投资活动都有风险，特许经营也不例外，但采取加盟特许经营企业的创业方式要比独立创业的风险小得多。据美国中小企业管理部门统计，在开业第一年就失败的自营店铺比例高达30%～35%，而采用特许经营方式的店铺在开业第一年失败的比例仅为3%～5%，比前者低了许多。这正是特许经营对加盟商最有利的地方，也是加盟总部最吸引投资者加盟的重要原因。

（2）加盟商可以得到系统的管理训练和营业帮助

企业拥有一套成熟并被证明是高效率的管理方法无疑是事业成功的基础。美国的邓恩和布兹特里斯信用分析公司多年来对破产企业进行了大量调查，结果表明，在破产企业中，几乎90%是由于管理不善造成的。如果一家新企业要独自摸索出一套可行的管理方法，往往需要较长的时间，或许在这套管理方法成熟之前，该企业就因为多走了弯路而无法继续经营下去。但如果投资者加入特许经营企业，他就不必一切从头做起，即使他完全没有专业知识和管理经验，但他可以立即得到加盟总部在管理技巧、经营诀窍和业务知识等方面的培训。这些培训包括行政管理、财务管理、销售管理、进货管理、顾客服务、商品陈列、质量检查等，而这些经验是加盟总部经过多年实践，已被证明是行之有效的，并形成了一套规范化的管理系统。加盟商照搬这些标准化的经营管理方式，极易获得成功。

多数商业顾问公司会警告那些希望成功的投资者不要冒险进入一个陌生的商业领域，而特许经营恰恰提供了这样一个机会，而且是成功的机会。事实上，许多加盟总部更希望加盟者不具备在特定商业领域的经验，这样加盟者可以严格按照加盟总部培训的方式和程序进行经营，而不必改掉之前的习惯。因此，许多加盟总部并不愿意找那些了解该行业的人，而更愿意找那些积极追求成功并愿意学习、遵循加盟总部指导和指令的人。

更值得一提的是，加盟商还可以直接从加盟总部获得许多帮助。有些加盟总部甚至会派专门工作人员帮助加盟商解决企业在开业之初和经营过程中出现的任何问题，使加盟商可以集中精力以最有效的方式管理企业。这些帮助包括店址选择，制订改装房屋的计划，与市政、法律部门协调，店内装修、店面布局与设计，库存采购和控制方法，设施与设备的购买或租赁，员工培训等。另外，好的加盟总部为了提高整个连锁企业的声誉，都会随时开发具有独创性、高附加值的商品，以产品差别化来领先竞争对手，加盟商可以坐享其成，无须自己去开发。这些对于一个初涉商界的投资者来说，是十分有吸引力的。

（3）加盟商可以集中进货，降低成本，保证货源

连锁经营最大的优势主要体现在集中采购与配送上，特许经营也不例外。由于加盟总部将众多分散的小零售商组织成一个整体，从总体上扩大了规模，这就使得进货成本和库存成本的降低成为可能。加盟总部在集中进货时，由于进货批量大，与供应商谈判的余地也大，可以获得较低的进货价格，从而降低进货成本，取得价格竞争优势。同时，由于各加盟店是有组织的，在进货上克服了独立商店的盲目性，再加上加盟总部配送快捷，加盟商能将商品库存压到最低，从而使得库存成本相应地降低。

如果是个体经营的零售商，店主对采购一事必定会亲力亲为，采购什么商品以及采购多少往往要由店主决定，如果店主进货的价格比较高，竞争力自然会被削弱。何况店主既要管理店铺，又要兼顾采购工作，很容易分身乏术，心力交瘁。而他若加盟了特许经营企业，就可以卸下采购的重担，只需要将全部的精力放在商品的推销上即可，这就大大加速了商品的流转，提高了利润水平。

由加盟总部集中统一进货后，另一大优点是可以充分保证货源，防止商品断档。补给不足、商品缺货是一些个体零售商经常遇到的现象，由于资金有限，他们担心进货多了会造成商品的积压，每次进货都要"量出为入"，致使商品数量有限，常常陷入卖光之后来不及补货的尴尬境地。长此以往，势必会影响商店的信誉及客源。加盟商则不必担心这个问题，加盟总部快捷方便的商品配送服务为加盟商节省了大量的时间和精力，也吸引了更多消费者的光顾。

（4）加盟商可以使用驰名的商标或服务

现代社会的消费者，不论是购物还是饮食娱乐消费，再也不像从前那样仅对价格水平感兴趣。尽管价格仍然是商家竞争的有力武器，但良好的形象与高质量的服务已成为消费者关注的首要因素。因此，对于一个初涉商界的创业者来说，最头疼的问题就是不知如何提高自己的声誉，即所谓的"打响招牌"。当然，他可以利用大量的广告展开宣传攻势，以便在最短的时间内将自己的"招牌"打入消费者的心中。但是，一般的个体经营者资金有限，若其经营的产品没有独特之处，想要创出自己的招牌可谓难上加难。

在绝大多数情况下，加盟总部已经建立了良好的公众形象，能提供高品质的商品和服务，如麦当劳、肯德基等，可谓家喻户晓，尽人皆知。个体经营者若加盟了这些特许经营组织，就可以分享这些无形资产，使自己的知名度和信誉度随之提高。从消费者的角度来说，他们一般会把加盟者的分店看成某大集团下属的企业，从而增加了信赖感。因此，加盟者可以"借他人之梯，登自己发展之楼"，利用这种优势，迅速稳固市场地位。

（5）加盟商可以减少广告宣传费用，获得良好的宣传效果

个体经营者加盟特许经营企业之后，可以坐享已经建立起来的良好信誉和知名度，省去创业之初打响招牌的广告宣传费用，这是不言而喻的。但在现代激烈竞争的市场环境里，要保持自己的市场地位，长久吸引消费者的注意力，就需要持续地进行广告宣传，不断加深自己在消费者心中的良好印象。如果各加盟店单独进行广告宣传和公共关系活动，显然力不从心，且影响力也是极为有限的。通常情况下，这些活动由加盟总部统一来做，每个加盟店按一定的比例向加盟总部交纳费用，加盟总部经过策划后，采取联合行动，发布全国性广告，内容一致，影响力颇大。这对广告商也有一定的吸引力，有利于降低广告成本，各加盟店都能从中受益，所分担的费用比单独做广告显然要低得多。事实上，特许经营企业的分店少则几十家，多则成千上万家，这些散落在全国各地或世界各地的分店就是最好的"活广告"，它们每天都在提醒消费者其招牌的存在，各加盟店在无形中已经享受了这种宣传优势，这是独立商店难以达到的效果。

（6）加盟商较易获得加盟总部或银行的财务帮助

对于独立经营者或初创业者来说，他们最关心和最棘手的问题莫过于资金的筹集。他们往往因为资金不足而不能顺利开业，从而丧失了良好的市场机会，或者因为资金周转不灵而陷入困境。如果他们加盟了特许经营企业，资金的筹集就相对容易了，因为有些加盟总部会向加盟店预拨一部分资金作为财务援助。

作为加盟总部，它们没有义务一定要贷款给加盟者。虽然许多加盟总部都没有直接进行财务资助，但它们会帮助加盟店与银行建立关系，有些甚至采取连带担保的方式，使加盟店获得贷款。现在许多银行已经认识到特许连锁店是建立新企业的一种更安全的途径，在加盟总部的"保护伞"下，企业有能力创造更多的利润，因而银行也愿意贷款给加盟者。此外，目前世界各国政府为鼓励特许经营，纷纷制定了许多优惠政策，包括资金方面，这就使得加盟者较易获得低息的长期贷款，以解决资金来源问题。

另外，加盟者应该知道，一个负责的加盟总部是不会接受全部资金都要依靠借贷获得的加盟者的，即使他有这样的借贷来源。因此，加盟者不要幻想可以白手起家，以为有了银行的财务资助方案，就不需要任何自有资金了，加盟者依然需要具备一定的经济实力。

（7）加盟商可以获得更广泛的信息来源

加盟总部将各加盟店传递上来的信息数据加工后及时反馈给加盟店，并随时对周围的各种环境进行调查和分析，包括商圈范围、目标顾客的变化、消费水平的变动、消费倾向的改变、产业界信息等，使各加盟店能及早采取相应的措施。单个企业如果想获得如此巨大的信息量，往往要承担巨额的信息调查分析的费用。

1.2.2 特许经营的劣势分析

大多数特许经营对加盟双方而言都是成功的，特许经营就是在两个有共同利益

的追求者之间建立一种稳固的关系，有助于加盟双方在实现利润的同时开展健康、兴旺的业务活动。但是，任何事物都有正反两个方面，特许经营也是有利有弊的，既有其诱人的魅力，也有其无法否认的缺陷。加盟双方必须清醒地认识正反两个方面的作用，扬长避短，才能少走弯路，充分利用特许经营的优势开拓自己的事业。

我们依然从加盟商与加盟总部两个方面来探讨特许经营的缺陷。

1.2.2.1　对加盟总部而言特许经营的弊端

（1）加盟店有时难以控制

部分加盟者在开店一段时间后会产生两种情绪：一种是营业额较高，利润达到或超过预想，加盟者会认为这完全是自己的功劳，从而产生一种独立感，企图摆脱加盟总部的指导和监督；另一种是加盟者感到利润增长不如原来期望的水平那么高，因失望而产生不满的情绪，不想继续干下去。对于这两种情绪，加盟总部都要小心处理，尽可能地保持对加盟店有效的控制和帮助。在这种情况下，良好的沟通是解决问题的重要途径。当然，沟通不能解决所有的问题，诉讼是免不了的，但是有时候走法律程序比较漫长，特许经营的法律诉讼就显得更为漫长且费用高昂，有些企业家仅仅因为法律的缘故而拒绝考虑采用特许经营。

（2）公司声誉和形象会受个别经营不好的加盟店的影响

特许经营既容易"一荣俱荣"，也容易"一损俱损"。加盟总部与加盟店之间是互相依赖、互相影响的关系，其中任何一方出现了差错，都会带来极为严重的后果。加盟总部的决策失误，会使加盟店的利润和前途受到损害；加盟店经营失败，也会影响整个连锁体系的声誉。

在特许经营中，虽然加盟总部已将开店的风险降到最低，但由于是加盟者自己投资的，因而经营的大部分风险都压在了加盟者身上。这要求加盟者必须倾其全力来经营这一事业，但个别加盟店不按加盟总部的指导办事，随意更改加盟总部的样板经营程序，或没有倾其全力来经营这一事业，导致经营失败。这不仅使加盟店自己经济受损，更重要的是损害了加盟总部的声誉，使得加盟总部和其他加盟店多年树立起来的企业形象遭到破坏。因此，选择合适的加盟者对于加盟总部来说是十分重要的。

（3）当发现加盟店店主不能胜任时，无法更换

加盟总部在挑选加盟者时一般是十分谨慎的，国外的加盟总部往往愿意找产权明确、资金不太雄厚、学历不太高、需要通过努力才能维持生意的中小生意人。这些人在利益相关的情况下，可能会倾其全部的积蓄和精力，一丝不苟地按加盟总部的程序来做，既维护了加盟总部的良好声誉，又给自己带来了可观的效益。但理想的加盟者并不好找，尤其是在发展较快时，加盟总部要招到足够数量的合适的加盟者有些困难。一旦加盟者"滥竽充数"，在经营一段时间后，加盟总部发现加盟店店主不能胜任工作，加盟总部也无法去更换，不能像直营连锁那样可以将其辞退再重新换人，这将影响到经营事业的顺利发展。

（4）丧失一定的经营自主权，增加泄密机会

对加盟者而言，特许经营意味着让出一定的自主权；而对加盟总部而言，也存

在着同样的问题。如果连锁企业是直营连锁，则加盟总部很容易根据市场的变化推出新的服务或新的管理措施，各分店必须执行；但当连锁企业是一个特许经营体系时，加盟总部必须征求加盟者的同意（通常是通过谈判）才能推出新产品、增加或减少服务以及改变经营策略。

在特许经营的过程中，加盟总部对加盟者进行的全方位的培训不可避免地涉及企业的关键技术、生产、市场、研发等方面。因此，泄露加盟总部的一些数据、资料、技术、秘密也就在所难免。假如不慎，还可能泄露非常重要和关键的商业秘密，而泄密为加盟总部埋下了"定时炸弹"，可能会削弱自身的竞争力，或者培养出一个强劲的竞争对手。

1.2.2.2　对加盟者而言特许经营的弊端

（1）经营受到严格约束，缺乏自主权

加盟商加入特许经营组织后，其付出的最大代价便是自由受到限制。从商店的布置、商品的陈列、经营的商品品种、经营器材、经营方式，甚至营业员的行为、语言、着装都必须与加盟总部的规定保持一致，加盟店只有服从加盟总部安排的义务，没有创新的权利。

缺乏自由，就可能使投资者失去应变的能力。例如，某加盟店发现附近出现了一个竞争对手，对方某些商品的售价比自己低，因而自己失去了不少生意。如果是个体经营者，遇到这种情形，在权衡得失之后，他就可以立即做出决定实施反击；而加盟商则没有这种权利，因为所有连锁店的商品售价都是由加盟总部统一制定的，当加盟店遇到这种情况时，只能向加盟总部反映，如果加盟总部不愿意为了个别加盟店而调整全线商品的价格，则加盟店只好眼睁睁地看着竞争对手抢走自己的生意。

商业竞争讲究灵活应变、出奇制胜。个体经营者有经营的自主权，灵活性较强，只要投资者眼光看得准、反应快，随时都可以运用自己的智慧想出一些别出心裁的主意，使自己的事业更上一层楼。而加盟者只能循规蹈矩，自由受到限制，尽管创业的风险要小很多，但生意也难有较大的突破。因此，如果投资者具有强烈的拥有自主权的欲望，有一定的才干、胆识和能力，有自己独特的创业思路，最好还是自己创业，不适合加入特许经营企业成为别人的追随者。

（2）加盟店会受到加盟总部决策错误或其他分店表现不佳的牵连

投资者若加入了特许连锁组织，就等于将自己的投资得失与特许连锁组织挂上了钩，成功或失败在很大程度上要受到加盟总部的影响。尽管加入特许连锁组织可以降低经营风险，但并不意味着没有风险，特许经营失败的例子有很多。这些失败的例子有一个共同的特点，即它们的失败都是加盟总部决策失误造成的。由于加盟店的一切事务均由加盟总部安排和打点，加盟店失去了自主性，一旦加盟总部出现了问题，或者加盟总部的支持突然出现了阻滞，加盟店便会大受牵连，无法应变。如果加盟总部在做出有关企业革新的决定上出现了失误，就会使整个加盟体系遭受损失，甚至全盘失败，任何加盟店都无法独自逃脱。正因为如此，加盟总部在推出一项重大的决策时，都应先在自己的直营店进行试验，成功之后才能推广。

此外，个别加盟店的不良表现也会使其他加盟者无辜受到牵连，如果加盟总部放松对特许经营体系的管理或者对整个体系放松质量控制，一些人的不良表现会影响其他人的销售量。当一个顾客在一家分店受到了不良待遇或购买了劣质的商品时，他不会仅仅责怪那个提供劣质服务或产品的分店，而是会将怨气撒在所有的分店上，就像特许经营业中一句俗语所说的那样，"一家分店出售的一杯糟糕的咖啡会使其他分店的顾客减少"，而这一点往往容易被潜在的加盟者忽略。

（3）过分标准化的产品和服务不一定适合加盟店当地的情况

很多投资者加盟连锁店，除了因为风险较小以外，还因为有很多方便之处，包括采购、货运以及补给方面完全不用操心，全部由加盟总部安排。这确实是一个好处，但从另外一个角度看，这种高度统一的标准化的产品和服务，使加盟店又会出现另一个弊端，即呆板和缺乏新意。

在现在的市场营销中，经营者要不断推陈出新，以吸引消费者。在这方面，个体经营者占尽优势，完全可以自己做主；而加盟商则要受制于人，只能按照加盟总部的程序要求来做，即使是想临时改变一些商品的售价或一些经营策略都很难，更不用说创新了。加盟店所有的商品、设备、原料、加工品都是由总公司统一配送的，几年如一日地提供同一种商品和服务，可能会失去对顾客的吸引力。

加盟总部为了提升市场竞争力，在经营策略上也会不断创新，但由于整个企业的规模太大，任何创新，由设想、计划到实施，都需要经过一段时间来有条不紊地进行，而且加盟总部的创新往往会从全局出发，不会特意考虑某个加盟店的具体情况。在当今产品日新月异、商业竞争越来越激烈的时代，任何地方的潮流都在变，却不会同时变。加盟店只能跟着加盟总部的经营策略走，不能自行更改当地市场上已经滞销的商品，也不能自行保留当地市场上本来畅销的产品。

（4）加盟总部的盲目扩张可能导致后续服务跟不上

在加盟体系迅速扩张的情况下，若加盟总部的物流系统、后勤服务等跟不上，对加盟店不能进行有效的帮助和指导，就必然会削弱加盟总部的控制力，连锁体系名存实亡，成为一盘散沙。在这种情况下，加盟商便成了直接的受害者。由于膨胀过快而招致失败的连锁店并不少见，如前面提到的许留山，还有曾经的"鞋王"达芙妮、百丽、贵人鸟等，都曾因盲目扩大规模，以致原有的财力和人力分散，后续服务也无法保证，产品开发受到影响，整个运作难以保持顺畅，导致连锁事业走下坡路。这些例子给加盟商在选择加盟总部时提了一个醒，并不是发展迅速的特许连锁组织就一定会成功，要明白"欲速则不达"的道理。

（5）加盟商退出或转让业务时将受到合同的限制

加盟商与加盟总部签订合同后，在合同期限内，必须照章办事，不能再有其他的选择。如果在这一期间内经营不太理想，或因其他原因想终止合同，加盟总部出于自身利益的考虑一般不会轻易同意，若加盟商执意坚持，就只能通过法律程序来解决。如果加盟商想将生意转卖给第三者，或者迁移他地，也必须经过加盟总部的批准，尽管该店土地和建筑物等都归加盟店店主所有。即使在契约终止后，加盟商如果想继续从事类似的商业活动，仍然会有若干限制。因此，加盟商一定要经过慎重考虑后再签合同，否则后患无穷。

小思考1-2　为什么说特许经营对加盟双方来说都是一把"双刃剑"？

1.3　特许经营的起源及发展

案例1-4

肯德基将特许经营传入中国

1987年11月12日，当中国人还不知特许经营为何物时，肯德基第一家中国快餐店在北京前门开业。这家借特许经营迅速发展起来的全球最大的炸鸡快餐连锁企业，在给中国人民带来西式快餐概念的同时，也带来了一种全新的经营模式——特许经营。此后，肯德基如雨后春笋般迅速在中国各大城市发展起来。根据百胜中国在港交所的公告，截至2025年3月底，肯德基在中国门店数高达11 943家，肯德基和必胜客会员数合计超过5.4亿人。

标准化战略是肯德基成功的基础。肯德基在全球范围内推广的"冠军计划"就是为了给顾客带来一种标准、稳定和可靠的服务。它包括以下六点：保持美观整洁的餐厅；提供真诚友善的接待；确保准确无误的供应；维持优良的设备；坚持高质稳定的产品；注意快速迅捷的服务。"冠军计划"具有极强的操作性，要求肯德基餐厅的每一位员工都严格地贯彻执行，这无疑保证了肯德基品牌形象的一致性。

但肯德基在世界各地的发展中并不固守旧模式，不断颠覆固有模式、创造新的经营模式是肯德基能在中国快速发展的重要原因。肯德基不仅是中国市场上发展最快的西式快餐连锁企业，而且远远地将竞争对手麦当劳甩在了后面，它同时也是最具本土化的西式快餐连锁企业。如今，中国肯德基店铺的员工实现了100%的本土化，在中国采购原料的比例高达95%以上。肯德基在20世纪90年代建立了自己的产品研发团队和实验厨房，至今这支团队在技术能力上已经成熟，不断地开发出适合中国消费者口味并且符合本土饮食文化的食品。

肯德基积极尝试引入诸如"王老吉"这些中国品牌的产品，还不断推出适合中国人口味的产品，比如胡萝卜面包、老北京鸡肉卷、玉米沙拉、芙蓉天绿香汤、川香辣子鸡、老鸭汤等，特别是肯德基营养早餐（香菇鸡肉粥、海鲜蛋花粥、枸杞南瓜粥、鸡蛋肉松卷、猪柳蛋堡）深受中国消费者的喜爱。肯德基的店面形象也逐渐融入大量的中国元素，还打造了中国化的销售渠道，2015年入驻美团、饿了么等外卖平台，后又相继接入支付宝、微信支付，提供自助点餐取餐服务。

肯德基进入中国的初期，就十分注重打造本土供应链。1997年，百胜餐饮集团在上海建立了中国总部，肯德基开始实行统一全国采购，引入标准化的供应商考核体系，迈出了培养本土供应商的重要一步。我们今天熟悉的上市公司如圣农发展、千味央厨、宝立食品等，都是跟随肯德基成长起来的本土供应商。

此外，肯德基的营销策略也很接地气。它通过国内特色的传播渠道，开展丰富多样的营销活动，如"疯狂星期四"及延伸开来的"疯四文学盛典"，并善用小红书、微博、抖音等新媒体渠道和消费者互动，营销成本仅占餐厅收入的约4%，投放效率非常高。

全球著名的AC尼尔森在中国30个城市进行的一项调查显示：最早进入中国的西式快餐——肯德基，因其独有的美食和品质，被中国消费者公认为"顾客最常惠顾"的品牌，并在中国名列国际著名品牌的榜首。

"为中国而改变，全力打造新快餐"，肯德基不仅让中国人感受到了特许经营的巨大魅力，它自己也完完全全地融入中国，成为最具中国文化特色的洋快餐。

资料来源：作者根据辽吉肯德基微信公众号相关信息整理而成。

肯德基不仅第一个将特许经营的概念引入中国，它同麦当劳一样，也是现代特许经营模式的发起者和最佳实践者。在半个多世纪的发展历程中，肯德基见证了特许经营从起步走向成熟，并成为今天全世界主流的商业经营模式。可以说，肯德基的发展历史也是特许经营的发展历史，它是当今国内外采用特许经营成功的众多企业中的一个缩影。

1.3.1 国外特许经营的起源和发展

1.3.1.1 国外特许经营的起源

任何新生事物的出现都是时代发展和社会进步的必然产物。要探讨特许经营的发展，不能不提到特许经营的产生。早期的特许经营被世人公认为产生于19世纪中叶的美国。美国在南北战争之后，迅速在全国范围内建立了庞大的铁路系统，形成了四通八达的交通运输网络，极大地推动了美国国内统一市场的形成，促进了国内商业的空前繁荣。而此时美国制造业的劳动生产率不断提高，也使得商品数量激增，消费量相应上升。这些都对美国的流通业提出了新的要求，促使零售贸易发生相应的变化，出现了多种新型的零售商业形式。美国的连锁商业正是在这样的背景下应运而生的。

1859年，美国出现了直营连锁的鼻祖——大西洋与太平洋茶叶公司。此后不久，1865年，美国又出现了特许连锁的鼻祖——胜家缝纫机公司（以下简称胜家）。当时，胜家推出的缝纫机尚属新产品，人们对该产品与传统手工缝纫技术及市场上其他竞争产品相比所体现出来的优越性认识不够，而且在销售过程中需首先教会顾客使用胜家缝纫机的各种功能，这就使推销该产品显得颇为困难。为此，胜家率先尝试以特许经营的方式建立分销网络，它以5 000美元的价格转让个体特许经营权，加盟者不仅要接受如何使用胜家缝纫机的全套培训，还要接受如何经营一家缝纫中心的培训，内容包括缝纫机店的经营、管理、市场等方面的课程和建议。胜家最终成功地打开了零售市场，营业额大幅度攀升，很快便雄霸了全美缝纫机的销售市场。胜家的成功，使人们看到了特许经营的魅力，不少其他行业的厂商纷纷效仿，像胜家一样在美国建立全国性的特许经销网络，20世纪以来，饮料业和汽车业发展得最为顺利。

在饮料行业中，由于生产与消费在时间和空间上存在矛盾，要将某地生产的饮料及时运到全美各地有一定的困难，这就限制了饮料市场的进一步扩大。为了解决这一矛盾，一些饮料公司受到胜家特许经营方式的启发，也开始考虑授权给消费地的工厂，允许它们按饮料公司的配方生产饮料装瓶并使用原公司的商标，生产出来以后就地销售。这种方式给饮料公司的业务拓展带来了巨大的成功，如今非常著名的几家美国饮料公司，如可口可乐和百事可乐，就是在20世纪初通过这种方式迅速崛起的。到1910年，百事可乐在美国24个州已拥有280家装瓶厂，从而为其获得世界饮料业巨头的地位奠定了基础。

另一个广泛应用特许经营来分销产品的是汽车制造业。20世纪20年代，福特公司第一个开发出现代化生产设备——流水生产装配线，并传到整个汽车行业，使得汽车的生产效率大大提高。大量的生产要求大量的销售，而当时的汽车厂家把精力主要放在改进产品的生产技术、提高产量以取得规模经济效益等方面，无暇顾及产品的销售，也缺乏充足的资金来建立自己的零售网点，于是它们便委托寄售代理机构，指定某一分销商在特定的地区销售自己的产品。这种分销制度帮助汽车制造厂家解除了后顾之忧，并很快得到普及。

在开始阶段，特许经营还主要集中在商品商标的特许经营上。进入20世纪50年代，特许经营开始崭露头角，并在此后的20多年里在餐饮业中一直引领风骚。在餐饮业的特许经营中，最引人注目的要算肯德基和麦当劳了。这两家享誉全球的快餐店都是在20世纪50年代初通过授予特许权而迅速发展起来的，可以说它们将特许经营带到了一个新的发展阶段。在此之前，各特许经营的加盟总部的加盟店除了店名相同及产品相似外，经营是各行其道的，且在服务和产品质量上参差不齐，影响了发展，有些甚至失败。而肯德基和麦当劳的创始者为了避免重蹈他人的覆辙，在授权给加盟者时采取了一种全新的管理制度，即要求所有加盟店出售的食品、饮料及服务品质是完全一致的，就连店铺装修设计及营业员的服装都严格要求一致。为了监督各加盟店的经营，加盟总部常派人暗地检查，如果发现有违规的店铺则立即给予处罚或取消特许权。

事实证明，这种管理方法是相当成功的。现在，世界各地的人们到肯德基和麦当劳餐厅，不仅是去品尝美国的食品的，也是去品味美国的文化的。此时商品商标特许经营也开始向经营模式特许经营转化。

1.3.1.2　国外特许经营的发展

特许经营在肯德基和麦当劳的发扬光大下受到了社会的广泛关注，为了进一步推动特许经营事业的发展，1959年10月，美国十几家连锁企业共聚一堂，商讨如何使连锁成为全国乃至全世界的联盟。在这次会议上，诞生了一个著名的组织——国际特许经营协会（International Franchise Association，IFA）。IFA是目前影响非常广泛的一个国际性商业协会，对特许连锁经营的顺利发展起到了积极的推动作用。

就在20世纪六七十年代特许经营在美国餐饮业大行其道时，这种经营方式也开始从美国迅速传向世界各地，如法国、英国、加拿大、日本、新加坡、韩国，以及中国台湾和中国香港等国家和地区。欧洲的特许经营尽管在20世纪30年代也曾有过萌芽，但它真正获得发展是在20世纪70年代。1972年9月23日，欧洲特许经营联合会成立，标志着欧洲的特许经营进入了成熟阶段。日本于1963年成立第一家特许经营连锁店——不二家西式糕点咖啡店（Fuliya）。20世纪70年代以后，日本的特许经营以零售业和饮食业为中心迅速发展起来，无论是在组织发展还是在营业额的增长方面，都快于直营连锁和自由连锁。

国外特许经营在这一时期的迅猛发展主要取决于社会生活两大趋势的日益显现：第一种趋势是创业精神的高涨，即人们高度膨胀的创立自己公司的欲望。小商业业主通过特许经营创业要比单干更快地拥有机会、风险更小地达到个人和事业上的目标。第二种趋势是人们生活方式的变革导致服务和便利成为人们的首要考虑因素。例如，双收入家庭的快速增多，导致以下行业的销售额迅速增长：快餐、家政、专业服务、健身器材等。高收入同样刺激了娱乐行业的发展，汽车旅馆、酒店、汽车租赁公司和其他为旅游者服务的特许经营公司也因此增多。

此外，许多国家的政府也对特许经营采取十分支持的态度。随着全球经济的高速增长，商业联合和集中的趋势大大加强，商业的这种高度集中已对市场的自由竞争构成威胁，政府也开始意识到保护中小企业的重要性，纷纷采取各种措施以扶持自由连锁组织和特许连锁组织。如前文提到的日本政府对实行自由连锁和特许连锁的中小商店所需现代化设备资金的80%发放15年期低息、贴息甚至无息贷款，新加坡政府对申请加盟的中小企业也提供优惠贷款。由于这一时期各国政府的大力支持，特许经营在全世界迅速地发展起来。

20世纪六七十年代，尽管特许经营发展步伐较快，但其发展道路并不是一帆风顺的。由于特许经营给加盟双方带来了巨大的经济效益、使经济风险大为降低的"神奇"效应广为流传，特许经营在当时成了社会普遍关注的热门话题，特许经营企业的股票在证券市场上成为抢手的热门股，招募加盟店的广告在美国各大报纸、杂志上随处可见。在这样的气氛下，鱼龙混杂、泥沙俱下的情况随之而来，一些投机者利用人们对特许经营盲目追随的心理，在毫无经营经验和招募资本及实力的情况下骗取加盟金。

20世纪70年代以来，美国各州先后制定了有关特许经营的法规，联邦政府也出台了《联邦贸易局FTC法规》，美国国会举办了多次听证会，法院也对这种欺骗行为予以十分严苛的处理，最终纠正了特许经营发展的不良倾向，保障了投资者的合法权益，维护了合法特许经营者的声誉，促进了特许经营的健康发展。

20世纪80年代，特许经营的发展步入了黄金时期，呈现出旺盛的发展势头。在这个时期，一些发达国家的特许连锁经营不仅在发展速度上超过了正规连锁经营和自由连锁经营，而且特许连锁经营的国际化趋势不断加强，许多著名的特许经营集团将业务伸向了海外。更引人注目的是，特许连锁经营行业日益多样化，从原先主要集中于零售业和饮食业转而向新行业进军，其范围进一步扩展到各种服务业，这充分反映了连锁业尤其是特许经营正显示出越来越成熟和强大的生命力。

特许经营从产生到现在经历了100多年的发展历史，并得到了充分的发展。在美国、英国、法国、德国、日本等发达国家和中国香港地区，特许经营几乎渗透到了零售业、服务业、餐饮业的各个角落。国际特许经营协会对特许经营的行业进行了如下分类：①餐厅；②旅店、汽车旅馆；③休闲、娱乐和旅游；④汽车产品和服务；⑤商业服务；⑥印刷、影印、招牌服务；⑦人力中介；⑧养护和清洗服务；⑨建筑装修服务；⑩便利店；⑪洗衣服务；⑫教育产品和服务；⑬汽车租赁服务；⑭机器设备租赁服务；⑮非食品零售；⑯食品（非便利食品）零售；⑰健康和美容服务；⑱房地产服务；⑲其他服务。近十几年来，国外特许经营行业不断细化，新兴的特许经营行业不断涌现，如环保业、信息咨询业、摄影业、花卉园艺业、搬家业、唱片出租业、快递运输业等，几乎无所不包。

1.3.2　中国特许经营的发展

早在20世纪80年代末到90年代初，以特许经营方式风靡世界的麦当劳和肯德基相继在中国落户，它们在给中国带来快餐新概念的同时，也带来了连锁经营的新理念。尽管它们当时还没有出售特许经营权，但在对它们的研究和介绍中，特许连锁经营的概念国人已经有所接触。不久，我国一些企业，如天津"狗不理"包子、上海荣华鸡等借鉴国外经验，率先尝试以特许经营的方式开展业务。由于经验不足，管理不规范，它们在扩张过程中遇到了一些困难，不久便沉寂下来。

进入20世纪90年代中期，中国特许经营开始步入正轨，李宁、全聚德是这一时期在中国创造的特许经营"神话"。在李宁和全聚德的带领下，众多企业开始尝试特许经营业务，如华联、联华、东来顺、马兰拉面、荣昌洗染等，都快速地发展特许加盟店。特许经营在国内获得了飞速的发展，与直营连锁共同成为中国商业经营发展的主流方向。与此同时，特许经营逐步由零售业、快餐业向其他业态和行业渗透。

1997年，我国出台了《商业特许经营管理办法（试行）》，这标志着特许经营正式纳入了法制管理的轨道。2007年，正式的《商业特许经营管理条例》颁布施行，特许经营逐步走上了规范、健康发展之路，并形成了一批具有一定规模和实力、覆盖各个行业和业态的知名特许连锁企业。中国连锁经营协会的统计资料表明：目前，我国特许经营体系主要分布在餐饮、便利店、服装、药店、教育培训、经济型酒店、房产中介、家装、汽车维修与保养、休闲健身、干洗、美容与化妆品等60个行业和业态。

商务部业务系统统一平台统计的数据显示，截至2024年12月9日，我国备案的特许经营企业合计为12 756家。从地域分布来看，北京、上海、广东、浙江、山东、江苏六个省（直辖市）的特许总部合计6 616家，占比51.86%。从行业分布来看，备案企业中，餐饮业有4 927家，零售业2 414家，其他商业服务业1 020家，居民服务业730家，教育培训业428家，中介服务业297家，住宿业163家。

近几年，中国特许经营发展速度加快，涌现出了一批万店规模的特许连锁品牌，如美宜佳、瑞幸、蜜雪冰城等，这一方面促进了国内特许连锁经营整体水平的提高，另一方面也推动了中国企业采用特许经营的方式走出国门，融入全球竞争。国内有意向海外发展的特许经营品牌数量也在明显增加，目前已走向海外市场的特许经营品牌有名创优品、泡泡玛特、瑞幸、蜜雪冰城、喜茶、霸王茶姬、张亮麻辣烫、杨国福等。相信随着我国特许经营品牌的进一步成熟，会有越来越多的企业参与国际竞争。

表1-3列出了2023年中国特许经营各行业龙头企业的基本情况。

表1-3　　　　2023年中国特许经营各行业龙头企业门店总数和加盟店总数

业态	企业名称	品牌名称	2023年门店总数（个）	2023年加盟店总数（个）
便利店	美宜佳控股有限公司	美宜佳	33 848	33 814
便利店	广东天福连锁商业集团有限公司	天福	7 208	6 966
便利店	罗森投资有限公司	罗森	6 330	5 066
休闲饮品	蜜雪冰城股份有限公司	蜜雪冰城	32 291	32 266
休闲饮品	瑞幸咖啡（厦门）有限公司	瑞幸咖啡	16 248	5 620
休闲饮品	浙江古茗科技有限公司	古茗	9 010	9 000
房屋中介	德佑（天津）房地产经纪服务有限公司	德佑	24 208	24 208
房屋中介	21世纪不动产	21世纪不动产	10 040	9 540
食品专卖	绝味食品股份有限公司	绝味	15 950	15 846
食品专卖	锅圈食品（上海）股份有限公司	锅圈食汇	10 307	10 307
食品专卖	湖南零食很忙商业连锁有限公司	零食很忙、赵一鸣	7 000	6 950
酒店住宿	锦江国际（集团）有限公司	锦江之星、白玉兰等	12 448	11 627
酒店住宿	华住集团有限公司	全季、海友等	9 394	8 703
酒店住宿	上海如家酒店管理有限公司	如家、和颐、璞隐等	6 263	5 622
非食品专卖	大参林医药集团股份有限公司	大参林	14 074	4 165
非食品专卖	上海晨光文具股份有限公司	晨光文具	8 315	7 656

业态	企业名称	品牌名称	2023年门店总数（个）	2023年加盟店总数（个）
非食品专卖	名创优品（广州）有限责任公司	名创优品	6 413	6 378
快餐	鑫绪（上海）信息技术服务有限公司	杨国福	6 703	6 700
快餐	福州塔斯汀餐饮管理有限公司	塔斯汀	6 001	5 997
快餐	黑龙江盛世千秋餐饮管理有限公司	张亮麻辣烫	5 900	5 800
正餐	重庆守柴炉餐饮管理有限公司	守柴炉	565	492
正餐	长沙味之翼湘餐饮有限公司	蛙来哒	504	452
美容美体	唯美爱科技（中国）有限公司	唯美度、召香等	6 069	6 067
美容美体	广州樊文花化妆品有限公司	樊文花	6 001	4 862
美容美体	克丽缇娜（中国）贸易有限公司	克丽缇娜	4 827	4 825
汽车后市场	上海阑途信息技术有限公司	途虎	5 909	5 757
汽车后市场	杭州天猫车站科技有限公司	新康众、天猫养车	3 728	2 400
汽车后市场	广州三头六臂信息科技有限公司	三头六臂	3 300	3 298
宠物服务	北京派多格科技发展有限公司	派多格	7 000	6 993
宠物服务	北京旺时代宠物用品有限公司	圣宠宠物	2 502	2 502
洗染服务	北京翰皇伟业品牌管理有限公司	翰皇	2 228	2 221
洗染服务	北京福奈特洗衣服务有限公司	福奈特	1 962	1 611
风味小吃	长沙伍爱美食食品科技有限公司	黑色经典	2 314	2 237
风味小吃	南京无边界餐饮管理有限公司	喜姐	2 064	2 000
美发与养发	珠海市丝域连锁企业管理有限公司	丝域	2 307	2 254
美发与养发	北京章光101科技股份有限公司	章光101	2 000	1 119
教育培训	湖南贝尔安亲云教育有限公司	贝尔安亲	1 186	1 173
教育培训	启今集团	红黄蓝	837	745
家政服务	上海爱君家庭服务有限公司	爱君	660	660
家政服务	大连好月嫂家庭服务有限公司	好月嫂	273	268

业态	企业名称	品牌名称	2023年门店总数（个）	2023年加盟店总数（个）
房屋装修	广州尚品宅配家居股份有限公司	尚品宅配	2 431	2 005
回收与维修	上海万物新生环保科技集团有限公司	爱回收	1 819	1 121
休闲娱乐	杭州乐刻网络技术有限公司	乐刻	1 400	980
火锅烧烤	北京筷客乐园餐饮管理有限公司	虾吃虾涮	1 307	1 301
面包甜点	上海适达餐饮管理有限公司	DQ	1 145	675
折扣店	上海芯果科技有限公司	HOT MAXX	850	400
医疗服务	视立美视光科技集团（西安）有限公司	视立美	712	677
图文摄影	上海悦照影像创意有限公司	方快	650	600

资料来源：中国连锁经营协会．2023年商业特许经营TOP280［EB/OL］．（2024-05-30）［2025-07-07］．https：//mp.weixin.qq.com/s/aobp9tb9bKvZEYuk79YA-A.

小思考1-3　中国特许经营发展呈现出哪些特征？

本章小结 ✔ ------------------------------------●

　　特许经营是指拥有注册商标、企业标志、专利、专有技术等经营资源的企业，以合同形式将其拥有的经营资源许可其他经营者使用，被特许人按照合同约定在统一的经营模式下开展经营，并向特许人支付特许经营费用的经营活动。特许经营按照特许的内容可以分为商品商标特许经营和经营模式特许经营；按授予特许权的方式可分为单体特许、区域特许、二级特许、代理特许；按加盟双方成员的关系可分为制造商-零售商特许系统、批发商-零售商特许系统、零售商-零售商特许系统、服务特许系统。特许经营的特征是：特许权转让是核心；加盟总部与加盟店之间的关系是通过签订特许经营合约而形成的纵向关系；特许经营的所有权是分散的，但经营权高度集中，对外要形成一致的形象；加盟总部提供特许权许可和经营指导，加盟店为此要支付一定的费用。特许经营常常被企业看成一个低成本扩张的利器而使用，尽管其具有独特的魅力和优胜之处，但它并不是十全十美的，不可避免地也会存在缺陷。特许经营起源于美国，并在20世纪下半叶迅速风靡全世界，进入越来越广泛的服务领域。中国特许经营起步于20世纪90年代，发展势头十分迅猛，越来越多的人已经意识到了其独特的魅力，它将拥有一个广阔的发展空间。

主要概念和观念 ☑️ --●

特许经营 特许人 受许人 特许权 特许经营体系 商品商标特许经营 经营模式特许经营 单体特许 区域特许 代理特许 二级特许 连锁经营 直营连锁 自愿连锁

基本训练 ☑️ --●

☐ 知识题

1.特许经营的概念是什么？

2.特许经营按特许的内容可以划分为哪些类型？

3.特许经营按授予特许权的方式可以划分为哪些类型？

4.特许经营按加盟双方成员的关系可以划分为哪些类型？

5.特许连锁、直营连锁、自愿连锁各有什么特点？

6.特许经营对加盟总部来说有什么优势和劣势？

7.特许经营对加盟商来说有什么优势和劣势？

8.特许经营主要分布在哪些行业？

☐ 技能题

分析一家失败的特许经营企业失败的原因，并说明特许经营会带来哪些风险。

☐ 能力题

1.案例分析

华住集团的会员管理体系——华住会

华住集团创立于2005年。截至2024年12月31日，华住集团在19个国家或地区的1 000多个城市经营11 147家酒店。华住集团旗下经营的酒店及公寓品牌覆盖了从豪华到经济型酒店市场，包括全季、桔子、汉庭等31个品牌。目前，华住集团位列美国Hotels杂志公布的全球酒店集团·排名第5位。

华住集团早在2006年就建立起自己的会员体系——华住会，其主要目的是增强会员黏性，提高复购率，建立稳定的获客渠道。随着酒店品牌扩张和门店数量增长，华住会打通了集团下属所有国内外酒店的会员体系，实施一体化管理。截至2024年末，会员人数超2.7亿人，是中国会员人数最多的酒店会员体系，会员贡献率高达76%。

华住会的会员分为普卡、银卡、金卡、铂金卡四个等级，顾客只要注册华住会便是普卡会员，一年内在集团任何酒店入住3间夜升级为银卡会员，入住10间夜升级为金卡会员，入住40间夜升级为铂金卡会员。所有会员通过华住会App可以找到目的地就近的酒店，会员基本权益如下：

（1）出行一站式。根据顾客行程，提供酒店、机票、火车票一站式行程助手，提供全程自助服务，包括选房、续住、一键开票、入住、零秒退房以及航班动态等。

（2）自助入住。酒店智能终端机"华掌柜"右侧带有身份证刷卡槽，顾客可实现自助预订、支付、选房、身份证信息读取、登记入住、房卡自动领取、发票直连，将前台办理入住手续的时间从3分钟缩短至30秒。

（3）退房。在办理入住手续时，客人只要把自己的会员卡直接刷成房卡，付清全部房费，退房时仅需关上房门即可离店，免除了查房、结账等办理相关手续的时间。没带会员卡的客人在离店时，也只要把房卡投入前台"0秒离店"的盒子里，就可以离店，省去了到前台结账时等待查房和退还押金的时间。

（4）发票打印。客人预订华住旗下各品牌酒店并完成预付后，即可通过华住官网、App、官方微信等线上平台预留企业增值税发票信息，并预约发票。客人退房前，前往前台一键打印即可完成开票过程。

（5）自助选房。客人事先预订酒店，入住当天6：00后点击"自助入住"按钮进入选房页面，即可对酒店楼层和客房布局一览无余，房间位于几楼、是否临街、是否靠近电梯或公用厕所、是否位于拐角等都可以了解，一起住店的同事或亲友也可以自行选择相邻房间。

（6）积分当钱花。100积分等于1块钱。积分兑换减免房费，可以支付机票、摩拜单车骑行，可以在华住易购商城购买商品等。

此外，华住会员随着等级提升还会享受更多的权益，每个酒店品牌也会推出自己特色的会员服务。华住集团国内13万酒店员工都拥有专属的企业微信二维码，每一位员工都是企业微信的流量入口。在企业微信群内，酒店员工和客户持续互动交流，提高黏性，降低投诉率，培养酒店超级客户。总之，华住会成熟的会员管理体系让华住酒店减轻了对其他平台的依赖，提高了顾客忠诚度。

资料来源：作者根据华住集团官网信息整理而成。

问题：华住集团是如何打造一个成熟的会员管理体系的？

2.社会实践作业

调查几家我国不同行业的龙头企业在实施特许经营方面的基本情况，并分析这些企业各自的特点。

第2章
特许经营体系设计

学习目标 ✅ --●

知识目标

• 了解一个成功的特许商业概念需要具备什么条件；

• 掌握特许经营项目可行性研究报告的主要内容和基本格式；

• 掌握特许权设计、特许业务设计和特许经营管理手册设计的基本内容和方法；

• 了解特许经营流程中每一阶段的重点内容。

技能目标

• 学会编制完整的特许经营项目可行性研究报告；

• 能编制一整套特许经营加盟总部的管理手册；

• 能设计特许经营加盟总部的组织机构和特许经营流程。

能力目标

• 能研究分析一项商业业务是否适合采用特许经营方式；

• 能分析一个加盟总部的组织机构和特许经营的流程设计是否科学合理，并提出改进建议。

2.1 特许商业的概念及可行性研究

> **案例 2-1**
>
> **海底捞正式开启加盟业务**
>
> 2025年3月25日，海底捞发布2024年财报。财报显示，海底捞2024年营收和净利润双增，全年共接待顾客4.15亿人次，日均客流量超110万人次，较上年增加4.5%，平均翻台率达到4.1次/天。据了解，这已是海底捞连续两年实现业绩的稳健增长。在主营业务稳健发展的基础上，海底捞加盟业务也稳健推进。

事实上，2024年3月，海底捞已正式启动加盟业务。截至2024年末，13家加盟店已完成审核与落地，初步验证了加盟模式在规模化布局中的可行性。海底捞表示，加盟模式实施以来，下沉市场展现出强劲需求，超70%的加盟申请来自三线及以下城市，其中有不少来自县级市的申请。

作为国内餐饮业领军企业，海底捞已有30多年的发展历史。近年来，海底捞在产品研发、优化管理架构、数字化建设等方面不断发力，拥有强大成熟的组织管理体系和供应链能力，品牌影响力不断提升。近日，英国品牌评估机构Brand Finance发布2024"全球餐饮品牌价值25强"排行榜，海底捞连续6年登榜。

加盟模式为餐饮市场带来了前所未有的扩张机遇，但也存在一定挑战。海底捞在年报中称，为确保加盟商质量与加盟店经营水平，海底捞建立了涵盖资质审核、运营能力评估、长期发展匹配度的三轮筛选机制，从源头保障门店服务质量与品牌调性。

海底捞开放加盟之初，就提出了四条加盟商引入标准：认同海底捞企业文化、价值观一致；具有长期和海底捞一同发展的意愿和规划；具备多店发展的财务基础；有地方物业资源，具备企业管理经验。此外，海底捞对加盟商采取强管理的总经理驻派模式，管理完全由海底捞负责，直营店与加盟店在产品、供应链、品牌营销、中后台管理、人员培训等方面的管理模式和管理标准完全一致。目的就是保持海底捞的体验一致性，为消费者带来直营店与加盟店无差别的体验。

海底捞加盟商将获得集团统一提供的人员培训、供应链系统、管理经验、食安管控、品牌营销服务、绩效考核等中后台服务，从而确保食品安全以及顾客体验。加盟商将根据市场规模、竞争格局、物业状况和地理位置等因素，以严谨而系统化的方式，探索海底捞的新商业模式。海底捞和加盟商的强强联合，注定可以打开更多新市场，为更多消费者带来体验。

近年来，越来越多的品牌餐饮企业开放加盟，助力餐饮市场连锁化率提升的同时，集中优质资源，推动餐饮加盟流程各个环节的标准化、正规化，助力行业高标准发展。

资料来源：海底捞. 海底捞，探索高质量加盟之路［EB/OL］.（2025-03-28）［2025-07-07］. https://mp.weixin.qq.com/s/bRj3gjeZh-gPwZveI0DL-Q.

曾几何时，一些风靡全国的特许经营业务迅速崛起又迅速衰落。那么，怎样的特许商业概念才会获得成功呢？构建一个成功的特许经营体系，首先必须拥有一个成功的特许商业概念，然后依靠一套规范的运作流程，将科学设计的特许权特许给加盟者。光有一个成功的特许商业概念是远远不够的，加盟总部还需要一套先进的经营理念、管理方式，以及对品牌的系统维护和提升。加盟总部不能一味地通过此种方式圈钱，而是要使合作双方能够共同成长。

2.1.1　成功的特许商业概念

特许经营要取得成功，首先必须具备一个成功的商业概念。那么，什么样的商业概念适合开展特许经营呢？成功的特许商业概念必须具备以下几个条件：

2.1.1.1　高价值的运营体系

一个成功的特许商业概念，必须向潜在加盟商证明，它能提供一套比加盟商自己开发的运营体系更有效的运营体系，这对加盟商而言才具有价值。如果一个加盟商自己也能开发出一套相同的运营体系，那么这样的商业概念是不值得购买的，或者可以说是毫无价值的。

特许经营体系中对潜在加盟者最有价值的可能是加盟总部的商标，也可能是加盟总部的成功经验，或者是加盟商可以分享的某些资源。而商标是其中最有吸引力的部分。特许经营是知识产权交易的一种形式，而知识产权中最重要的内容就是商标。企业的商标、产品的品牌是维系加盟总部与加盟商关系的基础。加盟总部要想扩大加盟体系，必须拥有一个有较高知名度的商标，这是不言而喻的。绝大多数的小投资者加盟特许经营是冲着加盟总部的商标去的，他们自己没有能力创出名牌，又期望刚创业就能拥有一个响当当的招牌来吸引消费者，因此才心甘情愿地付出加盟费以获得使用他人名牌商标的权利。这就是为什么投资者当决定加盟快餐业时就会想到麦当劳、肯德基等。这些声名显赫的商标本身就是盈利的最佳保证。

此外，加盟总部拥有的资源所产生的规模效应也对潜在加盟者具有极大的吸引力。大家乐集团在中国香港的连锁店全由中央厨房供应半成品原料，以保证所有门店的食品品种、质量、价格一致。其加盟总部大楼10层以上为写字楼；8层以下是中央厨房的加工车间，分为蔬菜车间和肉食车间；底层为洗衣车间，负责集团10 000多名员工工作制服的清洗、消毒及整理。大家乐不仅提供西式快餐，也供应适合港人口味的多种中式快餐。早、午、晚餐加上茶市，产品品种达200多种。中央厨房负责对原料进行最大程度的加工处理。蔬菜车间的工作任务是将各类蔬菜切配成丁、块、片、丝等半成品，如切萝卜丝、打色拉料、蒸马铃薯等。该车间一天的产量为20吨。肉食车间的工作任务主要是将化冻后的肉进行切割，流水线将肉切成丁、块、片，然后送到调料池浸泡，待肉里浸入了味道，再取出来淋干，包装后冷冻储藏。该车间加工能力为每天12.5吨半成品肉，包括牛扒、猪扒等192个品种。每天上午9点以前，集团的保温车将各种半成品送至港九380多家门店。这种快捷的物流系统和庞大的产品支持是任何一家独立的快餐店都无法比拟的，因而也最终成为吸引加盟者的一个重要因素。

2.1.1.2　可复制的商业模式

一个成功的特许商业概念必须具备可复制的特点，人们必须有在多个不同的地点经营同一项业务、生产同样的产品或提供相同服务的体验；否则，再好的商业概念也无法实施特许经营。例如，经营汉堡包和炸薯条这种西式快餐，由于产品极易复制，企业就能在世界各地开设门店，使用相同的原材料、在同样的门店氛围内向顾客提供相同的产品和服务。另外，对于一些需要具备特殊资质的行业来说，如果这些资质是不可特许的，潜在加盟者很难获得这一资质，那么这种商业概念就无法发展合格的加盟商。因此，衡量一个特许商业概念的好坏，不仅要看它是否能够提供有价值的运营体系，还要看它是否能够复制。

所谓复制，就是指该商业模式能够比较容易地传授给他人，而不是传授者时刻参与到加盟店的日常经营中。加盟者必须掌握这些经营技术，并在其经营的过程中做出正确的决策。这就需要对特许商业概念进行编码，将其转化为简单明了的书面经营规则和程序。同时，还需要在短期内教会在这项业务领域中没有经验的加盟者，使他们通过遵循这些书面规则和程序就能经营这项业务。这样，加盟者才能掌握经营的诀窍，在日常的经营中才有章可循，从而使不同的加盟者在不同的区域为消费者提供一致的产品和服务。

2.1.1.3 全盘掌控的关键技术

为什么有些加盟总部招募的加盟者能一心一意长期跟随着它们，而有些加盟总部招募的加盟者却没过多久就吵着要脱离加盟总部？有些加盟总部前面刚招进一批加盟者，后面就有人退出，使得自己的加盟数目始终维持在原有水平。这不是因为加盟总部没有创立经营特色，也不是因为加盟总部的特许经营事业难有良好的业绩，而是因为加盟总部没有特殊的经营技能，难以很好地控制加盟者。

加盟总部建立一套具有独特价值的运营体系，可以吸引潜在的加盟者，却难以牢牢控制住加盟者，因为很多经营特色和运营体系容易被人模仿，如24小时营业、品种齐全、价格较低等。当加盟总部对加盟者培训完毕后，加盟者掌握了这些经营方法，或加盟者找到了加盟总部的进货渠道后，他们便不需要再依赖加盟总部也可以自行经营，自然就会想脱离加盟总部，或者建立自己的连锁网络。这对于加盟总部来说，无疑是培养了一个竞争对手。

因此，加盟总部如果想要控制住加盟者，使他们一旦脱离自己就无法生存，那么就必须拥有一套属于自己的特殊的经营技能。这套经营技能必须有一定的垄断性，它要么是某种关键技术，即 Know-how 这样的内涵，要么是他人难以获得的廉价的进货渠道，这样就使加盟者必须依靠加盟总部才能获得某些经营上的支持，从而无法独立。例如，凯菲冰激凌蛋糕特许连锁加盟总部控制加盟者的关键技术是凝固剂，任何加盟店想独自制作冰激凌蛋糕，都会因为缺乏这一特殊的添加剂而无法使蛋糕凝固起来。同样，麦当劳也申请了多项专利技术，没有加盟总部的支持，经营者无法生产出品质一样的汉堡。

一般来说，加盟总部可以通过以下途径来控制加盟者：货源控制、技术控制、客源控制、信息控制等。赛百味统一配送100%的食品和重庆小天鹅统一配送火锅汤料采用的便是货源控制；马兰拉面统一配送汤料和统一派遣管理厨师采用的便是货源控制加技术控制；21世纪不动产加盟总部建立强大的房源数据库采用的便是客源控制；7-11便利店加盟总部指定供应商加POS系统采用的便是货源控制和信息控制。总之，所有成功并稳定发展的特许经营体系，都有一套独特的经营技巧来控制加盟者，使其不会"闹独立"，除非加盟者要放弃这套成熟的经营模式另起炉灶。反观那些不成功的特许经营体系，其失败往往都与加盟总部对加盟店管理失控有关。

2.1.1.4 庞大的潜在加盟者群体

许多特许商业概念是在直营连锁店的基础上直接开发出来的，这些商业概念既具备较高的商业价值又可编码复制，但问题是缺乏大量潜在的加盟者群体，于是一项看似可以成功的特许经营业务最终不得不失败。这种商业概念虽然也是一个成功的商业概念，但只能通过直营店的方式来发展，不适合采用特许经营的方式来发展。因此，加盟总部在评价一个商业概念能否成为一个成功的特许商业概念时，需要对潜在的加盟者进行深入的研究，研究这些人的投资意向、投资爱好和投资能力等。加盟总部要非常清楚地了解现在的潜在加盟者更喜欢加盟哪些行业和希望购买什么样的"特许产品"，在价格、投资额、售后服务等方面的期望是什么。

通过特许经营的方式能否成功经营一个商业概念，这在很大程度上取决于能够购买特许经营权的潜在加盟者的数量。美宜佳连锁经营加盟总部将其便利店业务出售给大量的加盟商。初期它的初始加盟金只要几万元，总投资只要10万元，因此许多人拥有成为美宜佳便利店的加盟商的资金能力。同时，经营一家便利店相对比较容易，许多人不仅可以在短时间内学会如何经营，而且这个领域的投资者无须具备高等学历及行业经验。由于拥有大量的潜在的加盟者群体，美宜佳出售其特许经营权相对于其他行业来说要容易得多。

2.1.2 项目可行性研究

仅有一个特许商业概念是不够的，加盟总部要将这一概念转化为可操作的开发项目，还需要进行全方位的评估，并拿出较为详细的项目可行性研究报告。项目可行性研究主要通过市场调研，对特许经营扩张的必要性、充分性、可行性、影响力等进行系统分析和研究，再通过理性分析和数据论证，判断是否可以开展特许经营业务。项目可行性研究报告不仅是对加盟总部特许商业概念的一个全面论证，也是该项目未来战略的发展规划。

在所有的市场调查和分析研究工作完成之后，将形成一个项目的可行性研究报告。通常一份标准的可行性研究报告的内容要按以下顺序展开：

（1）封面

封面包括项目名称、研究单位和报告时间。

（2）目录

目录是可行性研究报告的逻辑框架，可以使读者迅速地了解整个可行性分析报告的主要架构，并可以根据目录迅速找到想要了解的内容。目录体现了报告者的研究思路，可以反映其逻辑思维是否清晰、研究内容是否完整。因此，目录可以在最短的时间内吸引读者的注意力，对项目的介绍是十分重要的。

（3）项目概要

项目概要是对项目可行性研究报告的基本信息和结论的一个简明扼要的概括，是报告的缩写本，向读者呈献他们最关心的内容。项目概要是对特许经营项目方案的总结，同时也会提出具有意见性的结论和建议。这部分内容不能太多，最好控制在3 000字以内。

（4）企业简介

企业简介是对特许经营企业的基本情况进行介绍，主要包括企业的名称、性质、所在行业、人员情况、发展历史、主要产品和服务、发展规模、现有店面的数量、经营状况、目标市场和占有率等。

（5）项目背景

项目背景是对特许经营项目的背景与发展概况做系统的描述，包括企业开展特许经营的必要性分析，特许经营能给企业带来什么好处，它与直营连锁经营项目相比有什么优势，以及国家政策、行业发展趋势、项目的试验情况、企业进行特许经营的充分条件等。

（6）市场分析

市场分析是经过详细的市场调研之后形成的对市场的认识，主要包括两大分析内容：一是市场需求分析；二是市场竞争分析。市场需求分析可以从不同层次的市场，如国外市场、国内市场、区域市场来分析，不仅要分析市场的现有需求，还要分析市场的未来发展趋势。市场竞争分析要对行业竞争的激烈程度进行描绘，同时还要对主要竞争对手进行详细的介绍。

（7）SWOT分析

SWOT分析是在前面的项目背景分析和市场分析的基础上对四个方面做的总结，使读者能够更清楚地了解该项目的特点。SWOT分析可以分成四大块：项目优势分析、项目劣势分析、项目市场机会分析、项目可能遭遇的威胁分析。这四大部分是从企业内部和外部环境的研究中得出结论，可以使企业管理者做到知己知彼，弄清楚自己的优势、劣势和可能遇到的机会与威胁，从而采取适当的发展策略。这部分可以用表格的形式列出具体内容。

（8）项目定位和发展思路

项目定位和发展思路是本项目的核心内容，需要明确项目的总体定位目标和发展战略规划。在总体定位的基础上又可以单列出特许权内容、目标市场定位（含消费者定位和加盟者定位）、品牌定位、产品定位等具体内容。发展战略规划必须先说明项目的发展目标、总体发展思路，然后才是具体的发展策略。

（9）项目盈利模式

项目盈利模式部分包括加盟总部盈利模式和加盟商盈利模式两大内容。加盟总部盈利模式主要分析加盟总部的盈利来源，包括：特许经营费用；自行开发的关键设备、关键原料的配送；规模配送产生的差价；其他合理的收入来源，如收取维修费、培训费等。加盟总部应通过为加盟商提供相应的服务并提高特许经营体系的竞争力来实现自己的盈利目标和特许品牌的升值。加盟总部还必须设计加盟商的盈利模式，保证一定的市场竞争优势。同时，加盟商盈利模式应有完全可复制性。

（10）项目具体实施方案

项目具体实施方案是对项目发展战略和策略的具体化，是项目发展要经过的几个详细的阶段，以及每个阶段的发展重点和目标，包括加盟总部组织结构、人员配置、物流设施建设、信息管理系统建设及与加盟有关的具体细节安排。

（11）项目技术可行性分析

项目技术可行性分析部分主要包括建设项目的技术可行性分析和维护特许经营体系的技术可行性分析，具体包括关键技术的开发和购买、专利申请以及各种管理技术的设计。

（12）项目经济可行性分析

项目经济可行性分析是对整个项目投资与回报的分析，详细分析整个项目的总投资概算、资金来源、未来产生的经济效益预测以及项目投资回收期测算等，通过计算不同的指标，如动态投资回收期、静态投资回收期、项目盈利指数、盈亏平衡点、经营安全率等分析该项目在经济上的可行性。

（13）社会效益分析和评价

社会效益是一份可行性研究报告中不可缺少的部分，一个具有良好社会效益的特许经营项目可以引起政府和社会的高度重视，并在未来公共关系上获得成功。报告人需要仔细分析项目的社会效益和社会影响，最好能说明项目对当地财政税收和经济发展的影响、对就业机会增加的影响、对合理利用资源和环境保护的影响、对当地居民生活方式的影响等。当然，这部分内容要进行实事求是的分析，不能牵强附会，否则容易引起反感。

（14）风险和对策

任何项目都存在一定程度的风险，关键在于这些风险是否在可控的范围内，是否能找到良好的对策进行防范。一般的可行性研究会提到几个常见的风险来源，如行业风险、市场风险、技术风险、管理风险等，报告人必须对那些可能影响特许经营项目未来发展的主要风险进行重点分析，并提出相关的防范对策。

（15）项目的前景和建议

项目的前景和建议这部分不是必不可少的，但大多数项目的可行性研究报告还是将这一部分单独列出来，目的是强调该项目未来的发展前景和报告人对整个项目发展的具体建议。上一部分的对策是为企业控制风险而专门提出的对策，这一部分的建议是对顺利推进项目发展而提出的供参考的具体建议。

（16）附件

大多数报告会有一些附件，这是为了防止报告的正文太长而引起读者的疲劳，将一些报告内容用附件的形式列在文后，以便读者在需要进一步了解的时候再查看。附件主要由市场调研分析报告、国家相关法律和政策、其他对比方案说明、关键词汇解释等组成。

小思考 2-1　为什么说一些成功的商业概念并不适合采用特许经营的方式发展？

2.2　特许权与特许经营业务模式

案例 2-2

海澜之家的类直营加盟模式

2002 年 9 月，"海澜之家"第一家门店在南京中山北路正式开业。截至 2025 年 3 月底，其旗下所有品牌的门店总数达到 7 178 家，加盟店 4 302 家。该公司旗下拥有包括男装、女装、童装、职业装及生活家居等多个品牌，主要品牌及产品包括海澜之家（HLA）、圣凯诺（SANCANAL）、海澜优选生活馆（HEILAN HOME）、OVV、黑鲸（HLA JEANS）、男生女生（HEY LADS）、英氏（YEEHOO）。

主品牌"海澜之家"致力于为 20~45 岁的男性提供时尚的设计和优质的产品。产品划分为商务、时尚、休闲三个系列，主要包括 T 恤、衬衫、裤子、西装、夹克衫等类别，丰富的商品能够满足男性在着装方面的几乎全部需求。"海澜之家——男人的衣柜"，已经得到大众消费群的认可。

公司的销售渠道分线下销售和线上销售。线下渠道主要分布于全国县级及以上城市核心商圈的步行街、百货商场、购物中心等，并在马来西亚、新加坡、泰国、越南等国家开设了门店。公司对所有门店实行标准化的管理，包括形象策划、供货、指导价格、业务模式、服务规范等。线上由公司直营，主要通过入驻天猫、京东、唯品会及微信小程序等主流开放平台实现销售。

公司的线下渠道分为直营、联营和加盟三种模式。其中，加盟模式是主要线下模式，并主要采取类直营管理方式，与一般的招商加盟有着显著不同。现将海澜之家的类直营模式与一般招商加盟模式进行比较，见表 2-1。

　　　　第 2 章　特许经营体系设计

表2-1	海澜之家的类直营模式与一般招商加盟模式比较	
项目	海澜之家的类直营模式	一般的招商加盟
加盟店的管理	加盟店由公司统一负责代为管理，加盟商不参与门店管理	公司管理加盟商，加盟商管理门店经营，管理水平差异较大，品牌形象难以统一
加盟店的扩张能力	加盟商不需要有经验，加盟门槛低，门店扩张能力强	加盟商必须有经验，加盟门槛高，门店扩张能力弱
加盟店的铺货方式	公司根据历史销售数据和市场调研，统筹规划	以订货会等形式，根据加盟商的订单铺货
滞销产品的处理	可以在不同加盟店调配，剩余退回公司，退回上游供应商	门店一般打折处理，不同门店间难以调配
风险承担	门店库存属于公司，加盟商不承担库存风险	门店库存属于加盟商，加盟商承担全部库存风险
终端定价权	公司制定全国统一指导价，加盟商价格浮动区间较小，公司具有较强终端定价权	公司制定指导价，加盟商灵活定价，终端定价难统一

资料来源：牛国帅．海澜之家的类直营模式与一般招商加盟模式比较［EB/OL］．（2020-10-26）［2025-07-07］．https://mp.weixin.qq.com/s/opXIYArkU-vNzjqvcTMakg.

上述案例说明，一个好的特许权必须经过总部的精心设计和不断改进，并详细编码，才能完整地被加盟商吸收和复制，即使有成千上万家这样的加盟店，也不会走样。加盟总部在设计特许权时，不仅需要提炼出特许体系的精华，还要把这些精华用一种最简单的方式传授给加盟者。特许权内容的设计是非常重要的，如何解读这些内容也是同样重要的。

2.2.1　特许权设计

在确定企业准备开展特许经营业务之后，加盟总部就可以着手进行特许权的设计了。特许权（franchise rights）就是加盟总部向加盟者授权内容的总和。加盟总部需要对现有直营店中的产品、服务、设备、技术等进行系统化的梳理，以决定将来的加盟店里应该包括哪些内容、不应该包括哪些内容。构成特许权的每一项内容被称为特许权要素。特许人的商标/标志、商号、单店经营模式、单店 VIS 系统、专利、管理和技术诀窍、商业秘密、单店运营管理系统、特许人的其他智慧产品、特许人产品/服务经销权、特许人商标/标志产品的生产权和分销权以及特许人区域市场的开发管理权等都可以作为特许权要素由加盟总部授权给加盟者来使用。

特许权在设计时要考虑以下因素：①对未来的潜在加盟者有较强的吸引力；

②实现与竞争者的差异化，确保竞争优势；③充分利用、组织现有资源和优势并使其能相互适应、相互促进；④满足现有和潜在消费者的各种需求；⑤充分考虑组织的实际业务水平，力求有自己的特色；⑥充分考虑组织的核心竞争力；⑦充分考虑特许经营体系运营管理维护与控制的因素；⑧充分考虑组织未来的发展；⑨符合法律法规的要求。

特许权内容总体上可分为有形和无形两个部分，特许权设计既包括特许权两大内容的设计，也包括特许权使用范围即特许权约束的设计。

2.2.1.1 有形特许权设计

有形特许权包括一个加盟店运营的所有产品、原料、设备、工具，以及店铺的VI、SI等，这些要素的组合设计力求给消费者一个鲜明生动的商店形象。

事实上，一家特许连锁商店在消费者头脑中的形象是由多种因素综合形成的。加盟总部在设计特许权有形部分即加盟店的形象时，要注意外在形象与内在因素的有机结合，从而在消费者心中形成一个独特的印象。表2-2列出了商店形象的组成要素及评价内容。

表2-2　　　　　　　　　　　　商店形象的组成要素及评价内容

要　素	内　　　容
商品价格	低价格、折扣和特价，有价值的价格，公平价格或竞争价格，高价或吓人的价格
商品质量	质优（次）产品，质优（次）部门或目录，品牌产品或设计师产品，设计良好的产品，时尚产品
商品品种	选择的深度和广度，我喜欢的商品，品牌的选择，礼品
销售人员	关心的人，员工数量和能力，员工的专业知识，礼貌的和谦恭的态度，有效的服务
位置的方便性	与家的距离，与工作地点的距离，公共交通的选择，良好的地理位置
其他便利条件	方便停车，安全保障，营业时间，与其他商店的距离近
所提供的服务	付款方式的选择，延长的信用期限，洗手间，其他服务设施
家庭服务	有效的目录，电话订货，网络订货，送货上门
促销手段	例行性促销，特别事件，忠诚度计划
广告宣传	广告宣传的冲击，风格和质量，利用媒介，利用名人，广告的真实性
商店气氛	内外部陈设，标志和颜色，活泼的或沉闷的、令人愉快的或不愉快的、简单的或复杂的
商品陈列	通道的舒适性，拥塞的水平，电梯和升降梯，找到商品的难易程度，陈列的质量
目标顾客	不同年龄、不同收入、不同职业、不同爱好、不同家庭成员等顾客群体
声誉	担保或保障，退货政策，方便退换货政策，公正的名声
商店个性	诚挚的、令人兴奋的、能干的、世故的、粗野的
社会形象	保守的或现代的、可靠的、值得信赖的、合乎道德的、运动型的
相关联想	人、动物、政治团体、国家、文化
视觉形象	图片、场景、插曲、幻象

资料来源：麦戈德瑞克. 零售营销［M］. 裴亮，等译. 北京：机械工业出版社，2004.

对上述各组成要素的评价构成了消费者对一个商店的基本印象。例如，下面是对一家商店形象的看法，我们归纳成7个方面：

（1）市场形象：认真考虑消费者的问题，对顾客的服务很周到，善于借助广告进行宣传，竞争力强。

（2）外观形象：令人愉快的设计，传统文化底蕴深厚，形象标识鲜明突出。

（3）商品形象：商品时尚，质地优良，有丰富的选择，价格适中，对新产品开发很热衷。

（4）经营者形象：经营者很优秀，有魅力，有事业心。

（5）企业风气形象：具有健康清洁的形象，创造良好的风气，员工和蔼可亲、有礼貌。

（6）企业个性：积极进取，富有现代感，是家庭喜欢消费的场所。

（7）综合形象：是一流的企业，经营规范，值得信赖。

消费者对商店形成的基本印象要反映出特许品牌的不同形象定位，有时抓住一两个关键的形象要素就可以对同类型企业进行区别，例如，目标顾客定位就是区别不同类型企业品牌的一个重要标志（见表2-3）。

表2-3 　　　　　　　　　　几个餐饮企业品牌的目标顾客定位

品牌	目标客户群	锁定的客户偏好
赛百味	公司职员（白领）	低卡路里、健康、轻松
肯德基	普通家庭	亲情+美味
麦当劳	少年儿童	欢快、憧憬、热烈
马兰拉面	中小学生	物美价廉、美味
黄振龙	逛街市民	解暑、止渴

上面的表述并没有将所有的形象组成要素全都列出来，但足以说明衡量一家商店形象的方法至少与多个不同的要素相关，如商品、服务、顾客、气氛、便利性、视觉、促销、陈列、宣传、声誉等。当加盟总部确定了商店形象的基本概念后，接下来就要将所形成的理念应用于企业标志、标准字、商标、商店外观设计和卖场内部设计。管理者要设法将企业成长、创新、前瞻性等理念转换成图案、颜色等，以视觉形象来显示企业的内在精神和形象主题，从而将自己的有形特许权与其他特许权显著地区分开来。

加盟总部在设计有形特许权时要注意以下几个方面：

首先，为了使有形特许权更利于传授，加盟总部应对特许经营体系中涉及的所有产品、原料、设备、工具等硬件有一个详细的介绍，包括其物理属性（颜色、形状、重量、大小、密度、部件组成、寿命等）、化学属性（酸碱性、对外界温湿度的反应等）、社会属性（产地、品牌、价格、性能、使用程序和工艺等）。

其次，加盟总部要使商店形象达到容易辨别的目的，除了使形象概念具体化为标准字、标准色和商标等标志以外，最重要的就是要在市场上发挥"共鸣"效应。标志的特点是简洁、明快、易于识别，并且具有象征性，它是顾客认识和记忆一家企业或一个品牌的第一要素。如果标志的读音朗朗上口、寓意深刻，就会大大加强视觉设计的传达效果，使人一目了然、过目不忘。之所以强调标准字、标准色和商标等基本要素的重要性，是因为只有透过这些始终不变的基本要素，才能使任何一个看到它、使用它的人产生深刻的印象，不会与其他企业混淆，又有助于加深印象，这就是共鸣性。麦当劳大大的金黄色"M"标志，相信谁也不会弄错，即使不进去消费的顾客，也很清楚那就是麦当劳，是世界一流的快餐公司。

再次，加盟总部要将标准字、标准色和商标等基本要素延伸到商店所有消费者都能看到的地方，包括海报、广告、商务用品、员工服装、购物袋、运输工具、服务台、招牌、宣传单、室内设计和陈列工具等。这是一个系统化的设计，关键在于一致性和连续性。加盟总部要长期保持其形象和信息的一致性，不一致的印象会使消费者产生困惑，带来不良的后果。

最后，有形特许权设计的任何方面都要体现商店形象的诉求，让顾客能够清晰地体会出来。例如，如果商店强调的是高质量，则店内设计可以采用豪华的地毯和大理石，它在给人高质量印象的同时也可能产生高价位的印象。如果商店强调的是有竞争力的价格，则日光灯管和陈列商品原包装用的大箱子可以让人想起"便宜"二字。

2.2.1.2 无形特许权设计

无形特许权主要包括各种专利和技术、作业系统、操作流程、经营理念、管理模式、企业文化等。无形特许权是一个特许体系的精髓，也是发展特许经营业务的关键。每一个加盟总部都要认真提炼自己的无形特许权，以形成自己的核心竞争力。由于无形特许权不能用实物或标志直观地表现出来，它的传授就变得很困难。加盟总部很难直接将提炼的东西传授给加盟商，因此需要对其进行编码，转换成加盟商能够实际掌握的操作规程和步骤，这就必须对提炼的无形特许权进行简单化和标准化处理，以便加盟商在较短的时间里完全掌握。简单化和标准化的工作也是连锁经营的核心特征，特许连锁经营也不例外。

（1）简单化

简单化即尽可能地将作业流程化繁为简，创造任何人都能轻松且快速熟悉的作业条件。

特许经营强调简单化绝不意味着减少作业环节，因为减少基本的作业环节就难以形成完整的作业系统。简单化是为了彻底排除"浪费部分、过分部分、不适部分"，去掉不必要的环节和内容，以提高效率，使"人人会做，人人能做"，达到事半功倍的效果。例如，零售业的集中流通、加工、分货、配货，餐饮业的中央厨房集中加工、配料等，就是通过集中化，把分散、复杂、浪费、不适等高成本部分简单化、效率化，以适应特许经营的统一化操作。

特许经营的简单化首先是由其行业特点决定的。一般零售业、餐饮业和其他服务业宜采取特许经营，而这些行业的特点是消费不均衡。对于零售商店来说，平日顾客来店的时间比较分散，而节假日比较集中；对于餐饮店来说，无论是平日还是休息日，中、晚餐时间顾客都比较集中，在一天的经营时间内，忙与闲差异相当大。因此，在用人方面，常常要在必要时间段雇用临时工，但临时工的稳定性差、流动性大。由于复杂的作业在短时间内难以掌握，而增加训练的时间又会加大成本投入，解决这一难题的最有效的办法就是将作业内容简单化，使初次来店的工作人员稍加训练就能迅速熟悉作业内容，并能取得同熟练员工同样的工作效果。门店可以支付比熟练员工少得多的费用，达到用人机制灵活、低成本经营的效果。

特许经营的简单化还取决于减少经验因素的影响。由于特许经营体系庞大而复杂，必须将财务、采购、物流、信息、管理等各个子系统简明化，将门店的作业流程、工作岗位的商业活动尽可能简单化，才能保证不出错、不走样，还要减少个人经验因素对经营的影响，以达到连锁经营的统一要求。

为了实现各项作业简单化，加盟总部会根据整个作业流程的各工作程序，相应制定一系列简明扼要的管理操作手册，使所有员工均依照手册的规定来运作。手册对各个岗位均有详尽的规定，掌握和操作起来非常简单，任何人均可以在较短的时间内掌握。即使人员频繁变动，加盟店也能借此手册使所有人员迅速掌握要领，步入正轨。

（2）标准化

标准化是指特许经营体系为适应市场竞争的需要而采取的作业形式，是为持续地生产、销售预期品质的商品和服务而设定的既合理又较理想的状态、条件，并能反复运作的经营系统。标准化原本是工业生产不断发展的结果，而标准化的出现又极大地促进了工业进步。最早的标准化是泰勒制，发展到福特制的流水线后，标准化程度就更高了。特许经营在开发标准化作业方面的实践表明，标准化也能促进大量消费，标准化可以通过严格的管理来实现特许经营体系运营的高效率。

加盟总部的标准化工作主要包括三个步骤：

首先，科学制定各项作业标准和管理标准。加盟总部通过作业研究、数据采集、定性定量分析等方法制定出既简便易行又节约人力、物力的标准化工作规范，使所有工作都能按照标准去做。这些标准包括：①企业整体形象标准。各门店运用统一的店名、店貌，使用统一的标识，进行统一的装饰、装修，并保持其外观、色彩、使用字体、价格标签等的一致性，在员工服饰、营业时间、广告宣传、商品质量、商品价格等方面也都保持一致性，从而使特许经营体系的整体形象标准化。②商品、服务标准。各门店经营的商品、提供的服务，从品种到品质都由加盟总部统一规划，实施同一标准，以满足消费者对标准化商品和服务质量的要求。③生产服务设施、操作工艺标准。要确保持续地生产、销售最佳品质的商品和服务，必须有一套标准化的设施和操作工艺。例如，全世界任何一家肯德基快餐店，每只鸡一律被准确地分解为9块，鸡块在恒定温度的油锅中炸13分30秒，分秒不差，成品在保温箱等待的时间最长为1小时30分，逾时丢弃。④作业流程标准。如选址作业，在店铺的规模、结构、服务、标识、职能等方面都有科学、合理的标准的情况下，可使企业开店简单，店铺建设时间缩短，店铺损益计划及投资回收计划更加准确。⑤考核评估标准。企业对每一项工作和每一个岗位都有科学的考核标准，同一岗位的员工工作水平趋向一致。

其次，进行严格的培训让操作人员掌握各项标准。加盟总部制定出科学的标准后，在此基础上编写详尽的管理手册作为培训员工的依据。通过严格、系统的培训，每一名员工都能完全掌握管理手册中的标准内容并加以实施。许多加盟总部都设置了培训部门，如麦当劳的汉堡包大学，有的企业与大专院校一起开办了自己的商学院，从而保证了培训工作的顺利进行。

最后，进行严格的管理保证标准化的实施。在一个由加盟总部和众多门店构成的庞大的联合体系中，标准化的贯彻实施靠的是严格的管理和监督，否则标准化就会流于形式，再多的标准也会如同废纸。许多加盟总部都设立了督导员岗位，督导员的职责就是到各个门店去检查、评价运营过程是否按标准进行，同时给予相应的指导。也有一些企业采用"神秘顾客"的方法，让检查员以普通顾客的身份出现在店中，通过亲身接受服务的方式对门店进行考核。

当然，标准的制定并不是一劳永逸的，而应该随着时代的进步和条件的变化不断更新。在连锁企业的发展过程中，落后的规定和标准会不断被更新、更先进的标准替代。通过门店的实践和探索，通过加盟总部的研究开发，连锁企业通过不懈的努力来改善运营标准。只有这样，标准化才不会使公司僵化。

从上述两方面的特许权设计中可以看出，尽管特许权的内容设计可以分为有形和无形两个部分，但在具体设计时一定要考虑两者之间的有机衔接，用系统化原则去安排有形与无形之间的关系，使各部分互相匹配、相得益彰，成为一个有机整体，而不能偏重或遗漏某些方面，或者将有形与无形两部分生硬地分开设计。

企业在设计特许权时，应该有所取舍，不能对所有的业务内容都搞特许，因为这样会增大加盟店的经营难度并提高加盟店的经营成本。因此，要对特许权的内容进行仔细甄别，将那些容易复制的、成熟的、有特色的业务内容或产品作为特许权的内容，随着企业的发展逐渐完善并增加新的内容。

2.2.1.3 特许权约束设计

特许权设计还包括对加盟商的约束，即加盟商使用特许权的范围与界限设计。主要约束内容有：时间约束、区域约束、数量约束和再特许约束。

时间约束是指加盟商使用特许权有一定的时间限制，也就是特许经营合同关系存续的时间。在这个时间范围内，加盟商有权使用上述特许权有形和无形部分的内容；超过这个期限，加盟商不可以继续使用特许权，需要续签合同才能继续使用。时间约束由每个加盟总部自行确定，国内特许经营期限一般在3～5年，而国外多为10～15年。

区域约束是指加盟商拥有特许权以后可以在一定的区域内开设加盟店，如果超出这个区域开设加盟店是不被允许的。这个约束具有排他性，是对该加盟商和其他加盟商的一种区域保护，以免发生特许经营系统内部的恶性竞争。

数量约束是指加盟商可以开设加盟店的数量。如果合同规定该加盟商只是单店加盟商，则该加盟商只能开一家加盟店；如果是区域加盟商，则该加盟商可以在允许的区域内开设多家加盟店。

再特许约束是指加盟商是否被允许将买来的特许权再授予另外的第三方，即是否可以做"二传手"。一般来说，区域加盟商有可能被赋予再授权的权利，成为二级加盟总部或区域加盟总部。但这种权利是在一级加盟总部的控制下开展的，而单店加盟商不能将特许权再授予其他人。

此外，随着科技的发展，电子商务已渗透到人们生活的方方面面，消费者的购买习惯已发生转变，线下实体商店和线上虚拟商店之间的传统边界逐渐消失。企业在设计特许权时，还需要考虑传统的实体特许分销系统和电子商务特许经营系统如何有机地结合起来。这主要有四种模式，分别是"纯粹特许经营商""纯粹特许加盟商""共享电子商务""分布式电子商务"。"纯粹特许经营商"模式是指特许经营企业在其全球在线平台上保留并掌控电子商务渠道；"纯粹特许加盟商"模式是指特许加盟商在授权区域地方层级处理自己的在线业务；"共享电子商务"模式是指特许经营企业保留对电子商务渠道的控制，但让加盟商成为整体在线销售策略的一部分；"分布式电子商务"模式是指特许经营企业提供给加盟商在本地销售和经营的独立品牌网站。上述模式各有优劣，如何使用，主要看特许经营企业所处的行业特点和业务性质，以及在采用其中任何一个模式时侧重考虑解决的问题点。

2.2.2 特许经营业务模式设计

无论将特许权的内容设计得多么复杂，最终都需要将所有的内容融入一个具体的店铺运营模式中才能形成特许经营体系的最终产品。特许经营就是通过加盟商来复制一个个特许加盟店的，从而不断扩张整个特许经营体系。加盟店是整个体系的窗口，是特许经营体系与顾客接触的一线阵地，直接关系着该特许经营企业的品牌形象。因此，在整个特许经营体系的设计中，店铺设计是十分关键的，加盟店盈利是加盟总部盈利的基础，加盟总部应该高度重视加盟店的运营模式。许多加盟总部都为潜在的投资者设计了不同类型的业务模式，并为每一种模式编写了加盟店运营手册，以指导加盟店的经营运作。

2.2.2.1 按投资店铺的面积和投资额的不同来设计

设计特许经营业务模式最常用的方法是根据店铺的投资水平和经营面积来设计。加盟总部往往根据不同的面积和投资额设计不同类型的特许经营业务，以满足不同规模投资者的需要。例如，快餐特许连锁企业德克士集团在国内开展特许经营项目时，根据不同类型的投资者灵活地设计了不同类型的加盟店，即旗舰店、豪华店、便捷店、精巧店，面积从150平方米到600多平方米不等，投资额从150万元到数百万元不等。这些店型、面积、投资额、回收期不同的单店"产品系列"大大方便了有着不同背景和不同需求的投资者进行选择，从而使德克士迅速成为中国本土继麦当劳、肯德基之后的第三大西式快餐连锁体系。需要注意的是，虽然几种特许经营业务模式的规模不一样，但店铺的形象、经营内容和管理模式应该是一致的，几种业务模式可以统一于一个特许经营体系内。

2.2.2.2　按加盟区域或加盟商权利的不同来设计

一些加盟总部出于加速发展门店的需要，或从自身控制能力出发，按加盟区域或者加盟商权利的不同设计多种模式的特许经营业务。例如，国内某意大利闪冰品牌的加盟业务就设计了两大模式：一是单店业务，类似德克士加盟总部的设计，分为迷你店、标准店、豪华店和旗舰店四种规模的单店；二是区域代理业务，这一业务模式主要招募加盟总部所在的广东省以外的区域的加盟商，每个区域的代理商拥有某一省份的独家代理权。加盟总部对区域代理商的要求是：

（1）区域代理商全面负责加盟总部在该地区的加盟管理业务，与加盟总部联手并进，利润由区域代理商独享。

（2）区域代理商授权给当地加盟店，加盟商所付的设备费、授权费、管理费、培训费均由代理商收取，各区域代理商必须同时在当地的电视、报纸等媒体上扩大宣传，或派发传单，以此配合加盟总部在全国的统一宣传。

（3）各种配送物料均由区域代理商分销给各加盟店，并按国际惯例收取一定的代理手续费。

（4）申请区域代理权必须具有一定的商业表达能力、经营管理能力，自信上进，信誉良好，有经验、有实力的单位、个人优先考虑。

（5）省（自治区）代理费20万元，直辖市代理费15万元。

加盟总部对区域代理商进行系统完整的加盟管理培训，提供代理经营授权及其他相关服务。加盟总部免费派专人上门指导开展业务，定期巡回督导。设计区域代理商能够快速推进特许经营事业的发展，但也有一定的风险。如果区域代理商选择不当，可能比加盟总部在该区域自己发展特许经营业务更为缓慢，而且对整个特许经营体系的控制要更为严格。日本7-11便利店加盟总部在日本采取的是自行开店的策略，但对海外市场则采取区域代理开店的策略。

2.2.2.3　按业务管理方式的不同来设计

麦当劳特许经营体系往往严格要求投资者必须实际参与加盟店的经营，不能委托其他人。实际上，许多投资者只是希望投资一个有利可图的项目，并非希望直接参与加盟店的经营，而加盟总部也希望吸纳更多的社会资金来发展特许经营事业。因此，一些加盟总部在设计特许业务模式时，根据投资者参与加盟店管理意愿的不同，设计了不同的加盟业务模式。例如，苏州某餐饮管理有限公司就设计了A、B两种加盟方式：A方式是特许加盟方式，即加盟商自筹全部开店费用，主导经营管理，加盟总部负责配合管理，加盟商需按照加盟总部的商业模式及经营规则进行管理。加盟总部提供装修设计、人员培训、人员支持并协助加盟店开业筹备，加盟店必须接受加盟总部的定期督导。B方式是特许托管的加盟方式，即加盟商自筹全部开店费用，委托加盟总部直接主导经营管理。

2.2.3　特许经营管理手册设计

特许权设计内容最后必须转化为一系列的文本资料才能提供给加盟者。特许经营管理手册是特许权内容的书面化，是每一个特许经营项目进行复制的重要蓝本，是保证特许经营体系成功的关键。特许经营管理手册凝聚了加盟总部管理团队集体的知识和智慧，是加盟总部对自己特许经营业务的知识、经验、技能、创意等的总结，通常用文本的形式表示，同时辅之以音频、视频等资料。为了保证众多的加盟店能够准确地复制样板店，一套完整详细的管理手册是必不可少的。

2.2.3.1　管理手册的分类

特许经营管理手册可以分为加盟总部管理手册和加盟店管理手册两大类。

加盟总部管理手册是为了特许经营体系的良性运转而编制的，是关于加盟总部的运营、管理等方面的工作指导和规范，主要由加盟总部的管理人员使用。加盟总部管理手册又可以根据不同的管理内容细化为许多具体的专业手册，如加盟总部督导手册、特许经营CIS手册、加盟总部人力资源管理手册、加盟总部招募加盟手册、加盟总部商品管理手册、加盟总部物流管理手册、加盟总部培训手册、加盟总部营销管理手册、加盟总部信息系统管理手册等。

加盟店管理手册是加盟店在选址、建设期、开业初期及正常运营之后所有工作内容、流程、工具和步骤等的汇总，是加盟店全部运营活动的指导和规范。加盟店管理手册也可以分为许多具体的专业手册，主要有加盟指南、加盟店经营常见问题与解答、加盟店开店手册、加盟店运营手册、加盟店员工手册、加盟店促销手册、加盟店商品管理手册、加盟店店长手册等。

2.2.3.2　管理手册的编制

管理手册的编制是一项高度繁杂而又要求精益求精的工作。在编制管理手册时，需要注意以下几个方面：

（1）注意管理手册的实用性与理论性的结合

管理手册是加盟总部指导加盟商日常经营的法宝，是管理人员具体操作实践的依据和标准，一定要注重其实用性，而不能仅在外包装上过度下功夫、搞花架子来吸引潜在的加盟者。好的管理手册不仅要实用，也要给人以启发，让人在了解了如何做的基础上明白为什么这样做，对涉及的问题能做到举一反三、触类旁通。尤其是经营加盟店的常见问题与解答这类手册的编写，不仅要说清楚问题的解决方式，而且要分析这种解决方式的效果和原因，让加盟者不仅知其然而且知其所以然。

（2）注意管理手册中公司信息的披露

加盟总部的管理手册披露了特许经营管理体系的大部分关键技术，这些成功的经验和管理诀窍是企业多年摸索出来的，一旦被竞争对手掌握，就可能会带来负面效应。因此，在编制管理手册时，加盟总部的人员要特别注意信息的泄露问题。从特许经营体系的生存和发展的角度来看，那些容易被模仿、泄露，同时又是企业经营核心机密的部分，不能编入管理手册而交给加盟者，只能供加盟总部内部使用。

如果一定要编入，也要采用一些巧妙的规避手段，不能把企业所有的秘密和盘托出。

（3）注意管理手册的文字和图表的综合运用

为了将管理问题介绍得更加清楚，管理手册的编写要做到图文并茂，恰当地将文字与各种图表组合起来，以帮助管理人员和加盟者更好地理解。尤其是特许经营CIS手册和加盟指南，需要穿插大量的图表。在介绍具体的业务操作流程和商品陈列方式时，也需要适当地配置相应的流程图和陈列图。这样做不仅能使管理手册的内容生动鲜活，也能给读者带来愉悦感，从而消除阅读疲劳。

（4）注意不断更新管理手册的内容

管理手册是一个企业管理经验的积累和升华，它是一个成功特许经营体系的关键技术。在一个动态变化的竞争市场中，任何企业的管理模式和管理流程都不是一成不变的，它会随着外部环境的变化而不断更新。因此，管理手册的内容也不应该是一成不变的，而应该不断地进行调整、修改和删减，使管理手册真正起到驱动特许经营体系运转的作用。这就要求加盟总部的管理者树立动态观念，不断更新、维护管理手册的内容，使其不断完善，从而具有强大的生命力。需要注意的是，无论管理手册编制或修改到什么程度，每次对管理手册进行修改时，不要忘了修改管理手册的版本号，以便在需要时可以快速、准确地找到不同时期或阶段的管理手册版本，清楚地显示管理手册被修改的次数。

（5）注意管理手册细节及发布后的反馈

管理手册的细节非常重要，每次发布管理手册都必须经过相关机构的评审，管理手册必须标明起草人、持有人、操作人、版本次数、发行生效日期等。加盟总部必须建立体系内文件的流通渠道，随时收集体系内各操作岗位对文件反馈的信息。同时，加盟总部还应该制定关于新增文件的实施措施，以及旧文件的处理措施，并对管理手册的保密制定相应的控制措施。

小思考2-2　有形特许权和无形特许权如何实现有机统一？

2.3　特许经营运作流程

案例2-3

大参林的"三驾马车"扩张战略

大参林医药集团股份有限公司（以下简称大参林）成立于1999年，是国内非常有影响力的药品连锁企业。根据大参林发布的2024年年报，公司全年实现营业收入264.97亿元，同比增长8.01%。截止到2024年底，大参林共开设药店16 553家，其中直营门店10 503家，加盟门店6 050家。

在门店扩张战略上，大参林采用自建、并购和加盟"三驾马车"共同发力的扩张模式。具体而言，在既有优势区域，大参林依托丰富的拓店经验和选址数据，结合商圈特点及各类店型店态特征，进一步丰富门店类型。2024年，大参林

新开自建门店907家，类型包括社区店、院边店、商超店、市场店、参茸旗舰店、慢病店、DTP店、O2O店等。

在非优势区域，大参林积极寻找并购标的，并用合理的价格收购优质的区域连锁药店，实现快速进入新区域或快速提升弱势区域内商业规模的目标。2024年，公司一共收购了420家门店。同时，大参林新进入上海市、内蒙古等地区，开拓新的商业版图。

更值得一提的是，市场对大参林"直营式加盟"模式热情不减。2024年，公司新开加盟店1 885家，累计加盟店数量达到6 050家。直营式加盟不仅贡献净利润规模，而且进一步提升公司的销售总额，公司规模优势得以进一步加强并反哺直营零售业务。

在门店扩张的同时，大参林积极探索新零售商业模式，组建了专业团队运营新零售业务，在选品、定价策略、营销体系和运营体系等方面针对线上业务特点重新梳理打造，积极开展B2C、O2O等新零售业务。在B2C业务方面，大参林通过中央仓库与省级、地区级仓库相结合的物流网络，成功将业务扩展至全国范围。而在O2O业务上，公司推出了30分钟快速送达的全天候送药服务，覆盖全国上万家门店，极大地满足了消费者的即时需求。

大参林十分注重线上线下相互引流的战略布局，既在公域流量平台上开设店铺，也积极开拓私域流量渠道，并通过"大参林健康"微信小程序提供O2O和B2C服务，努力推动私域流量的发展。公司通过"公域获客—私域沉淀—全域复购"的生态闭环，提升了用户复购率和私域流量占比。

为给直营、加盟门店以及分销业务提供有力支撑，大参林加紧完善自身物流配送体系。目前，大参林在全国拥有38个仓库，仓储总面积达35万平方米，仓库总发货满足率达到99%，发货差错率低于0.008%。此外，大参林积极打造自有品牌，旗下以"东紫云轩"为核心品牌的各类型滋补产品在消费群体中建立了良好的口碑。

总之，更多的门店为大参林带来了更强大的规模优势，而新零售尝试又提升单店效益，使得该公司在商品采购、业务协作方面对供应商的议价能力进一步加强，物流、研发、系统、管控等成本进一步被分摊，稳步推动了其盈利能力提升。

资料来源：中国药店. 喜忧参半的上半年，大参林2024中报有何看点？［EB/OL］.（2024-08-31）［2025-07-07］. https：//mp.weixin.qq.com/s/aOZE75YxHgIpTrGNPNP0NA.内容有改动。

一个成功的特许经营体系，不仅需要科学的特许权设计和完善的特许经营管理手册，还需要一个科学的运作流程来具体实施。特许经营运作流程不仅是用来告知加盟者加盟信息的，也是规范企业内部管理的一个重要手段。一个好的流程不仅能够反映出每个特许经营加盟步骤的具体实施状况，而且能够体现加盟总部对每个环节的工作要求，因而也就成为特许经营全过程的质量控制手段。

2.3.1 特许经营的流程设计

加盟总部开展特许经营业务，不能只想着如何赚钱，而应该按照特许经营的步骤扎扎实实地推进特许经营业务。一般而言，特许经营从制订计划开始到加盟店开业后的服务与管理为止，需要经过12个步骤（如图2-1所示），每一个步骤都有不同的工作重点和目标。当然，并不是每个加盟总部都要将这12个步骤详细地列出来，也可以有选择地列出，但其中的工作内容不能省略。

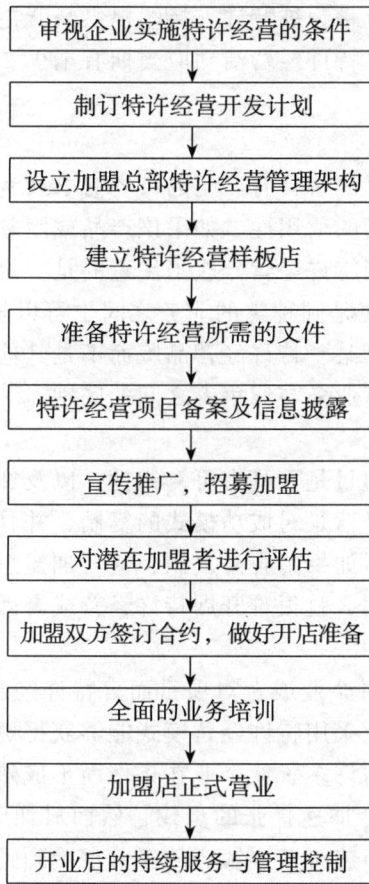

审视企业实施特许经营的条件

制订特许经营开发计划

设立加盟总部特许经营管理架构

建立特许经营样板店

准备特许经营所需的文件

特许经营项目备案及信息披露

宣传推广，招募加盟

对潜在加盟者进行评估

加盟双方签订合约，做好开店准备

全面的业务培训

加盟店正式营业

开业后的持续服务与管理控制

图2-1　加盟总部开展特许经营的步骤

2.3.2 特许经营流程的主要工作内容

2.3.2.1 审视企业实施特许经营的条件

特许经营对加盟总部而言有利也有弊，关键是要认清特许经营对自己的利弊，全面衡量是利大于弊还是弊大于利。并不是所有的企业都适合开展特许经营，也不是所有的企业在任何发展阶段都适合开展特许经营。特许经营的成功开展是需要一定条件的，包括企业品牌的建立、经营特色的确立、经营模式的成熟、管理控制手段的完善，以及物流、后勤、培训等各项配套措施的建立健全等。因此，企业在开展特许经营之前，必须全面审视自己是否符合条件，这种审视实际上就是对自己开展特许经营进行可行性分析，主要包括政策可行性、市场可行性、技术可行性、经济可行性。

（1）政策可行性

政策可行性主要是指企业以及打算开展特许经营的项目是否符合政策和法律的规定。《商业特许经营管理条例》第七条明确规定：特许人从事特许经营活动应当拥有成熟的经营模式，并具备为被特许人持续提供经营指导、技术支持和业务培训等服务的能力。特许人从事特许经营活动应当拥有至少 2 个直营店，并且经营时间超过 1 年。

（2）市场可行性

市场可行性是指该项目是否具有广阔的市场需求或者潜在的市场需求，包括消费人群以及在不同区域市场的适用性。如果该产品或服务的顾客面非常狭窄并且数量有限，可能就不适合开展特许经营。应当注意的是，每一项被特许的业务都拥有自己与众不同的概念，即使是同种类的业务之间也可以轻易地辨别出它们的差异，这就是加盟者为什么会选择某一特许经营品牌而不是其他品牌的原因。因此，加盟总部必须分析该项特许经营业务与竞争者之间的区别。

（3）技术可行性

技术可行性主要分析项目是否具有可复制性，以及加盟总部对项目开展特许经营的支持控制能力。特许经营是对成功模式的复制，并且对加盟总部的支持和管理控制能力具有较高的要求。如果不容易复制，或者加盟总部不能提供有力支持或者不能进行有效管理控制，那么就很难开展特许经营或者即使开展了也很容易失败。

（4）经济可行性

经济可行性主要分析对企业或者对项目而言特许经营模式是否具有相对优势。相对于其他模式，如果企业采用特许经营模式能够获得更多的好处和优势，那么它就可以开展特许经营。国内许多餐饮企业在条件尚不成熟的时候贸然开展特许经营业务，希望借助他人的资金加速扩张的步伐，然而对加盟店的产品质量无法控制，最终砸了自己的牌子，甚至连直营连锁店的经营也受到了影响。因此，企业在实施特许经营之前，必须全面审视自己的条件，只有在条件成熟之后，才能进入下一步制订计划的阶段。

2.3.2.2　制订特许经营开发计划

"凡事预则立，不预则废。"特许经营也一样，要想获得成功，首先必须制订一个周密的计划。尽管特许经营体系是在加盟总部进行直营连锁成功的基础上发展而来的，但管理特许经营体系毕竟与管理直营连锁体系不同，在很多方面还需认真规划。一般来说，企业在开展特许经营之前首先应该规划的内容有：选择何种特许经营方式、加盟区域战略、特许经营费用确定等。

确定特许经营方式是十分重要的，关系到许多具体策略的拟订和实施。特许经营方式归纳起来主要有两种：一种是单体特许，即加盟总部直接发展加盟店，日本的7-11便利店在本土的特许经营业务基本上采取单体特许；另一种是区域特许，即加盟总部将某个地区的特许权许可给一个加盟者，再由该加盟者在该地区开设加盟店或招募加盟者，日本的7-11便利店在海外的特许经营业务基本上采取区域特许。每一种特许经营方式都有其不同的特点，国内目前最常见的是单体特许，这种形式在特许经营事业开拓初期常被采用，但许多加盟总部在发展到一定阶段后会考虑区域特许，而此时由于单体特许经营合约已难以更改，工作会变得十分被动。因此，选择何种特许经营方式在业务开展之前就应该明确下来，从而避免走弯路。

此外，加盟总部选择哪些区域进行优先发展也是十分重要的。许多加盟总部在初创时，往往来者不拒，迫不及待地将特许权授予任何地区的任何人。如果加盟店远在加盟总部管理及供应能力的范围之外，不能得到加盟总部的有力支持和及时的货源而导致失败，这就将影响加盟总部特许经营事业日后在该地区的发展。即使加盟店勉强维持下去，也将耗去加盟总部大量的管理力量。因此，即使是新成立的加盟总部，也不能饥不择食、匆忙开店，而应该事先确定重点开发区域，采取层层推进的方式，有选择、有步骤地开拓特许经营事业。

在确定了基本的发展路径之后，接下来要确定特许经营发展的战略目标。比如，某休闲零食特许经营企业的战略目标是用5年的时间发展5 000家特许经营店，成为中国排名前三的休闲零食连锁企业。在目标确定之后，企业还要确定发展的节奏，比如第一年发展5家加盟店、第二年20家、第三年100家、第四年200家……在这一战略目标和发展节奏下，企业还要考虑资源配置，例如，是自建物流体系还是借助第三方物流等。

2.3.2.3　设立加盟总部特许经营管理架构

开展特许经营是一项特别繁重的工作，其加盟总部是否健全将直接影响特许经营业务的开展。加盟总部在向外出售特许权之前，应首先对内部机构的设置及担负的职能进行审视，分析是否能满足特许经营的需要。特许经营机构的设置根据不同行业及企业不同的发展阶段可以采取不同的方式，没有一个完全适用的标准。成熟的连锁企业加盟总部都专门设立特许经营事业部，其中又可分为开发部、培训部、管理督导部等，每一部门具体职责均应落实到人。无论设立多少个具体部门，加盟总部的特许经营机构必须履行以下工作职责：

（1）加盟商招募与授权

·拟订年度招募计划；

·设定加盟条件；

·准备招募和授权文件；

·组织实施招募信息的发布和广告宣传；

·组织实施对加盟申请人的资质审核；

- 遴选加盟商及签订加盟意向书；
- 与加盟商谈判并签订加盟合约。

（2）加盟店的评估、选址与营建

- 样板店的选址与营建；
- 对潜在加盟者已经拥有的店铺进行地址评估；
- 指导和协助加盟者进行单店的选址；
- 指导和协助加盟者进行人员的招募与培训；
- 指导和协助加盟者进行单店的装修；
- 指导和协助加盟店的开业准备工作。

（3）开业后的督导与沟通

- 对开业的加盟店进行指导与质量控制；
- 计划和实施区域推广活动；
- 计划和实施加盟店员工的持续培训工作；
- 协助加盟总部对加盟店的后续服务；
- 协助提升加盟店的管理水平；
- 解决加盟总部与加盟店的冲突。

2.3.2.4 建立特许经营样板店

要说服投资者加盟特许经营网络，最好的办法莫过于建立自己成功的样板店。通过样板店的经营，加盟总部一方面可以检验其经营模式是否可行，并在试验中获取经验，不断改进完善；另一方面可以得到社会的承认及投资者的认可，打消投资者的疑虑。因此，样板店的选址与经营是加盟总部在实施特许经营计划之前必须慎重考虑的问题。样板店大多是由加盟总部直接投资建设的，也有一部分是加盟总部与区域加盟者合资建设的，或在加盟总部的指导下由区域加盟者自行建设的。无论选择何种方式建设样板店，都要保证加盟总部对样板店的绝对控制，还要考虑区域覆盖，以节省加盟者的学习成本。

很多连锁企业，即使未开展特许经营业务，也会开设自己的样板店作为其他分店参考的模板，这种样板店有时也被称为旗舰店。旗舰店也是表达商店新形象的最佳手段，虽然旗舰店目前还没有一个得到广泛认可的定义，但它几乎是所有连锁企业都熟悉的一个词。对于管理者而言，旗舰店就是将商店形象设计的所有元素都完美地体现出来的一个标准店或样板店，它往往设在人流量最大的购物中心或大城市繁华的商业中心，向人们展示该企业的最新品牌理念，出售该企业所有的商品，有着精心设计的商品陈列和良好的卖场氛围，规模比一般门店大得多。

样板店的数量可以根据加盟总部的市场战略发展规划来定。如果加盟总部决定在几个不同的区域同时推广与建设特许经营网络，可以在这几个区域分别建设模式一致的样板店，这样就可以在不同地区的市场环境下检验特许经营的概念，也可以帮助加盟总部在不同的市场环境下摸索一个可以推而广之的单店运作模式。要注意的是，为了使这些样板店日后真正成为特许经营体系单店的"样板"，加盟总部在建设样板店的过程中，要时刻考虑它的可复制性，所有的装修材料、设备、商店形象都必须标准化，便于复制，否则将难以实现特许经营体系的统一。

2.3.2.5　准备特许经营所需的文件

特许经营是一种知识产权的转让方式，加盟总部在将其经营模式许可给投资者时，还必须准备一系列的文件，以备宣传推广、潜在投资者查询、签约、岗前培训和将来的管理之用。这些文件包括特许经营合约、公开的宣传资料、培训材料、具体操作手册、公司章程、管理制度等，还包括配合推广宣传的视频、发展加盟店必备的表格等。

如果一个企业试图进行特许经营，它就要使其业务尽量简单化。业务越复杂，在招募、培训和支持加盟者的过程中遇到的困难就越大，业绩也越容易被控制在某个特定人的手中。因此，企业必须完善加盟业务的运作程序。连锁经营的一大特点在于各分店营业方式的统一。能否有效地使每一位加盟商执行统一的运作程序，是每一个有意从事特许经营的企业都必须重视的问题。在这方面，运作程序的科学化、简单化、系统化扮演着极为重要的角色。加盟总部应该将经过实践检验成功的经营方式和操作过程总结出来，写成详细、明确的营业指南，供加盟者随时参阅，从而有效地开展工作。没有一个运作系统是一成不变的，因此，修订的程序也必须十分明确，使得任何新的操作方式都能立即得到有效的执行。

在加盟总部的运作流程及实施标准设计完成之后，要将所有内容编辑成不同的管理手册，将来所有这方面的解释、应用都以管理手册为准，这样才不会发生因人而异的现象。

编制管理手册有以下优点：

（1）统一解释

管理手册有确定的说法，不会造成执行上的差异。

（2）方便管理

将来连锁门店开到哪里都可以通过管理手册进行标准化作业。

（3）作为调整的依据

商店的形象常常因时因地不同而需要调整设计，尽管不能完全照搬原来的设计，但设计者可以根据管理手册的基本风格和要求灵活调整，以达到形不似而神似的效果。

（4）有利于培训

管理手册是培训的基本依据，员工可以了解自己该做什么以及如何做。

（5）强化加盟者的信心

完整的管理手册代表企业的管理水平，更容易被加盟者接受。

2.3.2.6　特许经营项目备案及信息披露

加盟总部在正式大规模招募加盟者之前，应该按照商务部颁布的自 2012 年 2 月 1 日起施行的《商业特许经营备案管理办法》的规定进行备案。同时，应按照商务部颁布的自 2012 年 4 月 1 日起施行的《商业特许经营信息披露管理办法》的规定进行相关信息披露的准备工作。如果这些准备工作没有做到位，就很可能会遭受到严厉的处罚以及项目推广上的困扰。现将两个管理办法的重要规定陈述如下：

《商业特许经营备案管理办法》

第三条规定，商务部及省、自治区、直辖市人民政府商务主管部门是商业特许经营的备案机关。在省、自治区、直辖市范围内从事商业特许经营活动的，向特许人所在地省、自治区、直辖市人民政府商务主管部门备案；跨省、自治区、直辖市范围从事特许经营活动的，向商务部备案。

第六条规定，申请备案的特许人应当向备案机关提交以下材料：

（1）商业特许经营基本情况。

（2）中国境内全部被特许人的店铺分布情况。

（3）特许人的市场计划书。

（4）企业法人营业执照或其他主体资格证明。

（5）与特许经营活动相关的商标权、专利权及其他经营资源的注册证书。

（6）符合《商业特许经营管理条例》第七条第二款规定的证明文件。在2007年5月1日前已经从事特许经营活动的特许人在提交申请商业特许经营备案材料时不适用于上款的规定。

（7）与中国境内的被特许人订立的第一份特许经营合同。

（8）特许经营合同样本。

（9）特许经营操作手册的目录（须注明每一章节的页数和手册的总页数，对于在特许系统内部网络上提供此类手册的，须提供估计的打印页数）。

（10）国家法律法规规定经批准方可开展特许经营的产品和服务，须提交相关主管部门的批准文件。

（11）经法定代表人签字盖章的特许人承诺。

（12）备案机关认为应当提交的其他资料。

第七条规定，特许人应当在与中国境内的被特许人首次订立特许经营合同之日起15日内向备案机关申请备案。

第十五条规定，公众可通过商业特许经营信息管理系统查询以下信息：

（1）特许人的企业名称及特许经营业务使用的注册商标、企业标志、专利、专有技术等经营资源。

（2）特许人的备案时间。

（3）特许人的法定经营场所地址与联系方式、法定代表人姓名。

（4）中国境内全部被特许人的店铺分布情况。

《商业特许经营信息披露管理办法》

第四条规定，特许人应当按照《商业特许经营管理条例》的规定，在订立商业特许经营合同之日前至少30日，以书面形式向被特许人披露本办法第五条规定的信息，但特许人与被特许人以原特许合同相同条件续约的情形除外。

第五条规定，特许人进行信息披露应当包括以下内容：

（1）特许人及特许经营活动的基本情况。

（2）特许人拥有经营资源的基本情况。

（3）特许经营费用的基本情况。

（4）向被特许人提供产品、服务、设备的价格、条件等情况。

（5）为被特许人持续提供服务的情况。

（6）对被特许人的经营活动进行指导、监督的方式和内容。

（7）特许经营网点投资预算情况。

（8）中国境内被特许人的有关情况。

（9）最近2年的经会计师事务所或审计事务所审计的特许人财务会计报告摘要和审计报告摘要。

（10）特许人最近5年内与特许经营相关的诉讼和仲裁情况，包括案由、诉讼（仲裁）请求、管辖及结果。

（11）特许人及其法定代表人重大违法经营记录情况。

（12）特许经营合同文本。

上述条款具体内容详见商务部网站。

2.3.2.7 宣传推广，招募加盟

在一个新地区开展特许经营业务时，宣传推广活动是必不可少的重要环节。与其他公司不同的是，加盟总部的宣传推广既要吸引消费者，又要吸引投资者。在业务开展前期，宣传推广的对象应着重放在投资者身上。其推广的渠道主要有：

（1）全国性或地区性的特许经营展会。

（2）本企业的网站及各类新媒体。

（3）相关行业的平面媒体。

（4）特定地区的广播、电视、电梯等传统媒体。

（5）特定地区加盟商招募的新闻发布会。

（6）中介机构及中介机构的网站，行业协会、特许经营协会等。

（7）现有的直营店和加盟店。

确定项目推广策略非常重要。加盟总部开展特许经营初期或者在一个新地区推广特许经营业务，宣传推广活动可采取的方式有很多，诸如广告宣传、展会推广和人员推广等。每一方式又有多种选择，如广告宣传中的媒体选择等，这些问题加盟总部事先都应统筹安排，如推广方式、推广人员、推广材料、推广费用、推广时间、推广地点等，事前准备得越充分，事后的效果越明显。

2.3.2.8 对潜在加盟者进行评估

加盟者的遴选是整个加盟工作的关键环节，直接关系着后续工作的开展和加盟事业的成败，因此加盟总部必须认真对待，尤其是招募区域的加盟者。如果选择错误，丢掉的不是一个商圈的市场，而是整个区域的市场。对潜在加盟者的评估主要有三个方面：一是对加盟者本身的情况进行评估，如加盟者的工作经验、知识结构、个性、身体状况、是否有领导能力、是否能与人合作、是否将全部精力放在加盟事业上等；二是加盟店的基本情况，有些加盟总部只招募已有店面的加盟者，因此，需要对其店面的位置、所在商圈的情况、客流情况、店面面积、交通状况等进行考察，评估是否符合加盟的要求；三是加盟者的资金状况，是否有足够的资金支付加盟费和保证金，并留有足够的日常运转资金。如果资金不足，则加盟者必须提供详细可行的筹资计划，以确保加盟店日后的营业。此外，家庭成员尤其是配偶是否支持加盟者的事业也很关键，有些加盟总部甚至在面试时要求配偶一同前来，以便观察配偶的态度。

2.3.2.9 加盟双方签订合约，做好开店准备

在对潜在的加盟者进行遴选之后，双方就加盟合约进行磋商。加盟总部提供的加盟合约是标准化合约，加盟者无权进行修改，但如果加盟者有足够的理由，或他是加盟总部非常理想的人选，加盟总部在合约上也会有所让步。签订加盟合约之后，加盟者就需要交纳首期的加盟费和保证金等费用了。

加盟双方签订合约并收缴加盟费之后，双方需要就新店的开业准备进行沟通。这一时期的准备工作包括：协助和指导加盟者进行加盟店的选址或租赁（若加盟者没有现成的店铺），协助和指导加盟者进行加盟店的工商登记和营业许可证的取得，协助加盟者从事开店前的准备工作，如店铺装修、设备购置、商品进货和陈列、开业促销计划等。这些准备工作往往由加盟总部派专人协助加盟者完成，直至加盟店开业后走上正轨。

2.3.2.10 全面的业务培训

加盟者正式签约并进行开店准备工作的同时，加盟总部必须对新加盟者进行必要的岗前培训，内容包括：开业所必需的准备事项，设备的操作，店铺的经营技巧，人事、财务、销售管理的方法等。培训的对象可以分为加盟店店长和普通店员两类。

（1）针对店长的培训，主要是传授商店运营管理方面的知识，同时应当增加加盟总部和加盟体系发展的介绍，以及本行业发展和竞争情况的介绍。

（2）针对店员的培训，主要侧重于岗位的职责规范和操作技能，同时添加商品知识的介绍以及相关设备、软件的使用与维护知识的介绍。

加盟总部通常会要求被培训人员到加盟总部的培训中心参加一个短期的培训课程，然后派遣督导员到样板店现场示范和指导，这有利于被培训者通过观摩和模仿迅速掌握各岗位的操作流程和操作技能。

2.3.2.11 加盟店正式营业

当加盟总部完成了对加盟者的培训，加盟者也完成了开店的准备工作之后，加盟店开始进入正式营业前的准备工作阶段，这一阶段需要加盟总部提供开业支持，包括：

（1）协助和指导加盟者进行店面装修。

（2）根据合同的规定向加盟店提供所需的设备并进行调试。

（3）根据合同的规定向加盟者提供首期销售的货品。

（4）协助和指导加盟者组织开业庆典活动。

开业活动通常由加盟总部派遣督导员协助执行，之后，加盟店进入正常的营业状态。

2.3.2.12 开业后的持续服务与管理控制

加盟总部不要认为加盟店开业后就万事大吉了，更繁杂的工作还在后面。为了使加盟店长久保持最佳、最完美的状态，加盟总部还需不断地提供各种后续服务，包括提供货源、改进产品和质量、实地监控、现场技术问题的解决、整体业务咨询、广告和促销策划等，以协助加盟店发展业务，保障经营成功。

小思考2-3 特许连锁企业的职能机构设计与直营连锁企业的职能机构设计有什么不同？

本章小结 ☑ ----------------------------------●

一个成功的特许经营商业概念往往具有高价值的运营体系、可复制的商业模式、全盘掌控的关键技术和庞大的潜在加盟者群体这四个特征。一个成功的特许经营商业概念要转化为一个成功的特许经营体系，加盟总部还需要进行全方位的评估，并拿出较为详细的项目可行性研究报告。在确定企业拟开展的特许经营业务之后，加盟总部就可以着手进行特许权的设计了。特许权的设计既包括有形特许权和无形特许权两大部分的设计，也包括特许权使用范围即特许权约束的设计。许多加盟总部都为潜在投资者设计了多种特许经营业务模式，这些业务模式根据投资店铺面积和投资额的不同、区域或加盟商权利的不同、业务管理方式的不同来进行设计。特许经营管理手册是特许权内容的书面化，可以分为加盟总部管理手册和加盟店管理手册两大类。特许经营流程包括以下步骤：审视企业实施特许经营的条件；制订特许经营开发计划；设立加盟总部特许经营管理架构；建立特许经营样板店；准备特许经营所需的文件；特许经营项目备案及信息披露；宣传推广，招募加盟；对潜在加盟者进行评估；加盟双方签订合约，做好开店准备；全面的业务培训；加盟店正式营业；开业后的持续服务与管理控制。

主要概念和观念 ☑ ----------------------------------●

特许商业概念 有形特许权 无形特许权 特许权约束 特许经营业务模式 特许经营管理手册 特许经营流程

基本训练 ☑ ----------------------------------●

□ 知识题

1.一个成功的特许商业概念必须具备什么特征？

2.一个特许经营项目的可行性研究报告主要包括哪些内容？

3.有形特许权包括哪些内容？如何进行设计？

4.无形特许权包括哪些内容？如何进行复制？

5.特许权约束设计包括哪些约束内容？

6.加盟总部可以依据哪些标准设计不同的特许经营业务模式？

7.为什么要编写特许经营管理手册？编写管理手册要注意什么？

8.一个完整的特许经营流程包含哪些具体的步骤？

□ 技能题

1.试策划一个特许商业概念，并对这一概念进行可行性分析研究，编制一个完整的特许经营项目可行性研究报告。

2.试设计一个加盟总部的组织机构和特许经营流程，并将每一流程的工作任务划分到不同的部门中，编写该部门的工作重点和考核指标。

□ 能力题

1.案例分析

途虎养车推进养车市场服务标准化

途虎养车成立于2011年，目前是国内最大的汽车养护服务平台。在2025年4月26日召开的加盟商大会上，途虎养车宣布目前拥有工场店数量超过7 000家，注册用户数量近1.4亿，年度交易用户达到2 410万，用户满意度超过了95%。10多年来，途虎养车一直秉承"正品专业"的经营理念，推进养车市场的服务标准化。

随着途虎养车的不断发展壮大，带给车主的服务保障也不断提升。途虎养车现已形成涵盖门店服务、轮胎更换、深度养护、车品安装等方面的91项企业标准，包括旗下门店进行定期培训，对汽修师进行专业授课等，拓展了国内汽车后市场的标准化流程。2021年4月12日，途虎养车推出业界首个"安心保"。"安心保"包含动力总成保、车辆免费检测、电子报价单、正品保、爱心保五大权益，在汽车保养、车辆检测、车品保真、意外救援等方面提供一站式维保服务，助力中国车主无忧养车。

汽车后市场长期以来都存在着"看人报价、看车报价"的弊端，这带来的是无尽的售后问题和门店精力的消耗。途虎养车在汽车后市场率先打造的"线上预约+线下服务"模式，通过价格透明、线上线下同价的方式，让用户能够看到自己的消费选择，帮助门店节省人力，也减少门店应对车主讨价还价的成本，让行业中原本割裂的线上和线下真正做到融合，最终让门店受益。另外，随着车主线上消费习惯的养成，途虎养车打造的线上平台在方便车主的同时，也能把线上客流转化为工场店的订单，在行业普遍焦虑进厂台次下滑的背景下，实现了工场店的客流不愁。

此外，复检是门店操作流程中极其重要的环节，但很多门店受限于人力和机制，在实际的经营过程中很难落实到位。途虎养车通过后台和完善的流程机制，让门店运营管理中的每一个细节都能切实落地。途虎养车通过帮助加盟商实现门店的管理细节落地，从而使得加盟商能轻松经营且能持续开店。

在供应链端，一方面，途虎养车在行业打造了独有的商品智能铺货到店模式，实现工场店的商品销售"0库存"，完全不占用加盟商现金流；另一方面，途虎养车采用品牌商家直供模式，从品牌商直接采购货品，从源头上保障了产品的正品属性，直供模式缩短供应链的同时显著降低了采购成本，帮助工场店拿到更低价格的产品，提升市场竞争力。

途虎养车能够快速发展壮大，正是得益于其依托数字化技术在正品保障和标准化体系方面的建设，提升了工场店的标准化程度，并形成一套可迅速复制的开业、运营数字模型，这是途虎养车工场店能够实现加速扩张、单店运营成功的重要因素。

资料来源：根据途虎养车工场店（微信公众号）相关信息整理而成。

问题：途虎养车10年来能实现快速扩张的原因是什么？

2.社会实践作业

（1）试调查一家特许经营加盟总部的经营管理手册的具体内容，分析其运作模式是否标准化。

（2）试调查一家特许经营加盟总部的组织机构和加盟流程，分析其机构设置是否科学合理。

第3章
特许经营费用

学习目标 ☑ -------------------------------------●

知识目标

- 掌握特许经营费用的基本概念及构成;
- 深入了解影响特许经营费用的各种内外部因素及影响方式;
- 了解加盟总部设计三种基本加盟金策略的出发点;
- 了解加盟总部设计特许权使用费的三种计算方式的特点;
- 理解加盟总部设计特许经营费用时要注意的几大事项。

技能目标

- 掌握加盟金计算的具体方式;
- 掌握特许权使用费的三种计算方式的具体公式及运用。

能力目标

- 能研究分析加盟总部的特许经营费用的构成是否存在漏洞,其费用水平是否合理;
- 能根据实际情况对加盟总部的特许经营费用进行适当调整。

▌ 3.1 　 特许经营费用的构成

案例 3-1

吉祥馄饨的加盟投资费用

吉祥馄饨自1999年成立伊始,就专注于馄饨产品的研究、传播和推广。公司确立了"小店铺、大连锁"的商业发展格局,并不断通过产品创新、终端创新、管理创新等发展模式,形成了"立足于上海,着手于全国"的发展战略梯度,实现了"生产配送中心与管理中心相互联动"的管理机制。吉祥馄饨经过30多年发展,从1家门店迅速扩张到超过3 700家店铺,经营网点遍布140多个大中城市,成为规模最大的馄饨连锁企业。

为了保证每一家店都能提供同样新鲜美味的优质馄饨，吉祥馄饨全部采用订单式生产。每日凌晨选用新鲜原料，当天加工，当天包制，由吉祥中央厨房集中生产，并通过全程恒温冷藏的冷链配送体系，于营业前送达各家店铺。顾客点餐后，馄饨会经由吉祥特制的专用炊具恒温煮制，以标准工艺确保每一只馄饨皮馅完整，鲜嫩爽滑。产品包括各类大馄饨、小馄饨、燕皮馄饨、云吞面、馄饨面、凉菜、饮料、小吃等。

吉祥馄饨总部对加盟店的支持包括：（1）店铺及商圈评估；（2）统一标准的店面装修布置；（3）店员实岗培训；（4）加盟商业绩提升课程分享；（5）产品当日配送到店；（6）区域经理辅助运营管理；（7）新品研发及推广；（8）促销活动及营销推广。

吉祥馄饨加盟投资费用概算（前期投资金额，以上海地区为例）：加盟金（2年合同期）5 000元；灯箱招牌（含店内POP）4 500元；收银系统（含硬件、软件）10 000元；店堂装修（具体视面积、房型而定）约30 000元；店堂桌椅（25~30个餐位）约4 500元；电器设备（冰箱、空调、厨具等）约14 000元；杂项约2 000元。总投资约70 000元，保证金20 000~30 000元（保证金期满退还）。

吉祥馄饨加盟店位置选择建议：（1）大学、大型医院、大卖场：人流量非常大，外送、堂吃量都比较大；（2）商务楼集中地段：人流量较大，外送量较多；（3）成熟社区+商业街+中学+中等医院：居民多为上班族，外卖量较多，周末和晚市、午市销量较平均。

资料来源：作者根据吉祥馄饨微信公众号相关信息整理而成。

特许经营是企业创品牌的一条有效途径。加盟总部在发展特许经营业务时，不仅需要对自身的品牌价值有一个准确的认识，完善自身的管理体系，科学设计特许权组合，还需要谨慎地确定特许经营费用。特许经营费用是指在特许经营关系存续期间，加盟者为取得特许经营权并正常经营而向加盟总部交纳的所有费用。合理确定特许经营费用，对加盟总部来说是一个非常关键的问题，它直接影响特许经营事业的发展。投资者对费用通常比较敏感，若费用定得太高，投资者会望而却步，很难对该项业务产生兴趣；若费用定得太低，加盟总部的收益会受损，甚至无法弥补所提供服务的费用开支，得不偿失。因此，加盟总部在推广特许经营项目之前，应该谨慎制订合理的收费方案，确定特许经营各项费用的水平及收费方式，以便获取足够的后续发展资金。

3.1.1 加盟金

加盟金也称首期特许费，是特许经营合同生效时，由加盟商一次性支付给加盟总部的费用。加盟总部收取加盟金，主要是为了补偿其在帮助加盟商学习如何进行特许经营业务时发生的成本。加盟金具体包括加盟总部拥有的品牌、专利、经营模式、核心技术、商誉等无形资产的价值，也包括给予加盟商经营区域的价值、挑选加盟商和培训加盟商发生的成本、对加盟商提供的门店选址支持成本以及所有对加盟商提供的前期支持成本。

加盟金常常被加盟者看作进入一个特许经营体系的门槛费。在一个特许经营合约期限内，加盟者只需要交纳一次加盟金即可。合约到期后，如果双方仍有意继续合作，则加盟者需要再为下一个特许经营期限交纳一次加盟金。在此过程中，即使加盟者悔约，这项费用也不会退还。通常，加盟者是一次性交纳加盟金的，但也有一些加盟总部会根据加盟者的实际情况允许其分次分批交纳。

对于加盟金的数量，法律没有明确的规定，每个加盟总部根据自己的情况自行确定。因此，不同国家和地区之间、同一国家或地区的不同行业之间、同一行业的不同企业之间，以及同一企业的不同时期和不同地点，加盟金都会有所差异，有时这种差异还很大。例如，在中国，有些企业的加盟金上百万元，而有些企业的加盟金只有几万元甚至几千元。还有一些特许企业，为了尽快拓展市场，也可能采取免收加盟金的策略。

3.1.2 特许权使用费

特许权使用费也称为权益金，是加盟者加盟某个特许经营体系后，在开展特许经营业务的过程中，每隔一定的时间持续向加盟总部支付的费用。特许权使用费不仅是加盟总部的利润来源，同时也促使加盟总部有动力持续地为加盟者提供支持和服务，以维持特许经营体系的运转，促进特许经营体系的发展。

与前面的加盟金一样，特许权使用费的水平高低不一，由多种因素决定。许多加盟总部将特许权使用费看作企业的一项利润来源，但有些加盟总部则更多地将这项费用看作改进经营管理的资金来源。事实上，在开展特许经营的过程中，加盟总部往往要为加盟商开发更多的新产品和新服务，这时就会发生大量成本费用的支出。例如，在20世纪60年代，麦当劳为了完善其法式炸薯条的烹制方法和确定所选用土豆的类型，就花费了300万美元。这项费用在当时看来已经非常高了，而且还仅是改进炸薯条这一种商品。因此，一些服务的改进或新产品的开发往往花费巨大，这就需要将加盟商的权益金用作成本费用支出的资金来源，因而不能简单地将它视为利润来源。

特许权使用费的用途主要有以下方面：支持特许体系建设的支出、向加盟商提供持续培训的支出、帮助加盟商解决其经营困难的支出、建设特许经营体系品牌的支出、开发新产品及新服务的支出以及监督加盟商的支出等。

3.1.3 其他费用

除了上述两类最基本的费用之外，各特许经营体系还会根据自身的情况收取不同名目的费用，这些费用统称为其他费用。其他费用包括：

（1）保证金

保证金是加盟商在签订特许经营合同后即交纳给加盟总部的一笔费用，该费用作为今后加盟商履行合同及债务的担保，同时也带有加盟总部向加盟店提供商品的预付金性质。加盟总部收取一定数额的保证金主要用于以下情况：一是加盟商不履行所签订的合同义务，比如不及时支付应向加盟总部支付的各项费用时，保证金可以作为补偿；二是在特许经营关系存续期间，若加盟商发生了有损特许经营体系的行为，保证金可以用作预先支付的违约金；三是加盟总部代为购买或提供的设备、原料和产品的费用。在上述情况下，补偿金、违约金和产品原材料预付金被垫支出去后，在一定期限内，加盟总部会要求加盟商补足保证金数额。合同期满之后，加盟总部会如数将保证金退还给加盟者。

（2）市场推广及广告基金

市场推广及广告基金是加盟总部向加盟商定期或不定期收取的主要用于特许经营体系的市场推广和对外广告宣传方面的费用。该基金一般由加盟总部统一管理，但加盟商也可以根据自己的市场推广计划向加盟总部申请使用。该基金不能用于加盟总部招募加盟商的广告或宣传费用。由于各加盟店所在区域的实际情况不一样，对不同地区要实行不同的广告策略，加盟总部收取这笔费用主要是希望发挥广告资金积少成多的效应，将每家分店的广告资金集中起来，可以放大单独做广告的效果。

（3）培训费

培训费是加盟总部向加盟商收取的主要用于对加盟店开业后进行持续培训的费用。加盟商接受培训有两个不同的时期，一个是在签订特许经营合同后到加盟店开业前进行培训；另一个是在加盟店开业之后进行各项培训。前一时期的培训费用已经计入加盟金中，不需要加盟者额外支付；后一时期的培训费用需要另外计算。例如，加盟总部新开发的产品或服务需要加盟商掌握和了解，这就要进行一定的培训，这种培训发生的费用则需要单独支付。

（4）特许经营转让费

在大多数情况下，加盟双方签订的特许经营合同规定，除非出现不可抗力因素，否则合同关系未到期加盟双方是不能单方退出的，但也有一些加盟总部允许加盟商中途有条件地退出。如果加盟商中途欲放弃加盟店的经营并将其转让出去，需要交纳一定的转让费用。这是因为加盟总部需要花费额外的资源去培训一个新的合格加盟商，因此，原加盟者就要对加盟总部的这项额外花费进行补偿。

（5）设备、产品或原材料费

一些特许经营体系使用的设备、产品及原材料是由加盟总部专门定制或统一采购的，以保证提供的产品品质的一致性以及连锁店形象的一致性。这时，加盟总部会要求加盟商支付一定的设备、产品或原材料费。有些特许经营体系经营所用的设备是加盟总部租赁给加盟商的，此时，加盟商需要支付一定的设备租赁费。这部分费用也可能成为一些加盟总部盈利的来源之一。

（6）违约金

如果加盟双方中的一方违背合同中规定的义务及禁止事项，则按合同规定应向受损害的一方交纳违约金作为赔偿。

此外，其他费用还包括店铺设计及施工费、财务费用、业务费、意外保险费等。一些加盟总部会根据自身情况向加盟商收取专设的费用。如7-11便利店加盟总部向加盟商收取定期盘点服务费，麦当劳向加盟商收取房租，还有的加盟总部会要求加盟商支付驻店指导人员的劳务费或补贴等。

由于各种费用名目繁多，让潜在的加盟商眼花缭乱，不好评价，因此，在实际操作中，一些加盟总部采用总体打包的形式给潜在的加盟者一个十分明确的费用概念。例如，肯德基在我国800万元人民币的加盟费中，实际上就包括了加盟金、设备、所有的装饰装潢等；而全球比萨巨头之一的Papa Johns（棒约翰）在我国招募加盟商的特许经营费用是250万元人民币，包含门店的设计费、运营管理费、加盟费、采购保证金等多项费用。

小思考3-1　为什么有些加盟总部的特许经营费用构成复杂，而有些加盟总部的特许经营费用构成简单？

3.2　特许经营费用的影响因素

案例3-2

从加盟条件看特许业务的选择

张兰一直在考虑自己开一家店，她今年30岁，自从22岁从一所专科学校毕业后，她已经在几家企业做了8年的会计。最近半年，她厌倦了打工生涯，想自己开店做一个小老板。但是，她该如何着手创业呢？虽然她对许多行业都比较感兴趣，但由于以前她主要是在制造企业工作，因此对其他行业都不太了解。她非常喜欢小孩，所以很想开一家与婴幼儿或儿童相关的商品店或服务店，但苦于没有任何经验，一直在踌躇着。一次，她与几个朋友参加了省连锁经营协会举办的特许经营展销会，发现通过加入特许经营体系能够获得相关的专业培训，进入到自己喜欢的行业，这种方式比较适合她。于是，她拿到几家自己感兴趣的特许经营企业的资料后，开始选择加盟总部。她把目标锁定在以下几家加盟总部上：

第一家是巴拉巴拉儿童服饰店，它主要为0～14岁儿童提供鞋服和配饰产品。适宜开设在购物中心、百货商店、核心街道繁华路段；营业面积60平方米以上；加盟费主要有：保证金1万元，终止合同后无息退还；首批货款一般为15万～18万元，件数1 500件左右；其他费用包括道具费、灯具装修费、地砖装修费及人工费用等。以100平方米门店为例，除房租外到开业共需资金35万元左右。启动资金约40万元。

第二家是北京东方爱婴咨询有限公司，它的主要业务是儿童培训。按三级城市设定的加盟条件是：加盟金10万元，保证金5万元，装修投入约11.5万元，办公设备投入约2.85万元，教学用具投入约8.9万元，教师培训投入2万元，广告投入1万元，日常零星投入约1万元。总投入合计约42.25万元。

第三家是小鬼当家国际贸易有限公司，它的主要业务是儿童摄影和彩扩。加盟条件是：加盟模式是单体特许和区域开发，总投资额30万～100万元，加盟金4万～6万元，特许权使用费300～3 000元，保证金2万元，合同期限5年。加盟总部提供前期的入门培训、开业后的提高强化培训和完备的培训资料，还提供开店选址支持和信息技术支持等。

经过一段时间的考察和分析，也综合考虑了自己的经济实力和兴趣爱好，她最终选择开设一家巴拉巴拉儿童服饰店。

资料来源：作者根据相关信息综合整理而成。

许多潜在加盟者在选择加盟总部时，首先会考虑从事什么行业，然后再比较不同加盟总部的品牌知名度和支持服务，最后会仔细考虑各特许经营体系的加盟条件，看自己是否符合加盟条件。在所有这些考察分析中，潜在加盟者会将特许经营费用作为一个重要的因素来考虑，这就如同购买一个实体商品，不论这个商品质量如何好，都要考察其性价比。衡量一个特许经营体系的费用是否合适可以有多个角度，这些不同的角度就形成了影响特许经营费用的不同因素。

3.2.1　内部因素

特许经营费用的高低受很多因素的影响，从加盟总部的角度来分析，主要有以下几个因素：

3.2.1.1　特许经营体系的成熟度

特许经营企业往往在自己不同的发展时期采取不同的特许经营费用决策。当加盟总部的特许经营业务处在刚刚起步的摸索阶段时，其特许经营概念还没有经受市场充分、彻底的检验，经营风险较大。为了吸引更多的投资者，扩大影响，加盟总部往往不惜低价兜售特许权。而当加盟总部业务成熟后，特许经营体系规模越来越大，门店数量日益增多，业务经验越来越丰富时，它的商誉价值就越来越高，此时加盟总部往往会严格挑选加盟者，特许经营费用也随之上升。随着特许经营体系的不断成熟，其品牌价值也不断增加，而强大的品牌可以吸引更多的顾客去加盟店消费，加盟店因此可以用更少的成本实现更多的销售并增加利润。因此，一个新建立的特许经营体系，与麦当劳和肯德基这些世界一流的快餐加盟总部相比，收取的特许经营费用可能少得多，因为它还不具备麦当劳和肯德基那样的知名度。即使是麦当劳这样的特许经营企业，它也在随着自身的发展而不断调整加盟费。麦当劳在发展初期，单店的加盟金只有1 000美元，权益金按加盟店营业额的1.9%收取。后来，麦当劳在中国的加盟金达到200万元人民币，权益金的比例也有很大幅度的提高。

3.2.1.2　加盟总部提供的援助

加盟总部对加盟店提供援助的多少，是决定特许经营费用高低的一个重要因素。提供的援助越多，其管理费用的支出也越多，用于弥补管理费用而收取的加盟费也相应增加。如果加盟总部能向加盟者提供更多的服务和援助，加盟总部就可以收取更高的特许经营费用；而如果加盟总部的服务和援助较少，则收取的费用也会相应减少。如果竞争对手能向其加盟商提供存货管理、集中数据资料处理，以及许多其他的支持性功能服务，则竞争对手收取的费用会高于其他加盟总部。日本7-11便利店加盟总部除了提供常见的援助外，还提供加盟店所需要的一切设备，加盟者不必负担这方面的投资。此外，它还提供定期盘点服务、簿记会计服务、融资服务等，其特许权使用费一般比其他加盟总部要高些，为毛利额的45%。

3.2.1.3 加盟总部的管理水平

加盟总部提供给加盟者援助项目的多少是影响特许经营费用高低的一个方面，另一方面，特许经营费用的高低还取决于加盟总部提供的这些援助的质量和水平，即加盟总部的管理水平。加盟总部对特许经营体系的管理水平越高，该体系的竞争力就越大。当然，外人要一眼就能准确评估公司的管理水平是很难的。加盟总部在开展特许经营业务时，不仅要使自己的管理品质真正上档次，而且要注意对自己形象的宣传，精益求精，甚至小到一个用以推广的小册子、小名片，也要印制精良，绝不能粗制滥造，损害公司的形象。此外，特许经营体系越庞大、知名度越高，加盟总部越有动力去监管自己的特许经营体系，防止出现"搭便车"的现象。这时加盟商也愿意支付更多的费用，让加盟总部确保不让其他人"搭便车"，这时，加盟总部可以制定更高的特许权使用费比例。

3.2.1.4 加盟总部开展的推广活动

在加盟总部收取的各项费用中，有一部分费用是专项推广费用。许多正规特许加盟总部会设立推广宣传基金，希望能将特许经营体系中的每个加盟商都联合起来，统一开展宣传推广活动，以取得规模效应。因此，开展各项宣传推广活动的费用往往由加盟者承担。加盟者支付的推广费用与加盟总部开展的推广活动频率成正比，但不一定与推广效果成正比。加盟总部不能想做多少广告就收多少宣传费，一定要有计划地推广，并注重推广的效果。完全统一的广告宣传并不一定能带来最佳的效果，因地制宜地宣传反而能带来更好的效果。例如，麦当劳在中国被塑造成一位和蔼可亲的"麦当劳叔叔"，这是因为中国有尊老爱幼的传统；在法国，麦当劳在广告中运用了抗击罗马帝国的英雄阿斯特里克斯的形象，这是为了迎合法国消费者的心理。

3.2.1.5 加盟总部的盈利预期

加盟总部开展特许经营业务，向加盟者收取特许经营费用并不只是希望弥补其前期的开发成本和后期的服务成本，而是希望通过出售特许权获得盈利。因此，加盟总部在确定特许经营费用时会考虑自己的盈利目标。加盟总部的盈利预期主要受两方面因素的制约：一方面是直营连锁的盈利水平，即加盟总部会比较在直营连锁和特许经营两种模式下的盈利水平，而直营连锁的可能盈利目标直接影响加盟总部对特许经营体系的盈利预期；另一方面是行业的平均盈利水平，任何加盟总部都希望自己企业的盈利水平达到或超过行业的平均水平。尽管在直营连锁体系中不一定做得到，但多数加盟总部都将特许经营视作低成本快速扩张的有力武器，因此可能将特许经营的盈利目标定得更高。这种较高的盈利预期会给加盟总部确定特许经营费用带来直接的影响。

3.2.1.6　加盟总部的盈利渠道

虽然加盟总部的盈利目标关系到特许经营费用的高低，但这并不意味着加盟总部盈利目标高就需要把加盟金和特许权使用费定得较高，因为还需要考虑实现盈利目标的途径。许多加盟总部在构建特许经营体系时，实际上已经设计好了从产品差价或房产租赁方面获得收益，于是，它们就会降低加盟金或特许权使用费，从而降低加盟条件，通过特许经营体系的规模扩大来实现盈利目标，通过其他途径实现的盈利可能还远远高于通过加盟金和特许权使用费获得的盈利。例如，麦当劳将可以租给加盟者的门店租金标示出来，租金成了麦当劳的另一项收入。实际上，麦当劳的租金收入要比收到的特许权使用费高得多。其他一些加盟总部会以明码标价的方式将原材料提供给加盟商或将设备租赁给加盟商，如果加盟总部的收入来源可以依赖这些原材料的差价或设备的租赁费用，就可以将加盟金或特许权使用费定得低一些。正因为如此，服务领域的特许经营比产品销售领域的特许经营收取的加盟金和特许权使用费高得多，因为服务领域的特许经营的收入来源渠道要窄得多，不得不靠收取更多的加盟金和权益金来弥补自己的成本支出。

3.2.2　外部因素

3.2.2.1　行业因素

（1）行业的竞争程度

我们处在一个充满竞争的时代，特许经营体系之间也存在着激烈的竞争，而特许经营费用往往成为竞争的一个重要因素。过高的特许经营费用会使加盟总部失去大量潜在的加盟者，而过低的特许经营费用则会迫使加盟总部将不收取费用的项目转嫁到其他的收费项目上，或者通过减少对加盟者的支持并降低服务质量来弥补自己的损失，这都会影响特许经营体系的建设和发展。一般情况下，当特许经营体系处于初建阶段，同业竞争又十分激烈时，加盟总部以培育加盟者作为首要考虑因素，会适当降低特许经营费用；而当竞争不太激烈时，或者特许经营体系建设已经有了一定的基础和市场竞争力时，加盟总部会以提高加盟者素质作为首要的考虑因素，适当控制发展速度，提高特许经营费用。

（2）行业的技术更新

不同行业的技术更新速度是不同的，这种技术更新可能是生产领域的技术发明和新材料的运用带来的，也可能是消费领域的潮流变化、时尚品位的变化带来的，这种更新速度也会体现在特许经营费用的变化上。对于经营一成不变的行业而言，如便利店和快餐店，尽管也会不断推出新产品，但人们的消费习惯和口味是难以变化的，因而其经营方式和特许权内容在很长一段时间内不会发生变化。这种类型的行业适合建立一种长期的特许经营合同关系，以保证稳定经营。对于另一些行业而言，如IT行业、时尚产业、新兴产业、高科技产业等，其特许权的内容和形式经常发生变化，加盟总部需要对特许权进行重新设计，这会导致加盟店也跟着变化。大部分进入这些行业的加盟商可以理解加盟总部的这种创新行为，但一部分加盟商并不希望总是变化，由于合同的约束，这部分加盟商可能会抵制这些变化和创新。因此，技术更新比较快的加盟总部，往往会建立比较短的加盟合约关系，这就直接导致其特许经营费用的计算方法与技术更新比较慢或合约期限比较长的特许经营体系有所不同。

（3）行业平均盈利水平

无论采取哪种商业模式，行业平均盈利水平都会影响从事这一行业的企业的盈利预期，从而影响其定价方法。特许经营也不例外，某些盈利水平比较高的行业，其特许经营费用也比较高；相反，平均利润比较低的行业，其特许经营费用也比较低。但是，这并不意味着行业平均盈利水平低的特许经营体系就缺乏发展空间和良好的前景。清洁行业看起来并不是很有吸引力的行业，这一行业的特许经营费用在美国所有的特许经营行业中是最低的，低至2 200美元，但这一行业是美国近几年发展速度最快的特许经营行业，它不仅没有受到金融危机的打击，反而以强劲的势头迅速发展。

3.2.2.2　加盟商因素

（1）加盟商的素质和贡献

加盟商的素质和对特许经营体系的贡献直接关系到特许经营费用的高低。一些优质的加盟商，无论是其管理才能出色还是拥有一定的市场资源，都是加盟总部希望争取的对象。毕竟加盟总部不希望加盟店因加盟商的素质低下而经营失败。加盟总部确定的特许经营费用应该反映加盟总部和加盟商对整个特许经营体系所做的相对贡献。如果加盟商对这个体系所做的贡献非常大，例如，加盟商拥有当地许多非常有价值的客户资源，而加盟总部正是利用这些客户资源发展特许经营业务的，那么在这种情况下，特许经营费用就要定得低一些；相反，如果加盟商素质较低，必须完全依赖加盟总部才能开展特许经营活动，这时特许经营费用就可以定得高一些。

（2）加盟商续约次数和合约期限

由于双方合作关系的日益成熟，加盟总部倾向于对老加盟商给予一定的奖励，对续约的老加盟商在加盟金方面给予一定的优惠减免政策，如第二期比第一期低，第三期比第二期低……以此类推。这是因为对老加盟商不需要重新培训，融洽的关系可以降低冲突和关系成本，因此，加盟商续约的次数会影响加盟费。另外，合约期限的长短也会影响特许经营费用。一般来说，合同期限越长，加盟总部能从加盟商手中收到的费用就越多，加盟商也能在更长的时间内分摊加盟金。例如，加盟总部向加盟商授予特许权时，20年期限与2年期限的加盟费是不一样的，订立20年期限的合同可能比订立2年期限的合同的加盟金要高出许多。当然，合同期限不能随意缩短，加盟总部要保证加盟商在合同期限内至少能收回投资，这个投资回收期就是合同期限的"底线"。

（3）加盟商盈利预期

加盟总部收取各项特许经营费用，固然需要弥补自己的经营成本并获得预期利润，同时，加盟总部也需要了解加盟商的盈利预期，因为任何一项交易都不能只满足一方的需要，而应该双赢。加盟者愿意出高价购买一项能产生高附加值和高利润的特许权，但如果特许经营体系的盈利水平无法满足潜在加盟者普遍的盈利预期，那么加盟总部最终是难以售出特许权的，即使售出也会被加盟者提前终止协议。因此，加盟总部需要了解加盟者的底线，需要分析在向加盟者收取各项费用后，加盟者还能从投资中得到满意的回报吗？当然，如果加盟者的盈利预期大于本项目可能产生的盈利，加盟总部就应该很明确地告诉加盟者，这一行业的平均利润水平是多少，加入特许经营体系后可能的盈利是多少。这种明确的告知可以降低潜在加盟者的利润预期，也可以有效地减少日后可能出现的各种纠纷。

3.2.2.3　区域价值

由于各个区域的目标顾客市场不同，加盟总部可能会针对不同的加盟地区确定不同的特许经营费用。例如，一家餐饮特许经营体系加盟总部就根据省级特许店、市级特许店、地级特许店和县级特许店确定了4种不同的加盟金、保证金，因为这些加盟店所处的地理区域的价值不一样。因此，加盟总部准备给予加盟者特许经营的地理区域的价值也是影响特许经营费用的一个因素。当然，加盟总部授予一个加盟店的区域经营范围往往取决于所从事行业。例如，一家便利店仅获得一个城市某街道区域的经营权就非常有价值了，但一个清洁公司可能需要将一个城市作为一个区域，否则加盟商将无法成功经营。加盟总部在授予特许权时需要仔细考察其使用界限，包括区域界限，这样，区域范围和其潜在的购买能力就构成了特许经营权的区域价值。当加盟商被授权在一个较大的地理区域内独家经营某种产品或服务时，他就要为此支付较高的特许经营费用，因为他可以向更多的顾客销售产品和服务，甚至可以开设更多的加盟店；相反，如果地理区域较小，加盟商只能开设单体店，那么特许经营费用相对较低。

小思考3-2　在影响特许经营费用的内部因素和外部因素中，哪个因素最为关键？

3.3　如何确定特许经营费用

案例3-3

霸王茶姬的加盟费用和投资费用

霸王茶姬自2017年成立以来，凭借"直营+加盟"的双轮驱动模式实现了快速扩张。截至2024年年底，全球门店数量已达6 440家，其中加盟店6 271家，展现出强大的品牌影响力与市场号召力。霸王茶姬的加盟费用和投资费用如下：

（1）加盟费。一次性缴纳费用，金额在不同地区及加盟模式下有所不同，大致区间为5万～20万元。一线城市单店加盟费较高，部分地区可达10万～20万元；二三线城市相对较低，一般5万～10万元。此费用是获取品牌加盟资格的费用，用于品牌授权、品牌推广等支持。

（2）保证金。通常为2万～5万元，合同期满且加盟商无违约行为时可退还。保证金旨在约束加盟商遵守合同约定，维护品牌形象与市场秩序。

（3）品牌使用费。每年缴纳，费用1万～3万元，具体依地区和店铺规模调整。品牌使用费用于加盟商持续使用品牌标识、享受品牌带来的市场影响力与品牌价值。

（4）综合服务费。部分地区收取，5万元左右，涵盖了总部为加盟商提供的运营指导、培训、营销策划等一系列服务费用。

（5）运营管理费。按实收营业额一定比例收取，一般为2%。该费用用于总部对加盟店日常运营监督、管理及持续提供运营支持。

（6）市场推广费。同样按实收营业额一定比例收取，为1%左右。此费用用于品牌整体市场推广活动，提升品牌知名度与美誉度，从而带动加盟店销售业绩的提高。

（7）装修费用。根据店铺面积和地理位置而定，为15万～20万元，若店铺面积大或处于繁华商业地段，则费用可能更高。装修风格需严格按照品牌统一标准，由总部提供设计方案，加盟商负责装修施工。

（8）设备费用。加盟商需按霸王茶姬统一标准采购设备，费用为8万～16万元，设备包括制冰机、封口机、冷藏柜、泡茶设备等，具体费用金额因设备型号有所差异。

（9）首批物料费。首批原材料采购费用为3万～10万元，根据门店预估营业额匹配上下浮动。首批物料包括茶叶、奶、水果、杯子、吸管等制作茶饮所需的各类原材料。

（10）其他费用。

设计费：部分店铺可能需支付设计费，每家5 000元左右，用于店铺装修设计。

培训费：培训费约500元/人，包括加盟商及店员参加总部培训的费用，培训内容涵盖产品制作、店面管理、营销策略等方面。

信息系统服务费：每年约7 000元，用于维护和使用品牌的智能点单系统等信息管理系统。

在线学习账号费：约500元/年，加盟商可通过在线学习账号获取品牌最新信息、培训资料等。

以80平方米的店铺为例，不包含房租、押金、转让费以及人工成本，大概投资需80万元以上。不同城市、不同店铺规模和经营模式下，加盟费用会有所不同。在一线城市，因房租、人力成本较高，整体投资费用可能比二三线城市高出20万～50万元。此外，还需预留一定数额的流动资金，用于应对运营过程中的各类突发支出与日常周转。

资料来源：玖才会展．霸王茶姬|二三线城市加盟需30万～80万元［EB/OL］．（2025-04-12）［2025-07-07］．https://mp.weixin.qq.com/s/2MToBIS3GXAN5FlAEWNbbg.

加盟金常常被加盟总部视作一个调节工具，用以调节加盟商的进入数量和加盟总部扩张的速度。实际上，加盟金的用途十分广泛，它更应该用来弥补加盟总部正常的前期成本，用来作为发展特许经营事业的动力资源。正因为如此，加盟总部要十分谨慎地设计加盟金和其他特许经营费用，充分认识采用不同特许经营费用策略产生的结果，避免费用设计失当产生经营风险。

3.3.1　确定特许经营加盟金

3.3.1.1　加盟金的设计

加盟金是加盟双方订立合同时由加盟商支付给加盟总部的一次性费用。在确定加盟金的具体水平之前，首先应该有一个基本的设计思路，即对加盟金的高低有一个明确的认识。这种设计主要有三种思路：第一是高加盟金，即设计高于行业平均水平和竞争对手的加盟金；第二是低加盟金，即设计低于行业平均水平和竞争对手的加盟金；第三是零加盟金，即加盟总部对加盟者实施免收加盟金的策略。

（1）高加盟金

高加盟金是加盟总部设计加盟金时可以选择的一种策略。高加盟金策略往往在以下情况运用：

第一，将加盟金设计为加盟总部的重要收入来源而从高确定。加盟总部在安排前期和后期特许经营费用时，可以选择前高后低或前低后高的策略。选择前高后低策略意味着加盟总部将前期费用作为主要的收入来源，从而可以立即获得大量的现金收入和利润，解决业务经营面临的资金问题。有些加盟商也能接受这种策略，他们愿意选择"短痛"而不是"长痛"，即在他们可以接受的总费用水平的前提下，前期多交费用，后期可以少交费用。

第二，谨慎控制加盟商的数量和质量，促使特许经营体系获得稳定的发展。当特许经营体系发展到一定的阶段时，随着特许经营制度的不断成熟和完善，特许经营品牌的声誉不断提升，核心竞争力不断提高，会招来大量的潜在加盟者。此时特许经营体系发展的重点已经不再是数量的增加，而是质量的进一步提高。加盟金作为加盟总部控制加盟者数量和质量的第一道门槛，往往成为阻挡低层次加盟者进入的一个有力"武器"。因而，加盟总部在这一时期采取高加盟金的策略，希望能使特许经营体系获得稳定的发展。

第三，基于特许经营体系的高质量管理水平和高附加值而确定高加盟金。在实体商品的交易中，价格与需求的关系往往存在一种"质价效应"，即消费者通常把高价看作优质商品的标志，因而在商品价格较高的情况下，也能刺激和增加需求。一般情况下，许多消费者往往以"一分钱一分货""好货不便宜，便宜无好货"的观念去判断商品的质量。因此，高价能使人们产生高级商品、优质商品的印象。对于一些无法凭资料判定价值和质量的商品，消费者往往根据价格的高低得出结论，这种现象在特许权交易中也同样存在。虽然不同的加盟总部提供的服务项目和援助内容是一样的，其提供服务的质量却可能大不相同。而潜在加盟者事先无法判断，只能凭"价高质高"的常识来判断。因此，当某一加盟总部确实能提供高水准的支持服务时，可以用高加盟金策略来吸引注重高质量管理水准的潜在加盟者。

（2）低加盟金

低加盟金策略同样也有许多加盟总部选择，这种策略强调把加盟金定得低于行业平均水平。采用这种策略的特许经营企业管理者通常认为应尽可能地降低加盟金以使加盟者的开办费用降至最低，使加盟总部迅速拓展市场。同样，低加盟金策略常常在三种情况下被运用：

第一，出于竞争的需要，加盟总部希望尽快打开市场。大多数购买特许权的潜在加盟者手中的资金并不宽裕，支付了加盟店开张前的各项费用后就所剩无几了。对他们而言，加盟金的高低是十分重要的影响因素。许多加盟总部为了吸引这些潜在的加盟者，有意识地采取前低后高的特许经营费用策略，将加盟金设计得低一些，或者采取加盟金分期付款的方式，以便使更多的加盟商有能力支付开店的所有费用。这种策略以类似给加盟者融资的方式来减轻加盟者的资金压力，从而可以使特许经营体系迅速打开市场。

第二，品牌知名度低，或者加盟总部无法提供同竞争对手一样多的服务和援助。一些新的特许经营体系，由于在行业内知名度低，美誉度还没有树立起来，采用高加盟金策略可能无法招募到加盟者，因而只能采取低加盟金策略。另外，低加盟金策略有时也意味着较少的服务和援助，但问题是，有些加盟者并不在乎加盟总部的各项前期援助。例如，一些加盟者已经拥有自己的店铺，此时他并不需要加盟总部帮助他对店址进行评估，因而也就不希望交纳这项服务的相关费用。并不是所有的服务都是所有加盟者需要的，而要求加盟者为这些服务买单也是不公平的，这就如同有人愿意购买功能并不太多的手机一样，很多手机功能有时仅仅是个花架子，顾客并不想拥有。这也是低加盟金、少服务的特许经营项目也同样会受到加盟者青睐的原因。

第三，加盟总部设计多种盈利渠道来源时，低加盟金可以有效地分散加盟者的注意力。当加盟总部的盈利渠道有多种来源时，加盟总部采取低加盟金的策略，而增加其他费用，如设备租赁费、原材料费等，可以转移加盟者的注意力，更容易吸引人。例如，目前国内很多服装专卖店的特许经营体系，由于加盟总部可以从商品差价中赚取利润，往往采取低加盟金的策略，这样容易吸引潜在的加盟者，以便迅速为产品打开销路。

（3）零加盟金

许多加盟总部在宣传推广上常使用"零加盟金创业"的概念来吸引潜在的加盟者。对于零加盟金策略，加盟总部要谨慎采用，加盟者也应该谨慎分析。加盟总部实施零加盟金策略，主要有三种情况：其一是加盟总部从迅速拓展市场的角度出发，在保持对加盟商前期支持的情况下采取零加盟金策略，以应对激烈的市场竞争。这是市场渗透战略下的一种营销策略，同商店的促销活动一样，只能短期实施，适用于实力雄厚或新发展起来的加盟总部。其二是加盟总部在削减前期支持活动的情况下的零加盟金，即加盟总部纯粹为了降低加盟金而减少其对加盟者的各项支持活动。在这种情况下，由于加盟总部没有充足的费用来为加盟者提供开业前的辅导支持，加盟商的失败概率比较高，体系失控的可能性比较大。其三是转嫁形式的零加盟金，即将加盟金转嫁到前期的各项收费中，如市场调查费、培训费、评估费、产品价格等。表面看起来是零加盟金，实际上通过其他途径已经收取了各项费用。因此，作为投资者，加盟商一定要仔细辨别加盟总部的零加盟金属于哪种情况，并根据具体情况做出决策。

3.3.1.2　加盟金的计算

加盟金（IF）的计算要考虑两个因素：一是加盟总部的前期支持成本（C）；二是加盟总部的期望利润（R）。可用计算公式表示如下：

加盟金=加盟总部的前期支持成本+加盟总部的期望利润

或　　$IF=C+R$

加盟总部的前期支持成本是计算加盟金的第一个指标，这是加盟店开业之前加盟总部帮助加盟者学习如何经营特许经营业务时发生的一切支持成本。加盟总部为加盟者提供的许多服务实际上在加盟店开业之前就已经发生了，加盟总部前期支持成本在加盟总部向潜在加盟者传达加盟信息时就开始了。从加盟者第一次向加盟总部咨询开始，一直到加盟者的加盟店正式开业并进入正常营运阶段，加盟总部要向加盟者提供一系列的支持。例如，加盟总部一般是首先挑选加盟者，帮助他们确定门店的地址和建立门店，然后对加盟者进行培训，在经营方面提前给予帮助，或者在门店开张时提供现场帮助并免费赠予物品等。所以，加盟总部在挑选加盟者时发生的费用越多，向加盟者提供的前期帮助和培训越多，向加盟者收取的加盟金也就越高。如果加盟总部向加盟者传授的是一套更为复杂的、专业性要求更高的业务运营系统，如管理咨询公司、房屋设计公司、汽车修理行等，也就意味着需要加盟总部提供更多的培训服务，此时加盟总部向加盟者收取的加盟金可能更高。前期支持成本是加盟金的重要组成部分，在计算时，加盟总部应该详细列出前期为加盟者提供的每一项服务，然后根据这些服务耗费的成本初步估算加盟金，这是加盟金的最低水平。一般来说，加盟总部收取的加盟金应该高于这一水平才能有利于整个事业的发展。

加盟总部的期望利润是计算加盟金的第二个指标。在计算出加盟总部前期的支持成本之后，加盟总部收取的加盟金至少可以不"亏本"了，但它还需要获取自己期望的利润。因为加盟总部在开发特许经营体系时付出了大量的精力和各种资源，它要打开市场，打响品牌，建立稳定的客户群和关系网络，积累经验、技术和商誉等，这些无形资源对于特许经营体系的成功至关重要，现在却全盘传授给加盟者使用了，从而大大降低了加盟者自己创业的风险，避免了许多的浪费，缩短了创业的时间。因此，加盟总部向加盟者索取一定的利润是合情合理的，正如普通企业销售自己的商品要赚取一定的利润一样，特许权也是一种商品，也应该从销售过程中盈利，这也是加盟总部积极开展特许经营业务的主要原因之一。加盟总部的期望利润不一定能够直接实现，还要受现实各种因素的制约。如同企业开发一种实体商品在市场上销售一样，尽管它在开发商品前有一个利润预期，但利润要受消费者、竞争对手和环境等各种因素的制约，不一定能达到自己原先的预期目标。加盟总部的期望利润受多种因素的影响，包括行业竞争、续约次数、加盟店数量、加盟地域、加盟期限、特许权使用费、加盟者的初期总投资等。

　　根据上述加盟金的计算公式，可以发现每个行业的加盟金是不一样的，这种差距有时是很大的。表3-1显示了国外部分行业的平均特许经营加盟金。

表3-1　　　　　　　　　　国外部分行业的平均特许经营加盟金

行　业	平均特许经营加盟金（美元）
旅馆住宿	35 200
餐饮	31 900
打印、复印	27 900
保险和安全系统	27 100
美发	25 200
雇用和个人服务	22 700
汽车维修	22 600
商务服务	22 194
快餐食品	20 800
水洗、干洗	19 000
房地产	14 700
旅游中介	14 000

　　资料来源：沙恩. 从冰激凌到因特网——如何打造成功的特许体系［M］. 苏霜，俞小龙，译. 北京：中国人民大学出版社，2007.

　　上述加盟金的计算方法，实际上只考虑了加盟总部的各种因素，从潜在加盟者的角度来看，加盟金合理与否不仅要看其绝对值的高低，还要看其占总投资的比例。一般情况下，加盟金占加盟者全部投资的5%～10%被认为是合理的，如果超过10%，加盟金就会被认为过高。例如，如果开办一家加盟店的投资是50万～60万元，则前期的加盟金一般为2.5万～6万元。当然，对于那些声望较高、盈利水平也较高的加盟总部来说，这笔费用占总投资的比例可能高于10%。

3.3.2　确定特许权使用费

3.3.2.1　特许权使用费的设计

　　在设计特许经营体系时，加盟总部需要确定特许权使用费的水平及计算和收取方式。特许权使用费可以按月、季、年收取，也可以按周收取。不过，许多企业习惯上选择按月来收取，有些企业则选择按年来收取。

特许权使用费的计算方式主要有三种：按统一费用收取、按营业收入的百分比收取、按利润的百分比收取。国外统计资料表明，在上述三种收费方式中，只有5%的加盟总部是按统一收费的形式收取特许权使用费的，82%的加盟总部是按营业收入的百分比收取的，剩下13%的加盟总部是按利润（毛利或净利）的百分比收取的。

尽管确定统一的固定费用能保持加盟总部的收入水平不下降，但若考虑通货膨胀的因素和将来的发展，这种方式还是有很大弊端的，且加盟者都不愿接受，因为他们对将来的经营业绩没有把握，担心所获利润小于特许经营费用。而采用按业绩的百分比收取，双方更容易接受，加盟者能精确地知道他该付多少钱，如何去计算这个数额，而且是在有收益的基础上支付的，这样就不会有后顾之忧了。另外，加盟总部的收益直接与加盟店的业绩挂钩，因而加盟总部会不遗余力地对加盟店给予全力支持。加盟总部也可以从加盟者的业务发展中获利，并避免通货膨胀因素的影响。

在按业绩百分比计算的方式中，众多加盟总部愿意按营业收入来计算和收取特许权使用费，主要有两个原因：一个原因是营业收入的数据容易获取，也比较可靠。加盟店的经营利润比营业收入更容易被人为操纵，因为加盟商可以通过调高其经营成本来降低经营利润。如果以营业收入为依据来计算特许权使用费，则加盟总部只需要对加盟商的营业收入进行监督，分辨真伪，而不需要监控其经营成本，这样做要比按照利润来计算和收取特许权使用费简单得多。这也有利于加盟双方减少不必要的纠纷，因为加盟商经营成本的计算问题常常是加盟双方发生争执的主要原因之一。另外一个原因就是这种计算方法可以降低加盟总部的风险，因为无论加盟店经营效益如何，总会有营业收入的发生，加盟总部就能依此获得稳定的收入。而如果按利润来计算特许权使用费，若加盟店亏损，则加盟总部可能无法收取任何权益费来弥补其管理成本。加之加盟店的利润容易发生变化，这也使得加盟总部无法获得稳定的收入。按照营业收入来计算特许权使用费还有利于加盟商积极主动地减少经营成本，因为加盟商知道，减少的经营成本其实就是自己可以增加的利润。

众多加盟商希望按照利润来计算和收取特许权使用费，主要原因有两个方面：一方面，加盟商对商店的盈利比对营业收入更关心，按利润计算费用对自己更公平，可以了解自己的付出能得到多少回报。如果营业收入高而加盟店实际是亏损的，则按营业收入计算可能使加盟店陷入更大的困境。另一方面，按利润计算可以使加盟总部对加盟商的关注从营业收入转移到利润上来，激励加盟总部在提供服务或支持上尽量做到最好；否则，加盟店没有盈利则意味着加盟总部也没有收入。

当然，特许权使用费的计算方式的选择最终还是要建立在双赢的基础上，虽然表面上由加盟总部确定，但加盟总部要充分考虑潜在加盟者的意愿，并体现出对加盟者的关心，才能赢得潜在加盟者的青睐。

3.3.2.2　特许权使用费的计算

除了要确定基于什么指标计算特许权使用费，加盟总部还要确定加盟商交纳的特许权使用费的比例。特许权使用费的金额取决于上述两个因素，若计算依据为营业收入，则计算公式为：

特许权使用费（RF）=加盟店营业收入（T）×特许权使用费比率（r）

或　RF=T×r

如果特许权使用费根据加盟店的毛利或净利来计算，则上述公式中的营业收入改为毛利或净利。加盟店的营业收入可能会经常发生变化，但特许权使用费的比率是相对固定的。根据目前国内的实际情况，在按照营业收入进行计算时，这个比率普遍在1%～5%，国外的比例有可能高达10%。

一些公司采取的是一种变动的特许权使用费比率。如上海可的便利店加盟总部有这样一个规定：当加盟店一个月的毛利额小于3万元时，特许权使用费比率为25%；当加盟店一个月的毛利大于3万元而小于5万元时，特许权使用费的比率为30%；当加盟店一个月的毛利大于5万元时，特许权使用费的比率为35%。日本7-11便利店加盟总部也给出降低特许权使用费比率的政策以激励加盟店：加盟店开业5年后，平均每日营业额在30万日元以上的店铺，特许权使用费比率降低1%；每年毛利额达到5 800万～7 800万日元的，再降低1%；每年毛利额在7 800万日元以上的，可降低2%，加盟店最多可降低3%。

表3-2是国外部分行业的平均特许权使用费比率情况（以利润为计算依据）。

表3-2　　　　　　　　　**国外部分行业的平均特许权使用费比率**

行　业	平均特许权使用费比率（%）
商务服务	10.6
雇用和个人服务	6.5
打印、复印	5.9
美发	5.2
汽车维修	5.0
保险和安全系统	4.9
房地产	4.8
快餐食品	4.7
餐饮	4.5
水洗、干洗	4.5
旅馆住宿	4.2
旅游中介	0.4

资料来源：沙恩. 从冰激凌到因特网——如何打造成功的特许体系［M］. 苏霜，俞小龙，译. 北京：中国人民大学出版社，2007.

3.3.3 确定特许经营费用的注意事项

3.3.3.1 加盟金与特许权使用费的平衡

加盟金和特许权使用费都是加盟总部的主要收入来源，一个属于前期收入，另一个属于后期持续收入。如何安排这两种收入之间的关系，是前高后低，还是前低后高，抑或是前后均衡，这需要加盟总部经过慎重考虑后做出决定。这一安排将直接影响潜在加盟者的选择。尽管潜在加盟者最关心的是支付给加盟总部的费用总额，并不是哪一个单项收费，但加盟总部的收费安排仍然会引起加盟者的某些误解。

若加盟总部将收取的大部分费用放在前期，即对加盟金从高设计，而对特许权使用费从低设计，在加盟者看来，这就意味着加盟总部在合同初期就向加盟者收取了有关特许经营权的大部分费用，在接下来的经营期间，加盟总部可能不会全力以赴地帮助加盟者获取成功，没有足够的动力为加盟者提供后续支持和援助，可能对加盟者的经营不关心。因此，过高的加盟金会引起潜在加盟者的担心：加盟总部在收钱之后对他们置之不理。加盟者还会有另一方面的担心，即担心加盟总部的道德问题。如果加盟总部在合同初期就收取了大量的费用，就可能寻找各种原因终止加盟者的特许经营权，把特许经营权再次销售给其他加盟者，从而多收取一次加盟金，甚至卷款而逃，出现欺诈行为。这样，很多潜在的加盟者会被吓走，不愿加盟这一体系，因为他们担心这种潜在风险的发生。

对于加盟总部来说，尽管它希望尽快收回开发成本以获取利润，在安排加盟金和特许权使用费时偏向于前高后低，但它会从整体来考虑，做这种安排有时不仅需要出于时间成本的考虑，还要考虑将加盟总部对加盟者的责任心和对特许经营体系的信心传递给加盟者。

3.3.3.2 充分考虑加盟商的投资回报

加盟总部在确定特许经营费用时，不能仅从自己的角度来确定特许经营的费用水平，还要考虑加盟者的承受能力。特许经营事业是一个双赢的事业，只有加盟商盈利了，加盟总部的事业才有长期发展的可能。

加盟总部在确定特许经营费用时，不仅要考虑自己的成本支出，更要考虑加盟商的投资情况、开业后的经营状况、加盟商的投资回报、长期稳定发展的盈利基础。许多国内加盟店加入特许经营体系后不久就不服从管理，不仅是加盟商自身的问题，更多的是加盟总部只顾自己收钱，不顾加盟店的经营如何，没有对加盟商的经营做出持续的贡献，导致加盟商认为脱离加盟总部也照样可以运作，因而出现纠纷。

表3-3是加盟总部在确定特许经营费用时需要考虑的加盟商运作条件。

3.3.3.3 设计富有吸引力的费用组合

价格是一个灵活的营销工具，也是一个让目标顾客十分敏感的因素。特许经营费用也不例外，一些组合技巧常被加盟总部熟练运用，使其成为吸引潜在加盟者的有力"武器"。

表3-3　　　　　　　加盟总部必须考虑的加盟商运作条件

- 初始投资需要准备多少资金？加盟金和保证金占初始投资的比例各是多少？
- 初始投资中有多少必须是现金？
- 加盟商可以获得初始投资融资吗？如果可以，是多少？
- 加盟商可以拥有自己的店铺吗？是否需要租赁加盟总部的店铺？
- 加盟店平均每月需要存储多少商品？
- 加盟店的商品周转速度是多少？
- 商品的毛利率是多少？
- 加盟店经营的盈亏平衡点是多少？
- 加盟店每月营业额最乐观的情况下是多少？最悲观的情况下是多少？
- 加盟店每月的人工成本和其他费用成本是多少？
- 加盟店每月的毛收入是多少？特许权使用费与毛收入的比率是多少？
- 加盟店每月必须准备的流动资金是多少？
- 加盟店扣除各项费用后一年的净利润是多少？

　　一些加盟商对加盟金、特许权使用费和产品原材料比较容易接受，而对其他费用常常有疑虑。有些加盟商倾向于认为自己购买设备更廉价，自己做广告更有效果，自己培训员工更能令人满意，因而对一些其他费用有抵触情绪。一方面，加盟总部需要解释这些费用的设置目的，强调要保证整个特许经营体系的整齐划一，统一做广告将能取得更大的效果；另一方面，加盟总部也可以在设置特许经营费用组合时，将设备费、广告费、培训费等其他费用加到加盟金和特许权使用费中，将上述费用以"赠送"的名义返给加盟者，这样虽然总的费用没有改变，但加盟者更容易接受，加盟项目也更富有吸引力。

　　此外，加盟总部在编写项目推广书时，一些本来就设计成免费的服务项目，若以"赠送"的形式列出来，可以让加盟者感觉到一种实实在在的优惠。对于每个月需要按比例交纳的特许权使用费，在加盟店经营初期以让利的形式免收一段时间，也能让潜在的加盟者感到兴奋，例如前期30天免费驻店指导、免收3个月的权益金、免费提供首期培训和全面指导、赠送价值5 000元的开业促销宣传材料和商品包装材料、赠送全方位的行业最新资讯、赠送全面的培训材料等。上述这些优惠措施，是促使潜在的加盟者做出决策的最后关键环节。

3.3.3.4　适时调整特许经营费用

　　尽管任何加盟总部都会在开展特许经营业务之前就确定各项费用的水平，但这并不意味着这些费用就是一成不变的。由于特许经营费用受各种因素的影响，而这些因素又经常发生变化，因而特许经营费用不可能一成不变。事实上，在特许经营事业发展到一定阶段之后，加盟总部会重新评估整个特许权的价值，为每一项费用重新确定加盟标准。

　　特许经营费用的调整主要集中在加盟金和特许权使用费这两项费用上。特许经营费用的调整主要出于以下原因：

一是特许经营体系的品牌价值不断提升。随着时间的推移，加盟总部的特许商业概念经受了更多的考验，品牌知名度也不断提升，对消费者的最终吸引力不断增强，加盟总部对加盟商的支持服务也更加熟练和完善，此时加盟总部需要调整特许经营费用，以便反映出其品牌价值在不断增长。

二是通货膨胀因素的影响。由于存在通货膨胀，事实上货币的价值是在不断贬值的。如果加盟总部保持特许经营费用不变，则它收取的各项费用的真实价值会不断缩水，也意味着加盟总部向加盟商提供的服务成本在不断增加，因此，加盟总部需要调整特许经营费用，以便将这些增加的成本转移给加盟商。

三是加盟总部不断增加所支持的服务项目。随着特许经营体系建设的时间越来越长，加盟总部在特许经营体系的发展中也会不断增加向加盟商提供的服务和援助项目，也会因此增加一些特许经营费用，尤其是加盟金，以便反映在经营过程中不断增加的成本。

四是加盟总部的营销策略发生变化。特许经营体系的市场扩张由快速渗透型营销策略改变为谨慎扩张型营销策略，导致加盟总部的费用组合策略发生了变化，平衡加盟金和特许权使用费的组合也有了新变化，因而调整特许经营费用以适应加盟总部新的营销思路。

由于特许经营费用的调整牵涉到许多问题，加盟总部在调整过程中需要注意以下事项：

（1）避免过于频繁的调整

价格在许多领域都是一个十分灵活的营销工具，但在特许经营体系中，作为特许权价格的特许经营费用却不能像商店运用价格工具一样经常变化。在一个较长的时间段内（如3年以上），加盟总部调整特许经营费用是必要的，但不能过于频繁。一是费用调整导致各种关系不好处理；二是频繁的调整会造成加盟商对加盟总部的不信任，误认为加盟总部过分关心自己的收益而不关心加盟店的经营，这种误解会引起双方的许多冲突，也会使许多潜在的加盟者望而却步。

（2）处理好老顾客与新顾客的关系

在调整特许经营费用时，加盟总部面临着老顾客和新顾客之间的平衡问题，这是件很复杂的事情。老加盟商因为合同期限问题不能追加费用，而新加盟商则要承担调整后的费用，这可能会造成一种费用承担的不平等。即使老加盟商的合约到期了，为了稳住他们，加盟总部也不能像对待新加盟商一样对待他们，因为老加盟商经验丰富，不需要重新培训和相关的开店支持，享受到的加盟总部的服务要少得多，相应地他们承担的费用也应该比新加盟商少。因此，许多加盟总部在设计特许经营费用时，对于续约的加盟商会通过各种优惠降低他们的实际加盟金，从而吸引他们继续加盟特许经营体系。

（3）注意调整时间和方式

特许经营费用的调整是必要的，但调整的时间和方式也是需要十分注意的。对有些项目的费用可以随时根据市场的状况进行调整，如原材料费、设备费等，但对有些费用的调整则需要十分谨慎，如加盟金、特许权使用费以及广告基金。对这些费用的调整最好选择在多数加盟商合同到期时进行，或者在国内经济波动的周期中选择最佳的时间进行。当然，任何费用的增加都会引起加盟商的不满情绪，哪怕是原材料和设备的成本上涨带来的正常调整，加盟商也会感觉加盟总部在转嫁成本，以牺牲加盟商的利益来保证加盟总部的稳定利益，从而导致双方矛盾的升级。这种情绪在经济危机来临的时候，对于加盟总部和加盟商同舟共济、共渡难关是很不利的。因此，加盟总部在调整费用时要特别注意方式，不要一步到位，最好在调整费用的同时附加更多的免费服务，同时做一些让利活动，让加盟商逐渐习惯新的费用水平，然后再取消让利活动；也可以考虑对新加盟商执行新的费用标准，对老加盟商以让利的方式仍执行旧费用标准，从而协调新老加盟商之间的关系。

（4）注意调整原因的解释和调整的幅度

如果调整费用是考虑到通货膨胀的因素或者支持的服务不断增加而导致加盟总部运营成本的增加，这些因素是加盟商可以理解的因素，那么在调整时最好做出必要的解释，以免引起过多的负面情绪。在调整的幅度上，即使特许经营体系非常成功，在增加加盟金时，也只能比通货膨胀率高几个百分点。特许经营费用具有很强的刚性，随着时间的推移，只能慢慢地改变，一点一点地增加，以降低加盟者对费用的抵触情绪，而不能一下子做很大幅度的调整。

（5）了解加盟商的经营负担变化

加盟总部不能一味地增加所支持的服务和考虑通货膨胀对自己的影响，还需要考虑加盟商的承受能力和经营费用的变化情况。如果加盟总部增加的服务带来的费用增加完全由加盟商来承担，则有时加盟商并不欢迎这些新服务。例如，计算机系统更新需要花费一大笔钱，但可能对加盟商经营效果的提高并不明显，因此，加盟总部需要考虑某些费用是否应该全部由加盟商来承担，这种负担的增加会带来什么影响。加盟总部必须学会站在加盟商的角度去思考问题，只有这样才会营造和谐的加盟关系，有助于整个特许经营体系的持续发展。

小思考3-3　加盟总部在设计特许经营费用时，为什么要充分考虑加盟商的回报？

本章小结 ✓ --•

特许经营费用是指在特许经营关系的存续期间，加盟者为取得特许经营权并正常经营而向加盟总部交纳的所有费用，主要包括加盟金、特许权使用费、保证金、市场推广及广告基金、培训费、特许经营转让费、设备和产品原材料费、违约金等。影响特许经营费用的因素有很多，内部因素主要有特许经营体系的成熟度、加盟总部提供的援助、加盟总部的管理水平、加盟总部开展的推广活动、加盟总部的盈利预期和盈利渠道。外部因素又分为行业因素、加盟商因素和区域价值因素。行业因素包括行业的竞争程度、行业的技术更新和行业的平均盈利水平；加盟商因素包括加盟商的素质和贡献、加盟商续约的次数和合约期限、加盟商的盈利预期。加盟总部确定加盟金时首先要在高加盟金、低加盟金或零加盟金策略中做出一个合理的选择，其次是确定科学的计算方式。加盟总部在确定特许权使用费时要选择计算方式和收取时间，在按统一费用收取、按营业收入的百分比收取、按利润的百分比收取三种方式中选择最佳的计算方式。加盟总部在确定特许经营费用时还要注意以下几个方面：加盟金和特许权使用费的平衡、充分考虑加盟商的投资回报、设计富有吸引力的费用组合、适时调整特许经营费用。

主要概念和观念 ☑ •----------------------------•

特许经营费用　加盟金　特许权使用费　区域价值　合同期限　盈利预期　高加盟金　低加盟金　零加盟金

基本训练 ☑ •----------------------------•

□ 知识题

1.特许经营费用的概念是什么？它由哪些具体费用构成？

2.影响特许经营费用的内部因素有哪些？它们是如何影响费用水平的？

3.影响特许经营费用的外部因素有哪些？它们是如何影响费用水平的？

4.高加盟金、低加盟金、零加盟金各在什么情况下会被加盟总部运用？

5.按统一费用、按营业收入的百分比、按利润的百分比收取特许权使用费各有什么特点？

6.加盟总部应如何平衡加盟金和特许权使用费？

7.加盟总部应如何设计一个富有吸引力的费用组合？

8.加盟总部为什么会调整特许经营费用？调整费用时要注意什么？

□ 技能题

1.采集和分析各种相关的数据，衡量多种指标，给某一具体特许经营体系制定一个合理的加盟金水平。

2.采集和分析各种相关的数据，衡量多种指标，给某一具体特许经营体系确定一个合理的特许权使用费计算依据和计算比率。

□ 能力题

1.案例分析

7-11、全家、罗森加盟费用比较

便利店发展在中国如火如荼，已成为新零售征途上的一道靓丽风景。下面比较一下三大便利店——7-11、全家、罗森的加盟投资费用，来看看它们有哪些不同的经营特点。

（1）7-11便利店

7-11总部对于加盟商的筛选条件最为严格。严苛的加盟条件尽管可以保证门店服务质量，使得整个连锁体系健康稳定运行，但也降低了希望短期快速回本的加盟商的投资热情。7-11是世界上最大的便利店，全球有8万多家，它也是最早进入中国的便利店。截至2024年底，7-11在中国大陆一共开设了4639家便利店。

7-11便利店加盟条件见表3-4。

表3-4　　　　　　　　　　7-11便利店加盟条件

项　目	特许加盟	委托加盟
店铺	加盟主自备	7-11提供
装修	加盟主自备	7-11提供
设备	7-11提供	7-11提供
准备资金	约70万元	约35万元
是否需要亲自参与运营管理	否	是
收入分配	抽成38%	毛利4万元以下的店，总部提成52%；毛利在4万～10万元的部分提成68%；毛利超过10万元不足22万元的部分提成78%

（2）全家便利店

全家便利店同样是一家日资便利店企业，成立于1972年，全球共有12 000家店。除了无微不至的日式服务细节，全家便利店的强项在冰激凌、面包、盒饭、饭团等。截至2024年底，全家在中国大陆一共开设了3 032家便利店。

全家便利店加盟条件见表3-5。

表3-5　　　　　　　　　　全家便利店加盟条件

项　目	特许加盟	委托加盟
店铺	加盟主自备	①加盟商承担1/2房租 ②加盟商不承担房租
装修	加盟主自备	全家提供
设备	全家提供	全家提供
准备资金	加盟费6万元，保证金15万元，装修费30万元，加上其他费用合计约60万元	加盟费6万元，保证金20万元，加上其他费用，合计约30万元
是否需要亲自参与运营管理	否	是
收入分配	月销售毛利×70%	①毛利额4万元以内部分分配70%；4万元以上部分分配50% ②月销售毛利×38%

（3）罗森便利店

罗森是在日本规模仅次于7-11的第二大便利店集团，罗森和7-11的发展之路非常类似，同样诞生于美国，在日本快速发展壮大。截至2024年底，罗森在中国大陆开了6 652家便利店，大部分开在上海。

罗森便利店加盟条件见表3-6。

表3-6　　　　　　　　　　　　　　罗森便利店加盟条件

项　目	特许加盟	委托加盟
店铺	加盟主自备	加盟主自备
装修	加盟主自备	加盟主自备
设备	罗森提供	罗森提供
准备资金	加盟费5万元，杂费1万元，装修费14万元，合计约20万元	加盟费5万元，杂费1万元，装修费14万元，合计约20万元
是否需要亲自参与运营管理	是	是
收入分配	加盟商65%，罗森35%	加盟商65%，罗森35%

资料来源：作者根据便利店经营管理微信公众号相关信息综合整理而成。

问题：三家便利店加盟商的总投资水平不同体现了三个品牌在哪些方面的不同特点？

2.社会实践作业

调查几个同行业加盟总部特许经营费用的情况，并分析其费用水平与其知名度和管理水平是否吻合。

第4章

特许经营合约

学习目标 ☑ ---------------------------------●

知识目标
- 了解特许经营合约的复杂性和多样性及前期法律准备内容;
- 掌握特许经营合约的主要内容和基本格式;
- 充分认识加盟双方的权利和义务及合约终止时的责任划分;
- 掌握特许经营合约签订时需要注意的几个重要方面。

技能目标
- 能为一个特许连锁体系撰写特许经营主合约和辅助合约;
- 当特许经营合约终止时,能明确判断加盟双方的责任划分。

能力目标
- 能发现加盟总部特许经营合约中存在的不完善的地方,并提出改进意见;
- 能有效处理合约终止后的各种相关问题。

4.1　特许经营合约的特征及内容

案例 4-1

未订立书面特许经营合同,特许人收取费用应否返还?

2021年4月,江某看到某餐饮公司加盟招商项目的信息后,与该公司业务员取得联系,并于2021年4月26日向该餐饮公司支付加盟费42 800元。江某支付加盟费后,该餐饮公司安排业务员到某市帮江某选加盟店的位置,因未协商一致,双方未签订书面加盟协议。后江某要求该餐饮公司退还42 800元加盟费,该餐饮公司未返还,双方发生争议。江某诉至法院,请求解除双方口头约定的加盟协议,并要求该餐饮公司返还加盟费。

法院经审理认为:合同成立的条件是合意的意思表示、明确的合同对象、具备合法能力的合同当事人、合法的目的和内容，以及符合形式要求。只有当这些条件都具备时，合同才能有效成立。本案双方具有希望与对方订立合同的意思表示，但最终因合同内容未达成一致而未签订书面合同。从事特许经营活动，特许人和被特许人应当采用书面形式订立特许经营合同，本案中双方未订立书面合同，特许经营合同关系未成立，且该餐饮公司未以书面形式向被特许人说明收取费用的用途以及退还的条件、方式，故特许人不应收取加盟费，该餐饮公司收取江某的加盟费于法无据，故对江某要求返还加盟费42 800元的诉讼请求，予以支持。据此，判决该餐饮有限公司返还江某加盟费42 800元，驳回江某的其他诉讼请求。宣判后，双方均未上诉，判决已发生法律效力。

根据《商业特许经营管理条例》第十六条的规定，特许人要求被特许人在订立特许经营合同前支付费用的，应当以书面形式向被特许人说明该部分费用的用途以及退还的条件、方式。这一条文旨在平衡特许人与被特许人之间的利益，一方面为了避免特许人在付出选址、推广等服务成本后不能成功缔约而遭受损失；另一方面因双方的信息不平等，所以需要特许人对费用的用途以及退还条件、方式作出书面说明。

资料来源：周村法院. 未订立书面特许经营合同，特许人收取费用的性质及应否返还的认定 [EB/OL]. （2024-10-14）[2025-07-07]. https://mp.weixin.qq.com/s/n56SuR7izyRweKFzEF-PDww.

特许经营合约（或称特许合同、特许合约）是加盟双方为明确各自在特许经营过程中的权利和义务、确定双方特许经营关系而签订的一种法律契约。作为独立的经济实体，加盟总部和加盟者对外分别独立享有各自的权利并承担一定的义务。无论是合约内容还是合约形式，特许经营合约都与一般的商品销售合约或代理合约有很大的区别，并受到政府相关管理条例的制约。我国一些特许经营企业在运作中纠纷不断，其重要原因之一是特许经营合约拟订得不规范和不全面。若将来产生各种纠纷，特许经营合约往往成为加盟双方用来裁决责任归属的最主要依据，因而，慎重签订特许经营合约对加盟双方都具有重要意义。[①]

4.1.1　特许经营合约的特征

4.1.1.1　特许经营合约的复杂性

现代社会是契约社会，起源于美国的特许经营始于契约，也终于契约。特许经营合约是规范合作双方的法律文件，也是特许经营制度得以存在和运作的重要保证。加盟总部之所以要实施特许经营，就是要借加盟者的资金、人力、热情迅速扩展自己的事业。如果某一家加盟店不按加盟总部的要求去经营，与加盟总部设计的企业形象相违背，就会破坏整个特许经营系统的声誉，而要约束加盟店的经营，使

---

① 2020年5月28日，第十三届全国人民代表大会第三次会议通过《中华人民共和国民法典》，该法自2021年1月1日起施行，《中华人民共和国合同法》同时废止。

其同加盟总部的要求步调一致，仅靠加盟者的口头承诺是不行的，必须通过特许经营合约来进行约束。加盟者投资加入某个特许经营系统，主要目的是得到加盟总部已经打响的招牌及各种支持，使自己减少艰苦创业的风险及经营上的后顾之忧。那么，加盟总部的各种支持是否能及时提供、各项服务是否有充分保证，仅靠口头承诺是不行的，同样需要签订特许经营合约来维护加盟者的利益。因此，特许经营中加盟总部与加盟者的关系实际上是一种契约关系，而非雇佣关系，要维系这样一种关系，纽带只有一个——特许经营合约。

（1）超市场交易性质决定了特许经营合约的复杂性

特许经营中加盟双方的交易实际上是针对特许权而进行的。特许权是一种特殊商品，与一般商品不同，它在交易中不会发生所有权的转移，只是一种经营许可，伴随这一许可的是对加盟商权利与义务的约束和限定。在特许经营合约中，交易的内容超过一般商品契约的内容，双方存在一种类似过去仅存在于企业内部的指挥、服从关系。当发生特许经营交易时，占优势地位的加盟总部超越了自己的"本分"，超越了企业产权边界和市场关系，与交易对手不仅在市场上交流，而且在一定程度上介入交易对方内部，发挥原来只有在实体企业中才存在的"干预""指挥""协调"作用。这种管理输出和超边界管理不是无偿的，加盟者要付出一定的费用，而加盟总部将以降低成本、提高市场占有率、增加客户价值和增强核心竞争力等多种形式回报加盟商。因此，特许经营交易往往被看作一种超市场交易，这也是一种高级形态的交易。

（2）管理制度契约化决定了特许经营合约的复杂性

特许权交易中包含许多特有的管理制度，如运营管理制度、督导制度、培训制度、配送制度等。有效执行这些管理制度是特许经营体系正常运行的保障。为了使这些管理制度得到有效执行，必须将管理制度融入合同之中，即管理制度契约化。只有这样，特许经营体系的内部管理制度才能变成具有法律约束力的合同条款，对加盟者才具有法律约束力。在特许权交易中，加盟者尽管是加盟店的所有者，对商店的经营成败负责，但是并不像一般企业主那样拥有商店独立的经营权，商店的经营权高度集中于加盟总部。甚至可以说，越是成功的特许经营体系，加盟者的独立性越小，越是在复制或执行加盟总部要求的特定模式和规范。例如，全球上万家麦当劳快餐店，它们的商标、布局、经营风格等完全一样。麦当劳加盟总部对其加盟店不仅在汉堡的质量、品种、服务规范上有明确要求，甚至在商店选址、装修标准、装饰材料、店内布置、服务规范、员工服装等几乎所有方面都有明确的要求和详细而严格的规定，加盟店在经营中还受到严密的检查监督，以保证复制出的每一家麦当劳连锁店都一模一样。

（3）法律关系多元化决定了特许经营合约的复杂性

加盟双方是一种法律关系，这种法律关系具有多元化特点。它不是简单的一层关系，而是包含多种法律关系，因为加盟双方要签订多种特许经营合约，如商标使用许可、专利使用许可、技术秘密使用许可、商业模式许可、培训指导、产品配送等，这就形成了双方的多种法律关系。特许经营的法律关系多元化的特点也决定了特许经营具有复杂性。

4.1.1.2　特许经营合约的多样性

（1）主合约和辅助合约

特许经营合约并不只是一个合约，它是加盟双方签订的一系列合约的集合，一般包括主合约和多个辅助合约。

特许经营主合约是加盟双方签订的建立特许经营法律关系的正式法律凭证。主合约规定了特许权内容、加盟双方主要的权利和义务、经营地域限制、合同有效期限、特许经营费用、违约责任及合约解除的处理等。

特许经营辅助合约是指加盟双方在签订特许经营主合约的同时，为确保特许经营主合约更加切实地得到执行，而由双方视需要而签订的一系列其他有关协议，包括保证金协议、供货合同、商标使用许可协议、店铺租赁协议、市场推广与广告基金管理办法、软件许可协议等。这些辅助合约从不同方面确保加盟双方的法律关系更为完整。

（2）单体特许经营合约和区域特许经营合约

按照特许经营形式的不同，特许经营合约可以分为单体特许经营合约和区域特许经营合约。

单体特许经营合约是典型意义上的特许经营合约，包含了特许经营合约的基本要素。单体特许经营合约的一方是特许权的所有者（加盟总部），另一方是特许权的直接使用者（加盟商）。单体特许经营合约适用于加盟总部直接发展加盟商，双方法律关系相对简单，是特许经营最经常采用的合约形式。

区域特许经营合约分为一般区域特许经营合约和区域特许权代理合约。一般区域特许经营合约的主体一方是特许权的所有者，另一方是区域特许加盟商。区域特许加盟商除了自己直接使用特许权以外，还以自己的名义发展和管理区域加盟商。与单体特许经营合约相比较，一般区域特许经营合约相对复杂。区域特许权代理合约的主体一方是特许权的所有者，另一方是经授权在特定地域销售特许权的代理商。代理商以特许权所有者的名义发展加盟商，代理商的利润来源是代理佣金，这是它与一般区域特许经营合约的主要区别。

4.1.1.3　特许经营合约的前期法律准备

根据我国《商业特许经营管理条例》的规定，加盟总部从事特许经营活动应当拥有成熟的经营模式，并具备为加盟者持续提供经营指导、技术支持和业务培训等服务的能力，应当拥有至少两家经营时间超过1年的直营店。加盟总部应当在订立特许经营合约之日前至少30日，以书面形式向加盟商披露其从事特许经营活动、注册商标或企业标志的基本情况，提供产品的价格和加盟条件等方面的信息。加盟总部提供的信息应当真实、准确、完整，隐瞒有关信息或者提供虚假信息的，加盟商可以解除特许经营合约。

上面提到的"两店1年"和"信息披露"是目前国内法律纠纷中常常遇到的问

题，很多特许经营企业由于长期忽视这一问题，招致了很大的法律风险。如果加盟总部没有达到以上两项法律要求，在发生加盟商拖欠特许权使用费时，加盟总部诉讼的底气就不足，因为加盟商可能以加盟总部未进行信息披露为由，提出解除合约。如果加盟商发生经营亏损，也往往以上面两点理由，提出解除合约并要求加盟总部赔偿损失，这对加盟总部来说风险是很大的。因此，一个规范的、希望长期发展的特许经营企业开展特许经营前的法律准备是必须做的。

根据有关法律规定和加盟总部开展特许经营的业务安排，在签订正式的特许经营合约之前，加盟总部应该提供相关文件，加盟双方应该签署若干法律文件。

（1）加盟申请书

加盟申请书的作用是对潜在加盟者进行初步的评估，以确定是否开展项目可行性分析、选址、门店租赁等后续工作。另外，加盟申请书也可以视为潜在加盟者向加盟总部提供相关的信息，申请人应该对填写信息的真实性负责。

（2）加盟意向书

加盟意向书通常包含特许经营合约的主要内容、加盟定金、商圈保留期限、可行性论证协助、选址协助、门店房屋租赁协助等条款，并对加盟总部提供支持服务的内容、方式、是否收费及收费方式进行约定。一般来说，加盟意向书对于双方是否签署特许经营合约没有约束力，但是有关加盟定金、商圈保留期限以及保密义务的条款对双方具有约束力。

（3）信息披露文件及信息披露保密协议

在美国，为了加强对加盟商的保护和对加盟总部的约束，加盟总部必须像上市公司为股东提供某些公告一样，为潜在加盟者提供一份说明自身特许经营情况的文件，这一文件被称为"统一特许经营权提供公告"。我国《商业特许经营管理条例》和《上市公司信息披露管理办法》也对加盟总部的信息披露的内容和时间有明确规定。这一规定旨在让潜在加盟者能了解加盟总部的特许权状况，并据此做出明智的投资决策。信息披露一般以书面形式进行，加盟总部为了保护自己的商业秘密，在提供相关信息时还会与潜在加盟者签订一份信息披露保密协议。信息披露保密协议在一定程度上可以防止因信息披露而导致的加盟总部商业秘密的泄露。

4.1.2 特许经营合约的主要内容

由于每一个特许经营系统的经营内容、经营方针、服务能力等不尽相同，因此合约的内容也千差万别。但是，作为一份特许经营主合约，它主要是规定加盟总部与加盟者双方的权利与义务的，其基本内容主要包括以下几个方面：

4.1.2.1 商标、商号等的使用

在绝大多数特许经营体系中，加盟总部拥有以下无形资产：

①贸易商标或贸易名称，以及相应的商誉；

②一种商业模式或一种体系，其各个要素记载于一本手册中，有些内容可能是商业秘密；

③在某种情况下，可能是一份制作方法、秘方、专门技艺、设计图样和操作方法的文件；

④上述某些项目的版权。

在签订加盟合约时，应准确清楚地说明加盟总部拥有的无形资产，以及授权加盟店使用这些无形资产的种类和范围。

4.1.2.2 合约期限

合约期限即加盟双方关系持续的时间。任何合约都有期限，由于情况总是不断变化发展的，不可能所有的合作关系都永远不变，作为维持特许经营关系的合约，往往先确定一定的期限，待期满后再决定是否续约。合约的期限有长有短，短则3~5年，长则10年以上，没有具体的标准。西方国家的法律一般规定：合同的持续期应长到足以使加盟者收回他的初始投资。在合约中，还应该注明允许加盟店有延展期的权利。

4.1.2.3 加盟总部提供服务的种类和范围

合约中要详细说明加盟总部将对加盟店提供哪些服务，这些服务包括开业前的初始服务和开业后的后续服务。初始服务主要有选址、店铺装修、培训、开店设备的购置、融资等。后续服务包括加盟总部对加盟店实施有效的监控，以帮助企业保持标准化和获得利润；加盟总部继续进行操作方法的改进及革新并向加盟店传授；加盟总部进行市场调查研究并向加盟店传送市场信息；加盟总部开展集中统一的促销与广告活动；加盟总部向加盟店提供集中采购的优惠货源；加盟总部的专家向加盟店提供管理咨询服务等。合约中详细列出这些服务项目，是对加盟者利益的一种法律保护。

4.1.2.4 区域保护

大多数加盟总部在授予一个加盟者特许经营权时，会专门标明该加盟者所属的地域，加盟总部承诺在指定区域内不会新开加盟店。这个区域可以用以经营场所为中心的半径范围来界定，也可以用行政边界来界定（如县或城市），还可以用邮政编码来界定。有些特许经营体系，尤其是顾客流动性较强的体系，加盟总部还会对在区域内外开展营销活动做出详细的规定。

4.1.2.5 加盟费

加盟者得到加盟总部有关经营模式和商标、商号的使用许可，需要按等价交换原则支付一定的费用。一般来说，加盟双方签订合约之后，加盟者要一次性交纳一笔加盟金，此后，加盟者每月必须按营业收入或利润的一定比例交纳特许权使用费。另外，在合约存续期间，加盟店享受了加盟总部的持续服务和支持，对有些项目也需要付费，如广告费等。因此，不仅要在合约中详细写明各个项目和金额，还要详细写明交纳的方式和时间，以免产生歧义。

4.1.2.6 加盟店的义务

加盟商取得加盟总部的各种无形资产的使用权，并得到加盟总部的各项服务支持，使自己的经营迅速站稳脚跟，走上正轨，也必须付出一定的代价，并承担相应的责任。为了让加盟者明确自己的责任与义务，也为了约束加盟者履行职责，必须将加盟者的责任和义务等事项详细地列入特许经营合约中。虽然在合约中只有加盟总部和加盟者作为立约人，但加盟总部为建立一套完善的业务制度，会加入一些条款以确保其他加盟店及公众的利益，因为任何一家加盟店若不能维持其应有的水准，或多或少都会对特许经营体系的声誉有所损害，继而影响其他加盟店的盈利，所以在合约内应列明双方在合作中的义务。一般情况下，操作手册或营业手册有一些内容涉及加盟者的义务，并作为加盟者开业后的经营活动参考指南。随着特许经营体系的发展，操作手册或营业手册将不断得到更新和完善。

4.1.2.7　对加盟店的经营控制

特许经营的最大特点就是在经营业务及方式上的高度统一，使各自独立的经营者在合约的规定下形成一个资本统一经营的外在形象。如果其中一家加盟店没有按加盟总部的统一要求进行经营活动，就会破坏加盟体系的整体形象，使整个特许经营系统的声誉受到损害。因此，加盟总部必须对加盟店实施有效的控制，以保证其经营标准和规范能够得到一丝不苟的贯彻。加盟总部采取什么方法控制加盟店的经营，应详细列入合约中，以得到加盟者的理解和接受。尤其是特许经营的商品和服务，一般都是有竞争力的、比较独特的标准化商品和服务，不允许发生任何改变，因此，合约中需要明确规定商品和服务的质量标准、保持特色的方法、质量检验和控制等内容。这些要求在培训时应作为重点内容，并写入加盟店管理手册中。

4.1.2.8　加盟店的转让

加盟者可能会由于种种客观原因而无法继续经营加盟店，这就涉及加盟店转让或出售的问题。加盟店是否能转让、如何转让、转让给何种人等都必须列入合约中，以免将来因此而发生纠纷。也有些合约明确表明，假如加盟者要转让自己的企业，加盟总部有优先选择权，或者有权选择转让的对象。在这种情况下，一定要特别说明加盟店的转让价应以市场价为准。当然，大多数加盟总部是不会回收加盟店的，但又不愿看到加盟店关门，影响自己的声誉，一般都会同意加盟店转让，但会设置一些条件，如设置选择新加盟者的标准及选择程序。

4.1.2.9　仲裁

加盟双方难免会发生一些冲突，解决冲突的方式选择仲裁比较合适。仲裁实际上是由双方选择的仲裁人进行的私下诉讼，它的优点在于整个程序是在私下进行的。为了节省时间和费用，双方可以事先在合约中设定仲裁的规则，至于仲裁的时间可以根据发生冲突时的具体情况而定。在这里，选择什么样的人做仲裁人十分重要。如果仲裁人选择不当，做出的决定不公平或不客观，会使双方或其中一方不满意，最后反而可能激化矛盾，以致双方走向法院。根据从西方国家的实践中得出的经验，当双方当事人产生冲突时，仲裁的裁定结果通常要比法院的判决轻得多。在美国，各州法院为保护小商人的地位和利益，对加盟总部的违法行为的裁决有时非常严厉，要求加盟总部的赔偿高于加盟者实际损害的3倍是常有的事。因此，约定仲裁条款可以避免加盟双方把纠纷提交给法院。

4.1.2.10　合约终止及后果

合约一旦确立，就不能随意撕毁或中途终止。但是，仍有加盟双方不遵守合约的事件发生。合约中应明确规定，任何一方违反协议到什么程度，另一方有权终止合约。当然，也应写明违反合约的一方是否有机会弥补其过失，以避免合约终止的后果。一般来说，合约终止后，加盟者不能再使用加盟总部所有的贸易商标、名称、各种标志和享有其他权利。

4.1.2.11　限制竞争

大多数合约中还规定，加盟者在合约存续期间不得再另外从事与特许经营业务相类似的业务；在合约解除后的一段时间内，原加盟者也有义务不得从事与原特许经营体系产生竞争的经营业务。这一条款对加盟总部维持特许经营体系在市场竞争中的地位十分重要，如果缺少这一条款，很可能原先的加盟者在合约期满后成为竞争对手。

除了以上内容外，合约一般还包括地域的限制、营业时间的规定、商业秘密的遵守等内容。对于加盟总部而言，在拟订合约时应注意，条款要尽量详细，应能有效地保护加盟总部的知识产权不被随意侵犯，保证加盟总部对加盟者的有效检查和监督，保证加盟总部在合约关系存续期间不会与加盟者产生竞争等。

4.1.3　特许经营合约的基本格式

特许经营经过多年的发展，特许经营合约的基本格式已经定型，一些地方的行业协会也公布了标准合约模式。当然，由于特许经营合约可以分为单体特许经营合约和区域特许经营合约，合约的内容会有些变化，但主要内容和格式还是基本一致的。这里介绍的基本格式主要以单体特许经营主合约为标准。作为一个单体特许经营主合约，其内容大致分成四个部分：合约引言、合约关键词语定义、合约主体部分及合约附件部分。由于不同的行业、不同的特许经营企业的合约内容不尽相同，具体格式也会有所差别，下面我们通过日本特许经营协会对合约基本条款的要求来看看单体特许经营主合约的具体内容及格式。

小资料 4-1

特许经营合约的基本格式

一、合约当事者

（1）指出合约当事者；

（2）合约当事者的关系（不存在代理关系）。

二、序言

（1）合约的观念、宗旨、目的；

（2）合约解释的标准；

（3）合约的适用范围。

三、定义

四、特许经营权的授予

五、允许商标等的使用

（1）允许使用对象的登记或注册；

（2）使用方法及管理。

六、特许经营权的地区和商店的所在地

七、特许连锁加盟总部的经营指导及技术援助

（1）资料的提供；

（2）指导；

（3）进修及培训。

八、促进销售

（1）加盟总部的促销方法；

（2）加盟总部对促销的援助；

（3）有关加盟店促销义务的事项。

九、加盟店筹办的物品

（1）物品的种类、品质、数量；

（2）筹办的方法。

十、加盟店的支付义务

支付的理由。

小思考4-1　为什么说特许经营合约要比其他合约复杂得多？

4.2　加盟双方的权利与义务

案例4-2

咪棠柚树商业管理（上海）有限公司特许经营合同纠纷

【案件摘要】2019年5月30日，被告（甲方）与原告（乙方）签订品牌授权合作协议，甲方授权乙方为上海市闵行区、浦东新区的独家总代理，开展熊景门店业务。合同有效期内，甲方许可乙方在合同指定区域内使用"熊景"品牌。甲方权利与义务包括：向乙方提供门店商圈评估及选址指导、经营产品规划指导、技术培训、开业支持和市场推广服务，向乙方提供甲方的经营管理模式，店铺由甲方统一装修或乙方按照甲方指定装修标准进行装潢（由乙方装修时，甲方根据乙方店铺的具体情况为其提供装修平面设计方案），门店内原料、包装材料、设备工具、员工服装、装修模块及其他开业货品等由甲方统一配送等。乙方权利与义务包括：乙方有权在经营过程中使用甲方授权的商标及标识，享有甲方统一规范的形象设计使用权，有权要求甲方在门店经营管理、市场销售、售后服务等方面给予帮助并对其员工进行培训，须履行甲方统一规定的市场经营策略和促销政策。

法院查明，被告交给原告的合同封皮及宣传册页中有双方称谓的"熊本熊"形象。涉案协议签订后，基于原告涉及开设两家门店，原告向被告支付品牌合作费28万元、保证金4万元及设备费。2019年6月，原告在上海市闵行区开设了"熊景"饮品店。饮品店根据被告提供的设计方案进行装修，内部陈列有"熊本熊"形象周边产品，工作人员工作帽、围裙及收银台柜立面亦有"熊本熊"形象。饮品店的产品品种、制作、定价等均由被告提供或建议。开业之时，被告派人到店指导。2019年7月，原告参加了被告组织的培训。2020年1月中旬，原告关闭门店结束经营。原告后续起诉要求解除合同，主张的事实之一为：被告未履行过任何市场推广、指导、培训等服务。

【法院观点】现有证据能够证明被告履行了向原告提供开业指导、培训等合同约定的义务，即便在诸如原告提出的新产品开发未得到回应、提供的物料与市场有价差等方面存在履行瑕疵，尚不构成根本违约。原告基于被告未履行合同义务导致合同目的无法实现进而要求解除合同之主张，依据不足，不予采信。

总结：特许人在履行合同中的"提供特许经营资源"的义务时，若特许人已经提供了合同中约定的主要的、合理的特许经营资源，在仅有轻微的履行瑕疵的情况下，一般不会被判定为根本违约导致合同解除。

资料来源：作者根据相关资料整理。

上述案例是一起典型的特许经营合约纠纷，纠纷产生的原因是关于特许经营合约签订时双方的权利与义务的问题，这是当前特许经营纠纷中一个比较普遍的问题。特许经营纠纷产生的一个根本原因是加盟双方对各自的权利与义务不够了解，特许经营合约中又规定得不够明确，导致双方在此方面产生歧义，这不仅是合约纠纷产生的主要原因，也常常是导致加盟双方发生冲突的主要原因。

无论加盟总部还是加盟商，其所拥有的权利和义务都是有限的。法律上的权利和义务与非法律上的权利和义务是有区别的，不能相互混淆。如果国内各种相关法律明确规定了交易双方的权利和义务，则这些权利和义务就是加盟双方拥有的权利和必须履行的义务；除法律规定之外，特许经营合约上明确规定的权利和义务也是加盟双方必须遵守的权利和义务。除上述两种情形之外的任何权利和义务，如果没有法律的规定和合约的明确约定，则这种权利是不受法律保护的，义务也不是一定要履行的，这种权利和义务就是非法律上的权利和义务，存在于行业惯例和道德意义的层面。因此，作为加盟总部和加盟者，在签订特许经营合约之前，需要明确自己法律上的权利和义务，明确什么是必须做的，什么是应该做的。双方在权利和义务上的观念达成一致，才能在未来的经营中减少冲突和纠纷的产生。

4.2.1　加盟总部的权利和义务

下面介绍的加盟总部的权利和义务，均是特许经营中被人们普遍认可的权利和义务，而不是法律、法规明文规定的，或者特许经营合约上明确约定的。除了国家法律、政策规定的权利和义务外，对于特许经营合约这个可以调整的因素，每个加盟总部必须慎重考虑，将自己认为必须拥有的权利和应尽的义务纳入到特许经营合约的内容中。

4.2.1.1 加盟总部的权利

（1）保留特许权为自己所有的权利

特许经营虽然是加盟双方关于特许权的一种交易，但这种交易的对象是一种特殊商品，它在交易之后不会发生商品所有权的转移，而是商品使用权的授予。因此，特许权始终为加盟总部所有。加盟总部在特许经营合约中需要明确这一点，以便与其他诸如专利权等知识产权的交易区分开来，防止产生歧义，发生法律纠纷，以维护自己的利益。

（2）要求加盟商遵守特许经营管理手册的权利

加盟双方的特许经营关系一旦成立，加盟总部就有权要求加盟商按自己的经营管理模式开展店铺经营。特许权的使用应该是全套内容的使用，而不是仅使用其商标、商号，加盟商不能有所取舍。

（3）向加盟商按约定收取各种特许经营费用的权利

加盟总部将自己的成功经营模式授予加盟者，使之享用品牌商誉，减少投资风险，迅速走上良性的经营轨道，这种授予行为理应得到一定的回报，加盟总部有权要求加盟商按约定的方式交纳各种特许经营费用。

（4）要求加盟商保持特许体系"统一化"，并接受加盟总部的监督和检查、纠正其经营管理的权利

加盟总部为保证特许经营品牌不受损害，会采取一系列保护措施，包括对加盟店的监督、检查，并提出改进意见。加盟店应同意加盟总部派遣的人员进店检查所有经营情况，并提供相关信息。尤其是加盟店在经营中与第三方发生诉讼、争执或其他纠纷，必须及时报告加盟总部。

（5）按照政府有关管理条例的规定，将加盟店相关信息进行披露的权利

对加盟店相关信息的披露应该是在政府有关管理规定的范围内，不能做其他用途。

（6）保留合约修改的权利

特许经营合约一旦签订原则上不能发生改变，加盟总部也不应该经常对特许经营合约进行修改，但有些行业由于技术更新速度快或者消费市场变化快，导致特许权内容会有一定的变化，加盟总部出于提升特许经营品牌价值的考虑会不断补充完善特许经营的内容，这就需要在合约中留有一定的修改权利。

（7）对不履行义务的加盟商有解除合同的权利

加盟商在合约关系存续期间不履行自己的义务或者发生损害加盟总部和特许经营品牌声誉的事情时，加盟总部有权对加盟商进行违约处罚，或者解除合约。

4.2.1.2 加盟总部的义务

（1）信息披露

加盟总部在签订合约之前，必须依照法律法规的要求对潜在的加盟者进行一定程度的信息披露。加盟总部披露的信息必须内容完整，信息准确、真实、合法，不得有任何欺骗、遗漏重要事实或者可能产生误导的陈述等情形。

（2）品牌支持

这里包括品牌维护、品牌提升和公共关系与企业形象塑造。品牌维护方面包括：建立商标和识别标志的技术指标及在经营使用中的标准，并准确描述商标和体系的特点，以防止不正当使用；建立并完善质量管理系统，以保持顾客的满意度；建立并完善品牌维护督导系统，以规范和指导单店运营；建立并完善品牌保护机制，以维护加盟总部和加盟商的利益。品牌提升方面包括：根据品牌定位保持品牌的竞争差异性，并不断丰富其内涵；建立并推广企业形象（CI）和店铺形象（SI）识别系统；建立费用预算管理体系以保证品牌推广。公共关系与企业形象塑造方面包括：建立并完善公共关系管理，以维持特许经营体系在社会和市场中的良好公共关系；随时了解企业形象的状态，并及时予以调整；建立危机处理系统。

（3）营销支持

加盟总部对加盟商的营销支持主要包括以下内容：建立市场调研的方案和机制，以随时监督市场环境的变化；根据特许经营体系的发展战略，由加盟总部统一规划，不断设计和开发新产品和服务，以提高特许经营品牌的竞争力；根据特许经营体系的发展战略，由加盟总部统一规划特许经营品牌的广告宣传以及门店的促销活动。加盟店自己的广告与促销方案须事先获得加盟总部的准许。

（4）培训支持

加盟总部必须建立完善的培训系统，以实现如下目标：与加盟商达成特许经营体系内的共识；让各级员工熟悉特许经营体系的运营标准；提高员工的整体素质。培训的内容主要包括：一是员工上岗前的培训，包括企业文化，基本制度，产品和服务的知识，商标、专利及经营管理的应用等；二是体系持续发展所需要的各方面内容；三是体系创新所涉及的各方面内容。

（5）督导支持

加盟总部根据行业、业态的特点来建立运营规划和督导系统，以周期性督促、指导下属分支机构和加盟店的工作，达到特许经营体系标准化运作的目标。

（6）开店支持

这包括开店的法律手续、装修工程、员工配置、设备调试、初期物料准备、开业促销、开幕典礼等。

（7）采购与配送支持

加盟总部应制定物资采购标准、流程并进行控制，保证加盟总部和加盟商按照相对稳定的标准采购或在控制状态下采购。特许经营体系的主要供应商应由加盟总部统一评估。加盟总部应规定一定比例的核心原材料、商品、设备或其他物品由加盟总部统一配送，以达到特许经营体系的质量标准。

（8）信息技术支持

加盟店应有销售时点信息管理系统（POS）和以此为基础的加盟店信息管理系统，这些基本可以满足营业需要，实现加盟总部与加盟店的业务数据交换。一定规模的特许经营体系应借助信息技术协助完成财务、营业、进销存、人事、行政、顾客关系等管理事宜。

（9）特许经营体系创新

加盟总部应听取加盟商的意见和建议，定期评估分析特许经营体系的策划结果与运行情况，随时关注市场的发展，引进先进的经营管理思想、方法和工具，以保持商业模式、经营管理方法及产品和服务的先进性，维持特许经营体系的市场竞争优势。

（10）保密义务

除了法律规定的必须公开的加盟店信息以外，加盟总部不得向第三者展示加盟店递交的营业报告书及其他有关资料和有损于加盟店利益的信息。

小资料 4-2

商业特许经营道德规范
（2018 年 9 月 11 日）

第一章　总　则

第一条　中国连锁经营协会会员开展特许经营须遵守国家的法律法规。

第二条　会员企业开展特许经营须遵循公平、诚信的原则。

第三条　会员不得以任何可能欺骗或误导潜在加盟者的明示或暗示的陈述销售或推广特许经营权。

第四条　会员不得抄袭或模仿他人的商标、商号、广告或其他识别符号以欺骗或误导潜在加盟者和消费者。

第五条　特许合同须以书面形式签订，并明确各方的权利和义务。

第六条　特许者和加盟者须尽一切努力，以诚信友好态度解决争议。必要时可考虑通过调解、仲裁甚至诉讼解决争议。

第二章　特许者（总部）

第七条　特许者在招募加盟者的过程中，应以书面方式向潜在加盟者提供尽量充分的信息，包括特许者的基本情况、合同基本内容、已开店铺的运营情况、加盟所需投资额、收益预测等，但不仅限于这些信息。

第八条　向潜在加盟者提供的信息，包括广告等宣传资料应当真实、准确，凡直接或间接含有历史或预期的投资收益、经营业绩的数字或资料，应明确来源和依据；加盟者的投资额及其构成应详尽说明。

第九条　特许者应鼓励潜在加盟者和现有的加盟者接触，使其更深入地了解将要从事的特许业务。

第十条　特许者在选择加盟者时，应重点考察其能力、性格、资金实力、事业心等，不应因性别、民族等原因而予以歧视。

第十一条　为保证加盟店所销售的产品和服务保持良好品质，特许者应不断对加盟店进行督导。

第十二条　为使加盟者不断获得适当的收益，特许者应不断改进产品、服务和营销，并向加盟者提供指导、援助和合理的培训。

第十三条　特许者须根据合同规定向加盟者提供优质的材料、产品和服务。

第十四条　特许者应能及时收到来自加盟者的信息并给予解答，应建立一种增进双方沟通、理解和合作制度的机制。

第十五条　特许者应规范使用消费者信息数据，做好消费者数据的管理和保护。

第三章　加盟者

第十六条　加盟者在经营特许业务时，须遵守国家的法律法规。

第十七条　加盟者须详尽、坦白地披露所有被视为在特许者挑选合适的加盟者时不可或缺的信息。

第十八条　加盟者须严格按照特许合同规定及手册标准开展经营活动，接受一切需要的培训及特许者的指导和监督，以维护体系的声誉和统一形象。

第十九条　加盟者须遵守与特许经营权有关的一切资料的保密原则，无论特许经营关系是否终止，除非得到特许者的书面同意，否则不得披露或许可相关人员披露任何该类信息。

第二十条　按时支付加盟费、特许权使用费和其他应缴费用。

第二十一条　加盟者应规范使用消费者信息数据，做好消费者数据的管理和保护。

第四章　相关专业机构

第二十二条　本着诚信和公平的原则行事，鼓励客户严格遵守本道德规范，无论客户是否为中国连锁经营协会会员。若客户的委托或要求违反本道德规范，须立刻停止为该客户提供的服务。

第二十三条　只接受自己能够胜任的委托业务。

第二十四条　坚持独立、客观立场，以确保所提意见的公平和专业水准。

第二十五条　须遵守保密原则，在履行职责期间获得的一切资料，未经客户同意，不得披露或许可他人披露。

第五章　附则

第二十六条　本规范自发布之日起实施，原《特许经营道德规范》同时废止。

第二十七条　本规范由中国连锁经营协会负责解释。

4.2.2 加盟商的权利和义务

与加盟总部的权利和义务一样，加盟商的权利和义务也有法律上的和非法律上的权利和义务之分。对于法律上的权利，加盟商可以通过法律途径维权；对于非法律上的权利，加盟商则很难维权。例如，一些加盟商在正式加盟特许经营体系之前，被加盟总部提供的加盟店预期投资效益所吸引，而正式加盟之后，发现自己的实际收益远达不到原先的预期收益，因此提出拒付特许权使用费或解除合约。这种理由在法律上是不可行的，因为加盟总部并没有承诺加盟店一定可以达到预期收益，也就没有法律上的义务帮助加盟店达成预期收益，加盟店不能因此而拒付特许权使用费或单方解除合约。下面介绍的加盟商的权利和义务，是特许经营行业中被人们普遍认可的权利和义务，并不是法律法规明文规定的"必须"的权利和义务。如果它们没有在一份具体的特许经营合约里被明确写出，则意味着加盟商并不一定拥有这些权利或必须履行这些义务。

4.2.2.1 加盟商的权利

（1）加盟商按合约约定有权使用加盟总部授予的特许经营体系中的商标、商号、专利、经营诀窍等特许权

（2）加盟商有权得到加盟总部的开店支持

（3）加盟商有权得到加盟总部提供的为实现统一性而必需的产品、原料、设备、工具、物流配送等信息

（4）加盟商有权获得加盟总部统一开展的广告宣传和促销支持

（5）加盟商及其成员有权获得各项知识和业务能力培训

（6）加盟商有权获得加盟总部持续开发的特许权更新的内容和后续服务支持

（7）在加盟总部授予的营业区域范围内，加盟商有权享有独占特许权并得到加盟总部的区域保护

（8）加盟商享有与加盟总部对等的终止合约的权利，并对加盟总部的违约行为享有接受补偿和申诉的权利

4.2.2.2 加盟商的义务

（1）遵守运营规则义务

为维护加盟店商品的质量和服务的统一性，提升品牌形象，加盟店的经营方法必须完全遵守加盟总部提供的经营管理手册规定的要求和标准，并配合加盟总部为监督整个特许经营体系所采取的管理行动，根据加盟总部提出的整改意见进行工作改进。

（2）维护品牌形象义务

加盟店要正确使用特许经营品牌，确实保养好店铺建筑、设备及其他供营业使用的一切物品，使之保持清洁和完好状态；维护特许经营体系的信誉，并努力制止各种侵犯特许经营体系合法权利的行为，维护品牌形象。

（3）专心营业义务

加盟店在合同执行期间，必须全力以赴提高该店的经营业绩。除非加盟总部同

意，否则加盟店不得从事其他业务。

（4）保守商业秘密义务

加盟店不得向第三者泄露加盟总部提供给加盟店的经营技术秘密及有损加盟总部利益的信息。加盟店有责任保证其员工不向第三者泄露加盟总部的商业秘密。即使合同期满后，加盟店也需要承担这项保密义务。

（5）按时支付费用义务

加盟商在使用加盟总部的特许权之后，必须按约定的时间和方式向加盟总部交纳特许权使用费和其他相关费用。

（6）其他义务

加盟者在特许经营合约结束时，应把特许权相应标志物退还给加盟总部或将其销毁；加盟总部按合约规定提供给加盟店的经营技术手册和其他文件归加盟总部所有，加盟店负责保存，合同终止后即归还加盟总部；不得在规定期限内参与同业竞争。

美国受许人与经销商协会制定了《受许人权利法案》，并致力于提高特许经营领域与普通大众对此的认识。

小资料4-3

美国受许人与经销商协会颁布的《受许人权利法案》

美国的受许人代表着最佳的美国企业精神，因此承认与需要基本的、最低限度的商业尊严、公正与公平。据此，美国的受许人声明《受许人权利法案》为一个公平与公正特许经营体系的最低要求。

• 享有在特许经营生意中要求公正的权利；

• 享有参与交易或生意的权利；

• 享有特许人的忠诚、善意与公平交易的权利，特许人应致力于其职责，建立一个基于承诺和实际行动的信用关系；

• 享有商标保护的权利；

• 享有市场保护的权利；

• 享有要求特许人充分披露的权利；

• 享有得到初始与日后持续培训的权利；

• 享有获得后续支持的权利；

• 享有获得营销帮助的权利；

• 享有与其余受许人联合的权利；

• 享有陈述与向特许人申诉的权利；

• 享有适用受许人所在地的法律和向法院寻求保护与解决争议的权利；

• 享有合理的更新特许经营的权利，除非有正当的理由，不能因此而被终止合同；

• 享有对等的终止合同的权利；

• 享有合同终止后的竞争权利。

4.2.3 合约终止的责任与处理

如何终止合约及处理赔偿，是许多加盟总部和加盟者都十分关注的问题，这直接关系到双方合作的成败和利益。无论何种原因导致加盟合约中途解除，对加盟者来说，其损失都会更大一些。因为加盟金、保证金，以及花在硬件设备、库存商品等上面的钱可能收不回来，所以加盟者在加盟前要审慎评估，不要因为选择错误而中途解约。对加盟总部而言，主要的损失在于无形资产受损，如品牌声誉可能降低，前期的培训和督导达不到应有的效果。另外，若加盟双方终止合约处理不当，可能带来不良口碑，影响加盟总部以后的业务拓展。为了降低合约终止的风险，加盟双方在签订合约时应仔细斟酌有关条款，协商有关的善后处理事宜，并将处理方法尽量详细地写到合约的条款中。

4.2.3.1 合约终止的正当原因

合约终止的原因主要有两方面：一方面是加盟总部的原因；另一方面是加盟者的原因。不论是哪一方面的原因，合约终止都必须有正当理由；否则，终止方要承担巨大的终止风险。

由于合约终止往往会给加盟者带来巨大的经济损失，国外法律一般都比较偏袒加盟者一方，纷纷出台各种法律限制加盟总部随意终止合约的行为。美国各州先后颁布的通用的和只适用于某一种特许经营的"终止法"就多达90余种，其中对合约终止的正当原因给予了明确规定。例如，华盛顿州对正当原因的规定是：只有在加盟者故意对特许经营合约的同一条款做出了三次重大违约行为，而且加盟总部对此通知了加盟者并给予了纠正机会，但加盟者再次对同一条款故意违反后，加盟总部才能在12个月内终止合约，而不必再做任何通知，也不必再给予加盟者纠正的机会。可见，这些规定对加盟总部终止合约的要求是十分严格的，其目的就是保护加盟者的利益。在特许经营中，加盟者往往投入了毕生的积蓄进行特许经营事业，由于加盟双方力量悬殊，加盟者在特许经营中是比较被动的，无法与加盟总部抗衡。若加盟总部以各种非正当理由终止合约，对加盟者而言是不公正的。法律为了保护弱者，往往对强者一方施加更大的压力和约束。

所以，为了避免在将来的诉讼中处于被动，加盟总部单方面终止合约一定要慎重。国外法律一般将下列情形视作终止合约的正当原因：

①加盟者或与特许经营有关的企业宣布破产，或法院宣布其无清偿能力，或加盟者承认无力清偿加盟总部的到期债务。

②加盟者在合约存续期间连续5天停业，或者在更短的期间内，加盟总部合理地得出加盟者不打算继续经营的结论。但若停业是由于火灾、水灾、地震或其他超出加盟者控制能力的原因造成的则除外。

③加盟者与加盟总部以书面形式一致同意终止合约。

④加盟者在提供的特许经营收入上有重大错误，而该特许经营收入与加盟总部

的利益有直接关系。

⑤加盟者在进行特许经营中严重损害了特许经营制度或声誉。

⑥加盟者在收到其违约的通知的合理期限内，未能纠正其违约行为；或者加盟者的违约行为被纠正后继续发生相同的违约行为，或一再不履行一条或一条以上的特许经营合约条款。

⑦加盟店被政府查封、接管或没收。

⑧法院确认加盟者严重犯罪或犯有与特许经营业务有关的其他刑事犯罪。

⑨加盟者在收到应付费用的通知后5天内，拒不偿付加盟总部或其分支机构的特许经营费用或其他款项。

⑩加盟者继续进行特许经营业务会对社会、公众的健康和安全造成严重危害。

4.2.3.2 合约终止的责任划分

合约终止的原因决定了加盟双方的责任划分与善后处理事宜。若是因为加盟总部丧失了商品的制造、经营及分销权，则合约自动终止，加盟者已支付的加盟金按合约剩余日期的比例由加盟总部返还加盟者；若是加盟总部违反合约任何条款，加盟者亦有权单方面终止合约并向加盟总部要求赔偿，但不限于双倍赔偿保证金；如果是加盟总部或加盟者宣布破产或清盘，合约将自动终止，此时不涉及赔偿问题；如果加盟者于合约存续期间欲解约，须先取得加盟总部的认同，然后约定解约日期，并共同办理解约的相关事项。

我国至今尚未出台有关特许经营的法律，因而对合约终止没有法律规定。相比较而言，国内加盟总部单方面终止合约的风险要小得多。在下列情况下，加盟总部有权在通知加盟店后单方面终止合约而无须承担任何法律责任及做出任何赔偿：加盟店违反合约中的任何条件；加盟店未经加盟总部书面同意，在任何情况下关闭其店铺，或未经加盟总部书面同意而在另一场地经营与该店货品相同的产品（无论何种品牌）；加盟店的任何股东或职员企图阻止任何加盟总部授权人士进入加盟店的营业范围、货仓范围、办公范围；加盟者未经加盟总部同意以加盟总部的名义取得信贷或为加盟总部招致法律责任；加盟店未得到加盟总部的事先书面同意，利用加盟总部拥有的任何商标制造、经营、分销商品；加盟店破坏加盟总部的商标的商誉及形象；加盟店有损害加盟总部商业信誉的行为；加盟店向竞争对手转让特许经营的客户或业务；加盟店在其范围内从事任何零售商品以外的商业或非商业活动；加盟店超过合同约定期限仍未交纳合约规定的费用或其他应付款项；加盟店未经加盟总部书面同意，擅自进行批发业务或将零售价定为超过加盟总部准许的价格；加盟店不按合约或其他文件规定的方针、程序管理企业；加盟店不按合约规定的标准制造、批发和销售产品或服务；加盟店违反中华人民共和国法律等。

虽然国内特许经营加盟总部终止合约的风险较国外低，但加盟总部还是应该尽量给予加盟者纠正违约行为的机会。当加盟者违约时，加盟总部应及时地向加盟者发出书面的违约通知，指出违约的内容，限加盟者在合理的时间内纠正。若加盟者一再违约，加盟总部才能采取严厉的措施，甚至走上法庭。同时，在特许经营过程中，加盟双方在法律地位上是平等的，没有从属关系。加盟者是独立的商人，是独立的签约人，因此，加盟总部对加盟者的业务指导不能采取强制、命令的手段，不能剥夺加盟者对其企业经营管理的权利，或者动辄以不展期或终止合约对加盟者进行威胁。

合约期满不获续期或由于任何原因终止后，加盟店必须做到：支付应付的款项给加盟总部；停止经营，并不可对任何人或公司声称属于加盟总部的一部分；停止使用加盟总部的商标或与之相类似的商标或记号；将所有关于加盟总部及加盟店名称的宣传招牌拆毁；继续遵守合约的条款，特别是有关保密的责任。如加盟店不遵守合约的任何条款或违反合约的任何条款而导致加盟总部单方面取消合约及终止提供产品给加盟店，加盟总部将保留向加盟店追究赔偿及采取法律行动的权利。

4.2.3.3　合约终止的处理

合约终止必然涉及加盟金及保证金的处理。若加盟总部以正当原因终止合约，则加盟者的加盟金和权利金一般不需要退还给加盟者，保证金视加盟者违约程度退还。若加盟总部以非正当原因终止合约，加盟金将根据剩余的日期按比例由加盟总部返还给加盟者，还要全额退还保证金，有些国家法律还规定加盟总部必须加倍赔偿加盟者的损失。

（1）加盟总部标志物品的处理

在合约期满或因任何原因合约被终止之后的约定期限内，加盟总部有权免费收回按合约规定由加盟总部免费提供给加盟店的所有物品。加盟店应将有关物品，包括有关的宣传材料、运营手册、经营手册、文具、发票、表格、设计图样及记录退回给加盟总部。

（2）设备设施的处理

若合约未明文规定禁止竞争的条款，即多少年以内不得在原地点或同商圈经营相同的行业，则硬件设备设施的投资，如装潢、招牌、陈列柜台、运营设备等的报废损失或折让损失，需由加盟者自行承担。若经营设备属于租赁，则加盟总部派专人查看设备损坏与否，扣除折损部分后将抵押金退还给加盟者。

（3）库存商品的处理

若加盟总部不愿代为处理已买断的库存商品，则加盟者自行处理并承担商品折价、报废、损失与处置费用；若由供应商或加盟总部寄卖商品，则可办理退货。

（4）结算

加盟者必须结清须支付给加盟总部的费用，如商誉费、促销分摊费、商品进货费、杂项行政用品费等。此外，还有客户后续服务成本，因加盟店中途解约未能对客户提供后续服务，其成本须由加盟总部来承担，包含后续费用、主动告知客户的费用。

考虑到加盟双方合约终止的可能性始终存在，因此，所有的要求都必须事先在合约中清楚地说明，不应该有所遗漏或陈述不清，以免将来引起麻烦。

小思考4-2　特许经营合约终止后加盟双方还要履行权利和义务吗？

4.3　签订特许经营合约的注意事项

案例4-3

北京爱乐祺文化发展股份有限公司特许经营合同纠纷

【案件摘要】2019年12月25日，原告（乙方）与被告（甲方）签订了特许加盟协议书，许可开始日期为2019年12月25日，许可终止日期为2022年12月24日。2020年4月17日，原告通过微信向被告员工发送了解除《特许加盟协议书》通知，原告方主张，受新冠肺炎疫情影响，无法从事经营活动，协议中约定的工作无法开展，且目前仍不能确定恢复时间，且自合同签订后，被告方未按照《特许加盟协议书》履行协议，无法确定何时可以开展加盟后的一系列服务。为证明以上主张，原告方提供了一系列关于疫情防控措施的证据，包括：《关于宜昌市区公共交通管制的通告》《关于加强新型冠状病毒感染的肺炎疫情防范工作的通告》《关于严禁任何校外培训机构近期以任何形式开展线下培训的紧急预警》等。

【法院观点】新冠肺炎疫情出现之后，一方面，由于交通管制措施，原告至少在2020年3月25日之前不具备返回贵阳市开展特许经营业务的条件；另一方面，虽然涉案合同未限定开展的教育培训必须为线下形式，但是基于行业一般情况以及原、被告关于选址开店的表述，线下培训至少是涉案协议书及补充协议约定的主要培训形式，由于其人员密集的特点，在当时的防控措施下确实无法正常运营，连选址、装修等工作都明显受到阻碍，因此，新冠肺炎疫情与原告无法履行涉案协议书及补充协议具有因果关系。根据不可抗力对于合同的不同影响，其阻碍合同履行的情形也包括全部不能履行、部分不能履行、永久不能履行或者一时不能履行等。因涉案协议书及补充协议并未对第14.2.2条中约定之不可抗力做进一步限定，故不应对其进行限缩解释，应当包括多种情形的不可抗力。现虽无证据证明新冠肺炎疫情已导致涉案协议书及补充协议永久丧失了履行可能，但其在涉案协议书及补充协议订立之初确已严重阻碍原告的正常履约，理应属于涉案协议书第14.2.2条约定的不可抗力。根据查明的事实，该种状态持续的时间明显处于协议签订之日起的90日内，故已经符合涉案协议书第14.2.2条约定的解除条件。

总结：若当事人仅凭单一的疫情和防疫措施对合同履行的影响作为解除合同的理由，法院在认定过程中有较为严苛的标准，需要同时考察合同签订的时间点、当事人经营的业务类型、是否确实对当事人的经营生产业务造成影响，还应提交直接影响合同履行的政策证明文件。

资料来源：作者根据相关资料整理。

目前，关于特许经营纠纷的案件不断增加，特别是防控新冠肺炎疫情期间，实体店的生意很艰难。同时，由于我国特许经营发展不成熟，加上我国相关法律法规还不完善，一旦发生特许经营纠纷和侵权案件，受害者无论是加盟总部还是加盟者，都要倾注大量精力进行维权。这种维权行动要在法律上掌握主动，加盟双方除必须清楚国内特许经营管理条例外，在合约的签订上也要十分慎重，以防出现合约漏洞而让人钻了空子。

4.3.1　关于特许经营合约的形式

为了尽量简化特许经营手续，许多特许经营体系的合约是一份由加盟总部制定的标准化合约，加盟者一般无权进行修改。由于一个系统内加盟总部开展的加盟方式不同，有些规定也不一样，因此，除了标准的主合约外，加盟总部还需要仔细考虑与加盟者签订哪些辅助合约。标准合约虽然已经详细规定了加盟双方的权利和义务，但靠一份合约很难完全说明加盟过程中方方面面的问题。有些管理文件虽然没有写进主合约中，但必须在辅助合约中约定，这些文件也要视作加盟合约的辅助条款，双方必须遵守执行。

就店铺租赁合约来说，一般情况下，建议加盟总部不要与加盟者进行某些资产方面的交易，因为这意味着又多了一层风险。但实际上，一些加盟总部可能会因为各种原因卷入某些资产方面的交易，这时不可避免地要与加盟者签订另一份有关营业场所出租或转租的合约，这种合约将成为双方特许经营的辅助合约。这种情况的出现往往出于以下原因：

①加盟总部已经是一个拥有多家分店的经营者，它实施的内部创业制度可能将一些本来由加盟总部拥有的直营店转换成加盟店。此时，加盟总部仍然是该营业场所的所有者或承租人，它的做法是将营业场所出租或转租给所选定的加盟者进行特许经营，此时涉及门店的租赁合约，双方必须在此方面做进一步商讨。

②一些加盟总部可能会制定某些政策，即为了使加盟者获得合适的营业地点，它会买下该地点的营业场所或成为其承租人，然后再将其出租或转租给加盟者。另外，一些地点可能必须由加盟总部来签订出租合约，因为有些物业所有者认定必须与加盟总部打交道才行，加盟者无法凭借自己的力量在该地点营业。加盟总部若认为该地点值得拥有，可能会先租下来，然后将该地点转租给加盟者。

③某些稀缺位置的特许经营加盟店可能会有不可替代的作用，或适合加盟总部用来开设旗舰店，而拥有此位置所有权或承租权的加盟者也就因此变得更有价值，或成为其他竞争对手抢夺的对象。该加盟者一旦离开了特许经营体系，加盟总部将很难再在该地段找到同样合适的位置。因此，加盟总部可能希望尽可能拥有该位置的所有权或承租权，以便在加盟者退出的情况下仍能继续使用该位置经营。

除了上述营业场所出租或转租合约以外，加盟总部还可能与加盟者签订其他附属协议。如设备租赁协议，在很多情况下，加盟总部的特许经营体系都包含某种特殊的拥有专利权的设备，加盟总部一般将它出租给加盟者而不愿出售给加盟者，这就需要签订一份设备租赁协议。它有两种操作方法：第一种是由租赁公司将设备出租给加盟者，加盟总部从中收取一定的佣金；第二种是加盟总部将自有的设备出租给加盟者，从中收取租金。设备租赁能大大降低加盟者的初始投资成本，是目前特许经营中一种比较普遍的做法。

其他附属协议，如全面弃权书，是加盟者在签订续约协议、转让特许经营协议或转让他在加盟店中的股份时都必须签署并执行的一份协议。这份协议将使加盟者不能向加盟总部提出所有现在已经存在或潜在的索赔或权利要求。此外还有雇员非竞争和不泄密协议，是加盟店的所有雇员都必须执行的协议，以确保向这些雇员传授的所有技术都得到保密，它将向加盟店所有雇员施加非竞争约束和限制。

总之，特许经营合约不是加盟者在被授予特许经营权时所签订的唯一文件，加盟总部可以根据自己想要得到的法律保护程度、加盟双方关系的性质以及特许经营体系所处的行业规则来决定辅助合约的签订。

4.3.2　关于特许权组合

特许权组合不仅关系到特许经营体系的经营模式，是市场竞争中区别于竞争对手的竞争力的体现，也直接关系到特许经营费用的计算。特许权组合是整个特许经营合约的关键内容，其他所有条款都是围绕这一核心而展开的，因而有必要认真设计。

4.3.2.1　合约中的特许权组合内容

（1）商标、商号及所有商业标志

在任何特许经营体系中，与加盟店有关的商业符号以及商誉都是一个特许权组合的重要部分，包括商标、商号、开发出来的营业场所的设计和装饰等。合约应注明加盟总部是所有商业标志的拥有者，并详细列出加盟者使用商业符号的规定和保护商业符号的义务。

（2）经营诀窍和操作程序

合约应详细规定加盟者使用所有商业符号、操作手册、产品、服务等的方法以及其他相关的经营方法。加盟总部应建立特许经营体系的统一标准，包括店址、装饰、菜单、制服、陈列、装置、设备、招牌等有关特许经营的各个方面；允许加盟者在限定条件下使用已经成熟的经营模式，包括加盟总部开发出来的商业秘密、经营诀窍、食谱、公式、规范、流程、制造方法等。

（3）各种开业前和开业后的服务

加盟者享受的服务包括开店前的培训服务、招募新员工服务、选址评估服务、开业指导服务等各种支持服务，也包括在特许经营关系存续期间加盟总部为加盟者提供的不间断的后续服务，还包括从加盟总部指定的供货商处以特定的价格获得优惠，特许经营系统的规模效应可以使加盟者获得独自购买时享受不到的好处。

（4）特许经营设施与代理服务

许多加盟总部会向加盟者出售或出租相关经营设施，并提供一些代理服务。在这种情况下，加盟总部应做出有关规定，包括索要和支付价款的要求、物品交送程序和保证条款等。如果用于业务经营的标准化设备未包含在特许权组合内，加盟总部应该给予加盟者设备选择方面的建议，并协助加盟者以优惠价格购买合适的设备。一些加盟总部会提供一份关于可购买设备的品牌、型号、产地的清单让加盟者自己选择。

4.3.2.2　关于未来新技术引进的问题

随着科学技术的发展，应用于连锁经营的现代技术越来越多，也越来越先进，这些技术的确为提升特许经营体系的整体竞争力起到了关键作用，因而也被加盟总部列为特许权组合要素之一。在签订特许经营合约时，一些新技术尚未得到广泛应用或尚未被引入到该体系中，但这些技术将来会被引入到该体系中，因而，很多加盟总部不得不考虑在未来引进新技术的可能性，这些新技术的引进最好能反映在现有的合约中。例如，连锁经营目前普遍使用POS系统，该系统可以实现多种功能，诸如存货控制、毛收入记录和收入分类等，通常会有一个与加盟总部电脑相连的局域网，该网能向加盟总部提供加盟店每月的收入数据。如果加盟总部在最初特许权组合中提供这些服务，那么毫无疑问会受到加盟者的欢迎，但如果加盟总部事后要引进这样一个系统，则加盟者还需要付出一笔额外的费用，这意味着加盟总部要向加盟者说明引进该技术的理由和成本支出。因此，加盟总部可以在特许权设计时就将这一部分考虑进去，向加盟者说明未来发展可能需要追加的投资和运营费用，以便加盟者在承担义务之前能根据获得的信息做出一个综合分析。

4.3.2.3　关于特许权组合的更新问题

在未来的特许经营中，加盟总部提供的特许权组合并不是一成不变的，它需要加盟总部在实践中不断地加以修正和改进，并将改进的结果推广到整个特许经营体系中，这就涉及特许权组合的更新问题。一般而言，如果特许权组合的更新能对加盟者产生立竿见影的效果，加盟者是很乐意运用的。但有些更新很难产生短期效益，只有在较长的时间里才能产生收益，有些更新甚至只是加盟总部的一厢情愿，并不是加盟者要求的，于是这种更新就有可能受到加盟者的抵制。

例如，加盟总部决定将整个加盟体系"换新面"，即推行新的商店形象。它涉及加盟者完全改装他的店面以适应新的要求，所需费用可能等于或多于初始建设的花费。加盟者当然能决定他不在哪些项目上进行更新，不管是因为加盟总部不能证明这种更新带来的追加投资对加盟者而言是值得的，还是因为加盟者不能筹集到所需要的资金，即他的财力不足以支撑他做这种更新。因此，为了保证特许经营业务的竞争力和现代化，加盟总部可能需要在合约中事先对此加以说明。

在合约中对未来可能出现的特许权组合更新进行说明，这件事情本身是可以理解的，但它的实施方式却可能不公平，因为加盟者可能要为未来不可预期的事情承担义务，这在法律上有些行不通，但在特许经营实践中又广为流行。因此，加盟总部在对特许权组合做任何更新时都必须注意以下问题：

①特许权组合更新的内容必须在实践中已经提前测试过，并能证明其对加盟店

的业绩提升有效。加盟总部不能将一个头脑中想象的、未经过实践检验的更新强加给加盟店。

②特许权组合更新的内容在测试时应该以足够数量的代表网点为基础，并确保结果有可比性，以使加盟者能够根据充分的信息做出选择。

③为了帮助加盟者进行特许权组合更新，当费用大到加盟者无法承担的时候，加盟总部有责任协助加盟者与银行达成融资或再融资的协议。

④无论理由多么充足，特许权组合更新也不应该频繁地进行，因为这可能导致加盟者不能收回投资并获得合理的利润。

⑤为了保持特许经营的竞争力和对顾客的吸引，加盟双方可以在合约中约定每过数年就进行有关形象的更新工作。该规定的执行需要加盟者参与，通过对营业场所和设备进行定期的现代化升级，可以保持特许经营对消费者的吸引力。

4.3.3 关于合约中的"冷静期"条款

《商业特许经营管理条例》（以下简称《条例》）第十二条规定："特许人和被特许人应当在特许经营合同中约定，被特许人在特许经营合同订立后一定期限内，可以单方解除合同。"本条是对被特许人的保护条款，也是对特许经营"冷静期"的规定。在特许经营合约签订之前，由于双方在谈判实力、经验方面的差别，或者由于被特许人受到某些误导，可能导致被特许人一时冲动而决定签约，从而没有反映被特许人的真实意图。因此，本条明确规定特许经营合约中必须约定一个"冷静期"，以缓冲一下被特许人的投资冲动，使其平静下来认真斟酌，并赋予其在对特许人有了进一步了解后可以反悔的权利，以便更好地保护自己的利益。因为这种无条件的单方解除权是法律赋予被特许人的，即使合同没有约定，被特许人也应当享有这个权利。

但是，《条例》并没有明确规定"冷静期"的具体期限，冷静期过短不利于保护被特许人，达不到立法初衷；冷静期过长有可能导致被特许人滥用，损害特许人的合法权益，有悖于公平原则。被特许人行使本条规定的合同解除权的期限应当考虑以下因素：第一，由于本条规定的合约解除权属于悔约权，而并非违约特权，那么，如果特许经营合约中有明确的约定，应当按照合约的约定行使该项权利；第二，在特许经营合约中没有约定的情况下，被特许人应当在未行使特许经营合约主要权利之前行使该项权利，如使用特许人特许经营资源前、销售特许人商品或提供服务前、加盟店开业前等。

目前已经出现了多起类似诉讼案例。加盟双方签订了特许合约后，加盟者参加了总部的专业课程培训，并取得了相应的结业证书。培训完毕后，加盟者以自己加盟时机尚不成熟为由，要求解除合约并对簿公堂。无论被特许人何时提出单方解除合约，对于特许人来说，均会产生一定的损失，有可能造成特许人商业秘密的泄露、其他潜在客户的流失等。

因此，特许人需小心谨慎，首先，尽量在特许经营合约中明确约定"冷静期",但时间不宜过长,结合国外立法经验,3~7天应该是比较合理的。其次,特许人在与被特许人签订加盟意向书后,或者在向被特许人提供专业培训之前,应及时与被特许人签订商业秘密保护协议,以防止部分加盟商以签订加盟合作协议为幌子,再以"冷静期"为由任意解除合约,合法窃取公司商业秘密。再次,在约定的解除期限届满前,在不违背《条例》所规定的信息披露义务的情况下,应尽可能地保护自己的核心商业秘密,避免被特许人在获取相应的经营资源后利用这一条解除合约。最后,在特许经营合约中约定损失赔偿条款。这一金额可以根据特许人为签订和履行该合约支付的相关费用来设定,比如,特许人对被特许人进行考察的费用、已经进行的培训服务费等。同时,在合约中也应明确约定合约解除后应退还的加盟费、保证金的金额,至于金额多少可以由双方在签订合约时事先确定。这样的处理方式,既公平合理地维护了双方的权利,又符合法律规定,而且也能在一定程度上防止被特许人滥用单方解约权。

4.3.4 关于区域限制问题

在特许经营合约中,一般应详细规定加盟者只能在一定的地理区域内从事营业和促销活动,这既是对加盟者经营活动的一种区域限制,也是对加盟者的一种区域保护。地域界定可以按地理位置划分,也可以按行政区域划分,一般用地图标明。加盟总部实施区域限制,主要是为了对各地区的特许经营业务进行有效的控制和管理,也是为了防止加盟者之间互相残杀,从而保障加盟者的经济利益。在合约中设置此条款内容时,既要考虑加盟双方的利益,也要注意不能与有关的法律法规相冲突;否则,可能招致加盟者的反对和投诉。

对于区域限制条款,主要有以下几种类型:

①加盟总部将某一区域授权给某一加盟者经营,限制其他的加盟者进入该区域,加盟总部自身也不能在该区域开设直营店。

②加盟总部将某一区域授权给某一加盟者经营,限制其他的加盟者进入该区域,但加盟总部自身可以在该区域开设直营店。

③加盟总部规定加盟者只能在合同确认的营业场所内经营,不得在其他位置经营。

④加盟总部规定加盟者在经加盟总部同意的前提下可以迁移至该区域内其他可能的营业场所营业。

⑤加盟总部允许加盟者在限定的区域内的任何地方开店经营,在此区域内不受限制。

⑥加盟总部规定加盟者不得超出限定区域去招揽顾客,但不能禁止加盟者对来自限定区域外的顾客提供服务。

⑦加盟总部规定区域加盟者禁止向其所分配地区外销售特许权。

与区域限制类似的条款是其他竞争限制,加盟总部也要考虑这方面的内容并做出规定。例如,加盟者不能在产品、服务的提供过程中制造、销售或使用与加盟总部产品有竞争性的产品；加盟者不能在一个地区内直接或间接地建立一个相似的企业而使加盟总部或特许经营体系内的任何加盟者的利益受损；加盟者不能从竞争者的投资中获得收益。这将促使加盟者利用自己的力量去影响竞争者的经济行为等。

由于不同企业的区域限制和竞争限制内容不一样，因而有关条款的内容也不一样，加盟总部在设计合约条款时要仔细斟酌，以免将来出现纠纷。

4.3.5 关于商品搭售问题

在特许经营合作关系中，一旦加盟双方签订特许经营合约，加盟者就有权得到加盟总部的产品或服务项目，加盟总部就有义务按合约规定的标准生产、加工产品并根据加盟者的需求及时供应，同时对所有的加盟者不能搞优先待遇或歧视待遇。然而，这并不是说加盟总部有权限定加盟者出售的商品价格和有关配件商品的来源，因为这在很多国家是违法的。虽然中国尚未出台这样的法律，但加盟总部了解这一点还是很重要的。

许多国家的法律规定，加盟总部无权影响或决定加盟者向顾客销售商品的价格，限定价格的行为是违法的。当然，在实际操作中，许多加盟者会发现这些法律和法规通常是不太灵光的，约束力不够。例如，如果麦当劳推出一次全国性的广告，宣传它的一种汉堡只需99美分，不论哪一个加盟者不参加这项活动，都会遭到顾客的歧视。虽然相关的法律可以保护加盟者完全有权利选择参与或不参与这次促销，但加盟者若不参与这次促销活动，就会感到巨大的压力。

加盟总部要了解的另外一种违法行为是商品搭售。加盟总部向加盟者出售一种加盟者需要的商品，如汽车（销售商品），同时要求加盟者购买一些附加的产品，比如轮胎、电池（搭售商品），但是加盟者并不需要或可以通过其他方式购买。如果加盟总部告知加盟者必须在购买汽车的同时购买轮胎、电池和其他附件，这就是商品搭售。商品搭售在欧盟及美国都被认为是违法行为，但如果加盟总部有正当理由，搭售也是允许的。这些理由可以是：

①加盟总部为保证其产品的质量标准，商标、商号的信誉，同时，其他来源的产品和原料不符合质量标准；

②一个新的产品进入市场，为提高该产品的信誉，保证质量；

③为保护加盟总部的技术诀窍。

事实上，加盟总部统一出售附加产品，也会面临有关产品责任风险，如由产品质量问题、配送不及时等引发的赔偿责任。严重时，可能由于产品责任而引发特许经营体系的不稳定，甚至导致特许经营合约被解除。有的加盟总部采用由第三方（关联公司或指定供应商）统一提供附加产品，在产品供应体系和特许经营体系之间设置"防火墙"，这在一定程度上可以减轻产品责任风险。同时，将附加产品的生产和配送交由第三方负责，加盟总部可以更加专注于特许经营体系其他方面的建设，这在一定程度上有利于特许经营体系的稳定和发展。通常，在特许经营合约中，加盟双方应该约定被特许人是否必须从特许人（或其关联公司、指定供应商）

处购买产品及相关的产品价格、购买条件等，被特许人是否可以选择其他供应商、供应商应具备的条件，以及违约责任等内容。

另外，有些行业的产品生产需要具备一定的资质和条件。例如，我国《化妆品监督管理条例》第四条规定，国家按照风险程度对化妆品、化妆品原料实行分类管理。化妆品分为特殊化妆品和普通化妆品。国家对特殊化妆品实行注册管理，对普通化妆品实行备案管理。化妆品原料分为新原料和已使用的原料。国家对风险程度较高的化妆品新原料实行注册管理，对其他化妆品新原料实行备案管理。第六条规定，化妆品注册人、备案人对化妆品的质量安全和功效宣称负责。化妆品生产经营者应当依照法律、法规、强制性国家标准、技术规范从事生产经营活动，加强管理，诚信自律，保证化妆品质量安全。有的美容特许经营企业自身没有生产化妆品的资质和条件，而是采用委托加工的方式生产化妆品，并在特许经营体系中统一配送。若被委托生产的企业也没有生产资质，或者生产没有批准文号的特殊用途的化妆品（指用于育发、染发、烫发、脱毛、健美、除臭、祛斑、防晒的化妆品），那么，该专有产品的销售和配送行为不能得到法律的保护，产品供应合同可能被认定为无效。如果加盟店拒绝采购不合法的产品导致加盟店不能正常经营，加盟者可以解除特许经营合约。

4.3.6　关于签约主体问题

目前，在特许经营体系中，经常出现加盟者签约主体与实际经营主体不一致的情况，由此而导致的纠纷成为近年来比较突出的问题之一，值得加盟总部高度重视并防范。

例如，国内某早教品牌与加盟商发生了争议，但在委托他人进行处理的过程中加盟总部发现，当初作为加盟者签订特许经营合约的公司早已注销，现在的门店是签约主体的实际控制人以个体工商户的名义在经营。加盟总部希望解除特许经营合约，本来可以依据签约主体已经不存在主张合约终止，但该加盟总部在经营过程中，多次致函对方的个体工商户，并向其出具以个体工商户为交款人的收取特许权使用费的发票，这就表明加盟总部已经知晓对方主体已变更，而收费和开票的行为实际上承认了其作为加盟商的地位。这样就很难再以合约相对方主体已不存在为由主张合同终止，使得处理纠纷的难度大大增加。

上述情形普遍存在，往往成为特许经营纠纷案件的焦点。因此，加盟总部在特许经营中，一定要注意分清加盟者和加盟店经营机构的区别和联系。常见的情况是，签订特许经营合约的加盟者通常是自然人。作为自然人的加盟者，通常是在获得特许经营授权后，才会设立加盟店的营业机构，该营业机构可能是个体工商户，也可能是有限责任公司，或者其他经营组织形式。也有一种情况是，签约的加盟者为一家公司，实际经营门店的是另一家公司，这两家公司往往控股股东或实际控制人相同，或者签约的主体已经注销，现在门店由同一控制人新设立的主体经营。

签约主体与实际经营主体不一致会给加盟总部带来一系列困扰。例如，这样是否算加盟者发生了变化？这种变化是否构成加盟者违约？加盟总部是否要承认实际经营主体的加盟店资格？由于该公司不是合同签约方，如门店发生违规行为，如何追究该公司的责任？在经营过程中，加盟总部发函的相对方究竟应是签约主体还是实际经营主体？如果发给实际经营主体，是否就表示追认了其作为加盟商的法律地位？

事实上，特许经营合约中很多权利和义务是指向第三方加盟店经营机构的。但根据相关的法律规定，如果没有第三方的同意或者事后确认，合约为其设定的权利和义务对其是不具有约束力的，也就是说加盟总部将面临特许经营合约不能约束加盟店的法律风险。为了解决上述问题，一定要在特许经营合约中明确约定，加盟者有义务在一定时间内完成加盟店经营机构的设立工作，并在加盟店经营机构成立后，由该经营机构对特许经营合约进行确认，即由加盟店确认特许经营合约对其具有约束力。同时，合约也要说明，签约自然人应承诺与经营公司承担连带责任。为避免作为签约主体的加盟者任意注销，在特许经营合约中应约定，未经加盟总部书面同意，加盟者主体地位不能变更，同时加盟总部应在签约时将所有加盟主体证明材料妥善存档。

小思考 4-3　特许经营体系中的商品搭售在什么情况下是被各国政府所允许的？

本章小结 ☑--------------------------------------●

特许经营中加盟总部与加盟者的关系，实际上是一种契约关系，而非雇佣关系，要维系这样一种关系，纽带只有一个——特许经营合约。特许经营合约是加盟双方为明确各自在特许经营关系中的权利和义务、确定双方的特许经营关系而签订的一种法律契约。作为分别独立的经济实体，加盟总部和加盟者对外独立享有各自的权利和承担一定的义务。超市场交易性质、管理制度契约化、法律关系多元化决定了特许经营合约的复杂性。特许经营合约包含主合约和一系列辅助合约，由于每一个特许经营系统的经营内容、经营方针、服务能力等不尽相同，因此，合约的内容也千差万别。但是，作为一份特许经营主合约，在内容上都是规定加盟总部与加盟者双方的权利和义务的。加盟双方的权利和义务都是有限的，法律上的权利和义务与非法律上的权利和义务是有区别的，不能相互混淆。作为加盟总部和加盟者，在签订特许经营合约之前，需要明确自己法律上的权利和义务，明确什么是必须做的，什么是应该做的。双方在权利和义务上达成一致，才能在未来的经营中减少冲突和纠纷的发生。加盟双方在签订特许经营合约时，要特别注意特许经营合约的形式问题、特许权组合问题、区域限制问题、商品搭售问题和签约主体问题。

主要概念和观念 ☑ ···●

特许经营合约 主合约 辅助合约 单体特许经营合约 区域特许经营合约 超市场交易 特许权组合

基本训练 ☑ ···●

□ 知识题

1.为什么说特许经营合约具有复杂性特点？它与一般的商品销售合约有什么不同？

2.特许经营合约有哪些类型？

3.加盟总部在签订特许经营合约前需要做哪些法律准备？

4.特许经营主合约的主要内容是什么？

5.加盟总部和加盟商的权利和义务是什么？

6.特许经营合约提前终止后，加盟双方的责任如何划分和处理？

7.签订特许经营合约后，特许权组合更新问题如何处理？

8.合约中如何约束将来可能出现的签约主体与实际经营主体不一致的现象？

□ 技能题

1.试着从网络上寻找一家特许经营企业的标准加盟主合约，并总结其基本内容，分析加盟双方各有哪些法律上的权利和义务。

2.尝试为一个便利店特许连锁体系撰写一份特许经营主合约。

□ 能力题

1.案例分析

未实际利用特许经营资源，特许经营合约能否解除？

2020年8月4日，原、被告签订特许经营合同。双方约定，被告将其拥有的某汉堡品牌经营资源许可原告使用，原告在被告统一经营体系下从事经营活动，双方约定合同期限五年，自2020年8月2日至2025年8月1日，原告支付被告加盟费贰万玖仟捌佰元。合同签订后，原告注意到被告实际的经营能力、品牌的管理能力以及对加盟商的扶持力度均与前期宣传内容不一致，其他已经开店的加盟商多数出现亏损，原告也未实际利用被告的经营资源，鉴于上述情形，依据《商业特许经营管理条例》等有关法律规定赋予的冷静期解除权，原告于2022年7月5日向被告寄送解除特许经营合同律师函，明确要求解除合同，返还加盟费，通知于2022年7月7日签收，但被告未予理睬。

上海市宝山区人民法院认为，原告与被告签订的特许经营合同依法成立并生效，具有法律约束力，双方均应按约履行各自义务。

原告主张，被告未按合同第二条第三款约定披露特许经营相关信息，未提供任何书面材料，被告构成违约。但该条内容为"乙方确认在签订本协议时，甲方已依法向乙方提供并披露了特许经营的相关信息，乙方确认已全部知晓作为被特许人所应当了解的特许人信息。甲方披露信息除本合同约定外，还包括特许人目前的特许、财务、经营状况等"，与原告诉称被告未履行任何信息披露义务的说法不符。2022年6月29日，原告曾质疑被告的特许经营资质，被告随即出具了相应备案证明，此外没有其他证据显示原告还要求被告履行合同相关的其他信息披露义务，故原告以此为由主张解除合同，并要求被告支付违约金，缺乏事实依据，本院不予支持。

关于原告根据《商业特许经营管理条例》第十二条规定主张解除涉案合同。该条规定，特许人和被特许人应当在特许经营合同中约定，被特许人在特许经营合同订立后一定期限内，可以单方解除合同。本案中，虽然原告至今没有开设加盟店，但双方签订涉案合同后，被告已对原告进行了店铺运营培训，并派员提供了店铺选址指导，双方就涉案合同已进入实际履行阶段。2022年6月底，原告才明确要求解除合同并退还加盟费，此时距离双方签订合同已近两年时间，合同期限已超过三分之一，显然已超过原告能够充分考虑是否需要履约的合理期限，原告主张适用关于"冷静期"的规定解除涉案合同的意见，本院不予采纳。

原告有权根据《中华人民共和国民法典》第五百八十条的规定请求法院解除涉案合同。该条规定，当事人一方不履行非金钱债务或者履行非金钱债务不符合约定的，对方可以请求履行，但是有下列情形之一的除外：（一）法律上或者事实上不能履行；（二）债务的标的不适于强制履行或者履行费用过高；（三）债权人在合理期限内未请求履行。原告向被告发函并起诉提出解除合同的请求，明确表示其不再履行涉案合同，而原告利用被告的经营资源开设加盟店进行特许经营，属于不适于强制履行的合同债务，涉案合同目前已处于僵局状态下，合同目的无法实现。因此，根据上述法律规定，本院可以依据原告诉请终止涉案合同权利义务关系，认定涉案合同于原告诉请送达被告之日即2022年7月21日解除。

涉案合同解除后，考虑到原告基于合同约定占用了被告一定时期、一定范围的经营资源，且被告已为原告提供了店铺运营培训和店铺选址指导，实际履行了合同部分义务，故本院将据此酌情确定被告应当返还的加盟费金额。

资料来源：作者根据相关资料整理。

问题：（1）该案例为什么不能适用关于"冷静期"的规定来解除涉案合同？合同最后是依据什么法律解除的？

（2）该案例纠纷给特许人和被特许人提供了哪些警示？

2.社会实践作业

（1）试从互联网上收集国外有关政府和协会对于特许经营合约的管理约束条件。

（2）做一项加盟商调查，了解加盟商对自身和加盟总部的权利和义务有什么样的认识，以及对国家相关政策和管理规定的了解程度。

第5章
招募与培训加盟商

学习目标 ☑ ------------------------------------- •

知识目标
• 了解招募加盟商的具体方式及加盟速度的控制方法；
• 掌握加盟总部招募推广文件的具体内容及撰写技巧；
• 了解招募加盟商的程序和甄选加盟商的条件；
• 掌握加盟商培训内容设计和培训方法选择。

技能目标
• 能设计加盟总部网站的基本内容，并突出某特许经营体系的优势所在；
• 学会设计加盟商开业前培训计划，包括设计培训内容、选择培训方法和设计培训流程。

能力目标
• 能分析适合加盟总部的招募渠道，并设计招募宣传书；
• 能分析某一个潜在加盟商的素质水平，并判断其是否适合某一特许经营体系。

5.1　加盟商招募计划

案例 5-1
塔斯汀为抢占先机，释放新一轮加盟区域

塔斯汀创立于 2012 年。作为手擀现烤中国汉堡的开创者，塔斯汀以汉堡为载体，融合中国传统面点技艺和饮食风味，赋予西方美食一张东方面孔。截至 2024 年 12 月，塔斯汀加盟数量达到 8 000 多家，覆盖全国 300 多个城市，会员数 1.9 亿。当前，塔斯汀 2025 年新一轮加盟区域释放，主要面向商场、学校、社区、交通枢纽、景区等多种类型点位，根据实际提供档口店、玲珑铺、寻常店、品宣阁等多样店型选择。

塔斯汀招募加盟者的渠道主要有以下几种：

1.线上渠道

（1）官方网站：在塔斯汀的官方网站上通常会有专门的加盟板块，详细介绍加盟条件、费用、流程等信息，还可能提供在线申请表格，方便潜在加盟者提交申请。

（2）社交媒体平台：通过微信公众号、微博、抖音等社交媒体平台发布加盟信息，展示品牌优势、产品特色、加盟政策等内容，吸引潜在加盟者的关注。例如在微信公众号上发布详细的加盟指南，解答常见问题。

（3）加盟小程序：如"塔斯汀加盟盟狮汇"小程序，加盟者可以进入小程序登记信息，了解加盟动态、查询区域名额情况等。

2.线下渠道

（1）招商会：举办线下招商会，邀请潜在加盟者参加。在招商会上，塔斯汀会详细介绍品牌的发展历程、市场前景、加盟政策等，还会安排现场答疑环节，解答加盟者的疑问。

（2）商业展会：参加各类餐饮行业展会、商业展会等，在展会上设置展位，展示品牌产品和加盟信息，与潜在加盟者进行面对面交流，了解他们的需求和意向。

（3）区域拓展团队：塔斯汀在全国各地设有区域拓展团队，他们会主动联系当地的商业项目方、物业方等，推荐加盟机会，同时也会在区域内进行宣传推广，吸引潜在加盟者。

（4）现有加盟商推荐：鼓励现有的加盟商推荐身边有意向的合作伙伴，对于成功推荐的加盟商，塔斯汀可能会给予一定的奖励或优惠政策。

（5）与商业机构合作：与商业地产开发、商业管理公司等建立合作关系，由他们推荐合适的加盟者。这些商业机构通常有丰富的资源和渠道，能够帮助塔斯汀找到合适的加盟者。

为做好新加盟业主的服务，实现互利共赢，塔斯汀总部将为加盟者提供如下多种加盟服务和赋能支持：

一是招商支持。专业政策解读，明晰各项费用，协助科学选址，助力理性决策，从咨询到开业提供全流程服务。

二是开发选址。围绕商圈人流、消费水平、市场竞争等多个维度评估铺面，铺面审核时采用多重把关机制。

三是建店服务。专业方案输出，合理店内布局；协助门店验收，跟进整改闭环；追踪消杀报告，降低门店风险。

四是训练运营。提供不少于30天的专业训练；新业主和骨干，理论实践双考核；确保后续排班、订货、出餐顺畅。

五是市场策划。协助门店进行试营业活动策划，指导门店做好前期的蓄客准备，积累丰富的活动案例，助力经营。

六是运营帮扶。开业前协助设备下单、物料订货，开业后协助门店做好QSC的执行，协助经营业绩提升、操作指导等。

七是外卖赋能。新店期大于45天的1对1带教培训；定期诊断外卖指标，协助提升；定期营销造节，带动顾客复购。

资料来源：塔斯汀. 区域招商|塔斯汀邀您加盟！［EB/OL］.（2025-03-28）［2025-07-07］. https://mp.weixin.qq.com/s/4FoNdDOFmXKqjSAlrDR0PA.

特许经营是企业低成本快速扩张的一条捷径，这条捷径既充满诱惑又充满风险，国内外许多连锁企业都是凭借特许经营而迅速成长的，又因扩张过度而纷纷倒下。如红高粱、掉渣饼、露凝香火锅等，这些失败的特许经营案例给后人一个重要启示，就是特许经营的招募加盟工作一定要有序、有计划地进行，绝不能因一时的利益而忽视了特许经营体系的健康成长。

5.1.1 招募方式的选择

加盟总部制订招募计划时，首先要确定合适的招募方式或招募途径。招募方式基本可以分为两类：由申请者主动接洽和特许经营企业主动寻找。发展初期的特许经营企业由于不具备较高的知名度，大都选择主动出击；而具有一定知名度的企业则主要通过与申请者接洽。下面介绍一些企业主动出击的招募方式。

5.1.1.1 媒体招募

传统的招募方式仍以媒体传递信息为主，传递的信息主要包括基本的加盟条件和联络方法等。使用媒体进行宣传不仅可以招募加盟商，也可以提高企业的知名度，对潜在加盟者有较强的引导作用。特许经营企业在选择媒体时要注意其传播地区、传播目标及接触频率等，以形成媒体组合优势。过去，加盟总部常用的媒体主要包括电视、报纸、杂志、车体等传统媒体，目前大部分特许经营企业摒弃了传统媒体，一般选择适合招募加盟商且效果比较好的微信公众号、视频号、微博、抖音等社交媒体。加盟总部往往会在社交媒体上设立自己的官方账号，利用其进行加盟宣传。

5.1.1.2 展览会和招商会

国内外经常有中介机构或行业协会组织举办特许经营展览会和招商会，会上除了展览各种业务外，还举办相关主题的研讨会，这种形式对特许经营企业和加盟商来说都比较容易接受。但是，目前各种展览会鱼目混珠，特许经营企业最好对组织者的资格和能力进行审查，确信之后才能参加，否则有可能交了展费却达不到应有的效果。此外，一些规模较大有一定影响力的加盟总部，会定期举办自己的招商会或宣讲会，向潜在加盟者介绍企业经营情况和加盟条件。

5.1.1.3 人员招募

有的特许经营企业设有专职的特许经营业务拓展人员负责加盟工作，这些专职人员对于潜在加盟者或地段不错的独立店，经常会采取主动约谈的方式，说服店主加盟特许经营事业；对于零散的有意向的加盟者，也会由专职人员负责解说和说服；此外，由员工或现有加盟者介绍的方式也常被采用，由于员工和现有加盟者对本企业加盟情况比较熟悉，对潜在加盟者来说更容易打消其疑虑。

5.1.1.4 店面POP+口碑宣传

开展特许经营的连锁企业通常拥有相当数量的门店，所以在店面以POP方式传递招募信息是常用的招募方式。POP广告（point-of-purchase advertising）称为店面广告、卖场广告或销售点广告。连锁企业经常用POP广告进行商品和促销宣传，一些特许经营企业便利用POP进行招募宣传，这一方面是因为其成本费用较低，另一方面是考虑潜在加盟者在门店出现的可能性较高，配合门店的业务展示及实际的经营状况，POP广告通常比其他文字和口头宣传更具说服力。

5.1.1.5 内部创业制度

内部创业制度是专门针对招募内部员工成为加盟者而设立的一种制度，其一方面是对现有员工的一种激励，另一方面也为企业解决加盟者的来源问题。对于许多成熟的特许经营企业而言，最好的加盟者莫过于在企业长期工作并对企业运作流程十分熟悉的内部员工。这些员工有丰富的操作经验，能完全接受企业的文化，能确保加盟店的经营素质及水准，可使特许经营的风险降到最低。目前，许多加盟总部纷纷设立自己的内部创业制度，一方面可以提高开店的成功率，另一方面可以为员工提供职业发展计划。一般内部创业的资格限制在店长或副店长级以上，并且要有一定的工作年限，工作绩效考核在优秀或优良水平，有时还要求申请者必须上过一定时数的培训课程并合格等。如果员工的申请被审核通过，则企业一般提供三种创业方式：一是员工自筹资金，即完全由员工准备全部资金，相当于加盟总部将直营店卖给申请的员工，不过价格相对于外部加盟者要优惠一些；二是入股方式，这种方式比较常见，通常公司所占的股份大于员工，如员工与公司之比为3∶7或4∶6，各公司统一规定，但没有绝对的标准；三是公司提供内部创业贷款，帮助创业的员工筹集资金。至于员工创业的店面选择，主要有员工自行选择和公司选择两种，非由公司选择的店面必须经过一定的审核程序经批准后才能加盟。

7-11便利店经常鼓励内部员工成为加盟者，其开放经营一年以上、营运良好的门店可供内部加盟者选择。它要求内部员工加盟的条件是：担任店长或副店长职位；夫妻二人能专职、全力投入经营；50岁以下，高中以上文化；身体健康，信用良好；需备妥开店准备金。目前，7-11便利店的内部创业制度成为该企业发展加盟事业的最有力的武器。

创立于2001年的华莱士目前国内的门店数量已经突破了2万家，其成功的秘诀之一正是内部创业制度。它鼓励老员工组成团队，到各城市独立开发市场。但华莱士或其关联方（区域合作伙伴）也会在单店中投入一部分资金，成为股东。各方共同承担经营风险，也共同分享门店利润（按股权比例分成）。华莱士称这种加盟方式为"合伙人模式"，正是靠这一制度，实现了总部与单店管理层、外部投资人三者之间的共赢关系，也实现了店面的快速发展裂变，让公司拥有可持续的盈利能力。

5.1.2 招募推广文件的准备

加盟总部在正式招募加盟者之前，必须提前准备好相关的招募宣传文件和有关法律文件。一般而言，招募加盟的相关文件包括：加盟指南、宣传推广手册、加盟申请表、特许加盟意向书、加盟常见问题与解答、特许经营合约、信息披露书等。其中，特许经营合约和信息披露书的有关内容已经在前面有所介绍，这里，主要介绍与招募推广工作直接相关的文案内容及编写。

加盟总部开展特许经营业务，宣传推广活动是必不可少的，这就需要编制一本富有吸引力的加盟指南或宣传手册，以便在推广活动中提供给潜在加盟者。加盟指南或宣传手册的设计既要真实，又要富有煽动性。说得太实在会缺乏吸引力，说得太过又会引起日后不必要的纠纷。宣传手册还需要对企业的信息披露十分谨慎，文字要十分考究，这是考验加盟总部策划人员水平的一项工作，一些加盟总部会委托外部专家负责加盟指南或宣传手册的起草工作。一本完整的加盟指南或宣传手册应该包括如下内容：

5.1.2.1 加盟总部基本信息

加盟总部基本信息包括加盟总部企业名称、发展历史、加盟总部创始人、加盟总部机构、加盟联系电话、加盟联系人、传真、网站、地址、邮政编码、邮箱、加盟总部的位置及交通路线。

许多加盟总部为了增强潜在加盟者的信心，常常会在这一栏目中重点介绍企业的发展历程，包括企业的重大事件和所获得的各种奖项与称号。还有的加盟总部会在这部分加上一段"总裁寄语"或"写在加盟前"，以表达对潜在加盟者的欢迎态度并传递加盟信心。

5.1.2.2 企业文化

加盟总部都希望将自己所推崇的信念传递出去，并能获得潜在加盟者的认同。独特的企业文化往往成为特许经营体系各个环节紧密协作、奋力向前的接力棒，使所有的加盟商、供应商、服务商成为合作伙伴，让所有的员工合力同心。

企业文化往往也是一个特许经营体系品牌的浓缩，有时候可以用一句口号高度概括出来，而且随着时间的推移，这一文化精髓也会有所改变。例如，李宁公司从最早的"中国新一代的希望"到"把精彩留给自己"，再到"我运动我存在""运动之美世界共享""出色，源自本色"，现在是"一切皆有可能"，李宁公司在多年的实践中逐步积淀出其品牌独有的内涵。

一般的招募文件上需要对企业文化进行一定的解释，包括企业核心价值观、经营理念、服务理念和品牌释义等，这些都需要全面介绍。下面是美宜佳和麦当劳对自己企业文化的介绍：

美宜佳便利店的经营理念如下：

美宜佳的使命：让消费者享受美好的便利生活；让奋斗者收获美满的幸福人

生；为社会进步作出贡献。

美宜佳的愿景：成为国民骄傲的便利店品牌。

美宜佳的价值观：务实专注，创新共赢。

美宜佳品牌价值：优质、便民、贴心、独特。

优质：品牌把关，品质决不妥协！600多个品牌资源，6 000多种商品，满足消费者日常所需新鲜食品、日常用品、粮油副食、个护化妆品、冷藏冷冻品等。

便民：美宜佳便民服务平台可提供金融服务、充值缴费、代收代寄、便民支付、特色服务等五大板块30余项的便民生活服务，每月服务顾客超过2.0亿人次，为消费者日常生活出行提供便利，有效为门店带来人气，增强盈利能力。

贴心：对消费者，为顾客提供贴心、热心的特色服务；对投资者，从投资策划到店铺装修，从商品选择到陈列布局，从开业培训到营销支持，全程专业指导、悉心服务。

独特：因地制宜经营内容和服务。加盟模式、经营管理、内部文化、都具有自己的特色。多个人气自主创新品牌，为门店带来更多活力和收益。

美宜佳品牌口号：更亲近的伙伴！

麦当劳的企业文化如下：

麦当劳的价值观：服务、包容、诚信、社区和家庭。麦当劳中国恪守这五大价值观，不断驱动业务增长、影响社区。

麦当劳的经营理念：Q、S、C、V。

Q（quality）品质。麦当劳餐厅拥有享誉全球的品质标准，我们与食品和包装供应商共同坚守食品安全的原则，并将这一理念贯穿在从田间到餐桌的每一个环节，力求做到极致，让每一个光临麦当劳餐厅的顾客都能享受到安全美味的食品。

S（service）服务。为顾客提供快速、准确、友善的服务。通过推出的得来速、麦乐送、送餐到桌等服务，为顾客创造更好的用餐体验。

C（cleanliness）清洁。麦当劳的餐厅必须始终保持一尘不染，里外都应如此。

V（value）物超所值。为顾客提供物超所值的体验。所谓物超所值，即价格合理且品质高。

"三角凳"理念：麦当劳的长期成功有赖于"三角凳"的经营理念，供应商、员工和被特许人需要通过优势互通、紧密协作，以建立起强大的合作伙伴基础。麦当劳系统建立在信任和共同价值观的基础上，因此具有能够以较优价格获得高品质的产品的竞争优势。

5.1.2.3 产品和行业介绍

选择什么样的行业以及何种特色的产品进行投资是每一个潜在加盟者的关注重点。对于加盟总部而言，竞争对手并非仅是来自同一行业的竞争者，还有来自其他行业的争抢同一类潜在加盟者的竞争者。因此，加盟总部需要加强投资者对本行业的信心以及对本产品的信心。这就需要介绍行业未来的发展空间，以及本企业所提供的产品的特点。

下面以象王洗衣加盟总部为例，对行业进行介绍。该加盟总部对为什么要加盟洗衣行业给出了八个方面的解释：一是洗衣服务永远不会消失；二是中国市场持续增长；三是变化小，风险低；四是单一服务，管理比较容易；五是没有商品，不会产生库存；六是现金收入，不会有呆账；七是营业收入稳定，客户不易流失；八是全世界最大的洗衣市场在中国（10倍成长空间）。

行业的发展空间是潜在加盟者选择的第一要素，但具体到选择哪一个品牌时，他们还要对该行业的不同品牌进行仔细的分析。加盟总部要吸引他们的目光，还需要特别说明自己产品的特点。其实，只要细心观察，就会发现同一行业中的许多特许经营品牌各有其特色。由于不同品牌的市场定位不一样，目标顾客不一样，推出的产品和服务也会有所区别。

下面是和路雪公司对其冰激凌产品特色的描述：

我们不得不承认，冰激凌已同咖啡、音乐一样，意味着青春、时尚，张扬着欢乐、浪漫与魅力。

它有着如此强大而旺盛的创造力与生命力。尝尝它丰富的口味：各种水果味、牛奶味、咖啡味，还有大蒜冰激凌、南极冰激凌、墨鱼冰激凌、油炸冰激凌。和路雪作为全球冰激凌行业先驱，为顺应各地饮食差异，特别在中国推出绿茶口味冰激凌，在墨西哥推出辣味冰激凌。

看看它多姿的造型：传统的有棒形、杯形、砖形，现在有花脸、圆锥形蛋卷，还有立体造型的异形冰激凌：各种小动物造型、新出的飞船形和火箭形……千姿百态，妙趣横生。

它的名称也大有学问：可爱多、百乐宝、千层雪、绿野仙踪……

春夏秋冬，走过四季。人们吃冰激凌已不单纯是为了消暑解渴，同时还是在享受一种口味、一种情调、一种惬意。它让时间走得轻松，给繁杂的生活留出一点精巧的空隙，细微的改变就会让你的日子换个滋味。

5.1.2.4 特许经营优势及加盟总部支持

除了加盟总部提供的产品必须在市场上有竞争力之外，加盟总部还需要强调其对加盟商的各项支持政策，以打消潜在加盟者的疑虑。许多加盟总部在招募文件中都会介绍加盟创业的优势，如缩短创业摸索期、快速获得行业专有技术、不需要自行研发、提高创业成功率、体现连锁品牌效益、降低开店与运营成本、获得长期性和全面性技术及信息支持等。

特许经营优势和加盟总部支持是招募手册的重点内容，这里不仅要呈现出人无我有、人有我强、人强我特的内容，还要用优美的语言描绘出来。有时候，语言修饰得好，也能反映出加盟总部的管理水平。东方爱婴早教机构将自身特许经营优势总结为四个方面：规模领先、价值领先、专业领先、服务领先。该公司对这四个方面进行了详细的阐释，较好地说明了自身的特色。

5.1.2.5 加盟模式及投资回报

许多加盟总部将加盟模式设计成两种：一种是单体加盟模式；另一种是区域加

盟模式。两种加盟模式适应不同的加盟者的需求，对加盟双方也有不同的权利与义务要求。加盟模式是特许权设计的承载方式，一定要介绍清楚，尤其是每种加盟模式的相关费用，最好以表格的形式直观、清晰地列出来，便于潜在加盟者比较分析。

投资回报也是潜在加盟者十分关心的内容，加盟总部要根据每一种加盟模式测算投资回报情况，一些关键数据的预测要有一定的根据，不能随意编造，更不能放大收入而缩小成本费用，误导潜在加盟者。当然，加盟总部对于测算的投资回报内容，要说明只是参考数据，而不能承诺是可以达到的目标数据，以免将来发生纠纷。

象王洗衣加盟总部设计了四种加盟模式，分别是收衣店、洗衣店、旗舰店和区域合作。表5-1、表5-2为象王洗衣店加盟模式的投资情况和投资获利分析。

表5-1　　　　　　　　　**象王洗衣店加盟模式投资情况**

项　目	小型店	中型店	大型店
设备投资（万元）	11.5	22	31
电脑全自动干洗机（18千克）（台）	1	1	1
电脑全自动洗衣机（18千克）（台）	—	1	1
全自动烘干机（18千克）（台）	—	1	1
万能处理台（台）	1	1	1
蒸汽发生器（台）	1	1	1
衣物包装机（台）	1	1	1
旋风烫台（台）	1	1	2
电脑万能人像机（台）	—	—	1
电脑全自动衣物输送线（台）	—	—	1
POS机（台）			1
电脑洗衣软件（套）	1	1	1
面积要求（m²）	50以上	80以上	100以上
雇用人数（人）	3~4	4~6	6~8
合同期限（年）	3	3	3
加盟金（万元）	3	北京、上海：5；其他地区：3	北京、上海：5；其他地区：3
保证金（万元）	3	3	3
特许权使用费（3年）（万元）	1.5	1.8	2.1
电力需求	20KW/380V	30KW/380V	80KW/380V

项 目	设定条件	损益平衡	营业利润					
			9.74%	33.16%	34.25%	36.21%	40.78%	41.96%
每日收件（件）		53	60	90	120	150	200	250
每月收件（件）		1 590	1 800	2 700	3 600	4 500	6 000	7 500
件单价（元）	17	17	17	17	17	17	17	17
客件数（件）	3	3	3	3	3	3	3	3
日来客数（人）		17.67	20	30	40	50	66.67	83.33
月来客数（人）		530	600	900	1 200	1 500	2 000	2 500
客单价		51	51	51	51	51	51	51
洗衣成本（元）	0.20	0.20	0.20	0.20	0.20	0.20	0.20	0.20
年营业收入总额（元）		324 360	367 200	550 800	734 400	918 000	1 224 000	1 530 000
月营业收入总额（元）		27 030	30 600	45 900	61 200	76 500	102 000	127 500
洗衣服务收入（元）		27 030	30 600	45 900	61 200	76 500	102 000	127 500
营业成本（元）		5 406	6 120	9 180	12 240	15 300	20 400	25 500
洗衣成本（元）		5 406	6 120	9 180	12 240	15 300	20 400	25 500
营业毛利（元）		21 624	24 480	36 720	48 960	61 200	81 600	102 000
销售费用（元）		21 500	21 500	21 500	28 000	33 500	40 000	48 500
租金（元）		6 000	6 000	6 000	10 000	13 000	17 000	23 000
薪金（元）		8 000	8 000	8 000	10 000	12 000	14 000	16 000
前台耗材（元）		2 500	2 500	2 500	3 000	3 500	4 000	4 500
折旧（元）		5 000	5 000	5 000	5 000	5 000	5 000	5 000
营业净利（元）		124	2 980	15 220	20 960	27 700	41 600	53 500
每年税前净利（元）		1 488	35 760	182 640	251 520	332 400	499 200	624 000

表5-2 象王洗衣店加盟模式投资获利分析

资料来源：佚名. 象王洗衣店加盟 [EB/OL]. [2025-07-07]. https：//www.ganxi.com/ ganxi_pinpai_xiangwang/.

5.1.2.6　加盟者的条件

这部分内容是加盟文件中必须有的，但不要太多，也不要太苛刻，因为过于苛刻的条件容易将本来合格的潜在加盟者拒之门外。在设计这部分内容时，可以用词稍微含糊一点，尽量不要将合格的潜在加盟者排除在外。

下面是南京桂花鸭对加盟商的要求：

①认可和接受桂花鸭的特许连锁经营模式；

②有食品行业或专卖店管理经验；

③具有一定的经营和管理能力；

④能接受公司的统一管理和指导；

⑤有10万元以上的资金实力；

⑥有良好的社会关系和处理人际关系的能力。

5.1.2.7　常见问题解答

许多特许经营企业的网站会将一些常见的加盟问题列出来并给予回答，以帮助潜在加盟者了解企业或进行决策。不同的加盟总部会遇到不同的问题，常见的问题有：

①为什么要选择我们的特许经营体系？

②特许经营体系的业务主要包括哪些内容？

③加盟总部在哪些地方开展了特许经营业务？

④具体的加盟方式有哪些？

⑤加盟总部给加盟者提供哪些支持？

⑥加盟商可以是几个人共同拥有吗？

⑦加盟商应支付哪些特许经营费用？总投资是多少？

⑧加盟店里出售的商品或提供的服务有无限制？

⑨一个新的加盟店从签约到正式开店需要多长时间？

⑩加盟商若退出加盟会有哪些方面的限制？

目前，加盟总部通常会在自己的特许经营网站上详细列出加盟指南的各项内容，在参加特许经营招商会时，还会编写一份宣传说明书。这份宣传说明书印刷精美，是上述加盟指南内容的浓缩，目的是在潜在加盟者心中留下深刻的印象。编写宣传说明书时一般要注意以下几个方面：一是语言生动，用词要富有吸引力和感染力；二是内容真实，不要有夸大其词的承诺和宣传用语；三是内涵深刻，要将特许经营事业的企业精神提高升华，引发人们的精神需求；四是编排巧妙，艺术地设计宣传说明书的版面，将重要内容用多种形式巧妙地呈现出来。

5.1.3　招募速度的控制

相对于其他两种连锁经营方式而言，特许经营有一个显著的特点，就是可以使企业突破资金和时间不足的障碍取得飞速发展。成功的企业总是在追求更大的成功，不断扩张是每一个企业内在的冲动。然而，没有明确目标和科学论证的盲目扩张会使一个本来健全的组织陷入混乱，这种扩张不仅超越了企业的管理和财务能力，而且超越了企业的组织能力，其导致的不仅是经营亏损，甚至可能是企业彻底的崩溃和破产。在现实中，我们常常看到有些加盟总部存在急于扩张的倾向，对所有申请加盟的人都来之不拒。不加控制地过快发展有时会使企业陷于困境，因为高速发展会隐藏企业管理中的许多问题，尤其是在企业创业初期，这种错觉会使经营者看不到问题的严重性，以致问题不断蔓延、扩大进而无法控制，这是许多特许经营体系失败的主要原因。

当然，一个进取的企业应该谋求发展，但必须是谨慎的和有控制的，即使是比较缓慢的增长速度也必须在条件允许的情况下才能实现，那种希望通过快速发展来解决当前管理中存在的各种问题的想法是十分天真的。

一个企业要充分认识正在滋长的问题，要抓住有利时机并最大程度地利用它的资源，这就需要对迅速发展的特许经营网络保持严格的控制，保持独特的形象和实行标准化。这对于加盟总部而言是十分重要的，因为加盟总部面对的是一个个独立的加盟店而不是雇用的管理者，同时特许经营网络还是一个互动的体系，一些经营不良的加盟店会影响其他加盟店的经营。控制不只是规定标准，也包括标准的执行。一旦发现某个加盟店在经营中误入歧途，就应提出警告并采取纠正措施；否则，特许经营企业会在连续的失误中彻底失败。另外，在高速发展的过程中，加盟总部的内部问题也不应被忽略，诸如后续服务跟不上、产品来不及更新、人力资源不足、监督出现漏洞、教育培训草率进行等，这些都可能使最初的努力付之东流。

5.1.3.1 有计划地控制招商节奏

加盟总部要防止盲目扩张，就必须对招募加盟商的速度进行有计划的控制。一个区域的加盟店数量和发展速度取决于三个方面：管理基础、资源条件和市场机会。

一个连锁企业的管理层在管理10家加盟店时，可以应付自如，管理十分到位。可是当其管理100家甚至更多的加盟店时，就可能束手无策、漏洞百出。因为当特许经营网络发展壮大时，对管理的要求就不一样了，组织机构需要重新设计，信息管理系统需要进行修正和扩容，仓储和配送能力也要跟进。当这一切尚未准备好时，盲目的扩张会带来不良的后果。

除了自身的管理基础外，一个连锁企业还要考虑各种资源状况，包括资金实力是否雄厚，人力资源是否足够，信息资源是否充足等，这些因素都会制约加盟扩张的步伐乃至以后的经营业绩。

最后，招募速度还取决市场机会。如果市场机会转瞬即逝，或是错过了一个店址的遴选机会，加盟总部将损失巨大。与竞争对手抗衡，时间是最重要的，加盟总部也许会冒进，因为对它而言，为了不丧失机会，即使牺牲眼前的利益也是值得的。当然，盲目冒进和谨小慎微的保守做法都是不足取的，加盟总部唯一可行的是在稳打稳扎、步步为营以降低风险和孤注一掷以获取跳跃式增长之间权衡利弊，从中找到一个最佳的扩张速度。

5.1.3.2 确定开店区域和开店战略

从上面三个因素中可以看出，如果一个特许经营加盟总部具备良好的管理基础和资源条件，那么它考虑的主要是市场机会，也就是某一特定市场给它的开店空间。一般加盟总部会根据自己的发展规划先确定好计划开店的区域，尤其对于那些寻找区域加盟商的企业来说更要精确划分计划开店的区域，作为授权给区域加盟商的经营范围。例如，一家快餐店决定将广东作为一个计划开店区域授权给某个区域加盟商，该加盟商以后所开的加盟店必须在这个区域内，而不能开到其他省份去。即使是招募单个加盟者，确定计划开店区域也比四处招募加盟者更重要，因为这种做法可以享受集中开店带来的好处。

集中开店是指在一个区域内集中资源密集开店，形成压倒性优势，以获得规模效应。这种开店战略对消费相对分散且区域性竞争不明显的便利店、冷饮店尤为适用，具体来说它有以下几个好处：一是可以降低加盟总部的广告费用。加盟总部的广告宣传媒介主要是地区性的电视台、电台、海报等，无论宣传区域内开一家店铺还是开100家店铺，广告费用都是相同的。因此，在一个区域内开店越多，各店铺分担的广告费用越低。二是可以提高形象的相乘效果。在同一个地区开设多家店铺，很容易树立该连锁企业的形象，提高知名度。如果某一个店铺缺少某种商品，顾客也可以马上到邻近的店铺去购买。三是节省人力、物力、财力，提高管理效率。加盟总部的管理人员可以在各个店铺之间合理分配时间，不必担心由此带来的不便和往来费用，在同样的时间内增加巡回次数，对每家店铺的指导时间增加，便于对各店铺进行管理。同时，培训员工也变得更加容易。如果某店铺出现暂时缺货，也可以在很短的时间内从邻近店铺调配。四是可以提高商品的配送效益。为了使各店铺的存货降至最低，通常要求配送中心必须采取多种类、小数量、多批量的配送方式。这样，在同一地区的店铺越多，分摊到各店铺的运输费用也越低。以乳制品为例，在店铺较少的地区，流通费用占进货价格的17%～18%；在店铺达到一定规模的地区，流通费用可降到13%～14%。尤其是毛利率高达30%～60%的速食品，如面包、糕点、饮料等，为保证食品新鲜可口，每天要送货2～3次，而且不能远距离运输，因此必须采取集中开店战略，方能降低流通成本。

5.1.3.3 确定开店区域的店铺数量

确定计划开店区域和密集开店战略后，也并不是在一个区域开店越多越好。每个区域可以容纳的店铺数量是有限的，开得过多会损害现有加盟者的利益，迫使一部分加盟者离开市场，这是对加盟者不负责任的做法。要保证加盟事业的稳健发展，加盟总部还需要确定每一个计划开店区域可容纳的店铺数量，作为该地区未来的开店计划。在这里，有两个指标可以用作参考：

（1）购买力指数

在分析一个地区可容纳的店铺数量时，加盟总部应该考察以下经济因素：各行业从业人员的比例、运输网络、银行机构、经济周期波动对地区或行业的影响、某些行业或企业的发展前景等。在分析中，一个有关需求的指标尤其应引起重视，这就是购买力指数。购买力指数显示了计划开店区域内的消费者的购买潜力，用公式可以表示为：

购买力指数=A×50%+B×30%+C×20%

其中：A是商圈内可支配收入总和（收入中去除各种所得税、偿还的贷款、各种保险费和不动产消费等）；B是商圈内零售总额；C是具有购买力的人口数量。

把购买力指数作为加盟总部在一个区域内开店数量的决策依据之一时，可以选择一个已经建立特许经营并盈利的开店区域做参考。在一个具体的计划开店区域内，获利单位与所有类似单位的比值可以作为一个标准比率，用来估算在类似的计划区域内可以维持的特许经营加盟店数目。如果加盟总部认为其所在行业在某个计划区域市场已经饱和，那么就根据购买力指数来决定是维持、增加还是减少该区域的特许经营加盟店数量。

例如，一家快餐公司认为某一个计划开店区域市场的最大店铺容量为30家，即30家店铺已经使该区域的市场饱和，它就不会开设更多的店铺，因为增加额外的经营网点只会损害现有加盟者的利益。该快餐公司认为30家店铺是在保持竞争力的前提下所能拥有的最大渗透水平。假设该地区的购买力指数计算出来为0.6，该指数除以30得到0.02，这是该快餐公司单一经营网点的特许经营加盟店能够弥补成本和满足市场需求的最低购买力指数。如果以后该快餐公司要在其他城市发展特许经营加盟店，可以使用这个最低购买力指数0.02。假设新的计划开店区域的购买力指数是0.8，则用0.8除以最低购买力指数0.02得数为40，可以知道新的计划开店区域能容纳的最大开店数目是40家。于是，该快餐公司在新的计划开店区域内应保持40家的加盟计划，不能突破；否则就会影响现有加盟者的利益，最终影响加盟总部的整体利益。

不仅加盟总部能利用最低购买力指数确定计划开店区域的开店数目，区域加盟者也可以利用这一最低购买力指数确定授权的区域内合适的开店数目，以确保每家分店的经营效益。

（2）商圈饱和度

商圈饱和度是判断某个地区商业竞争激烈程度的一个指标，通过计算或测定某类商品销售的饱和程度，可以了解某个地区同行业竞争是过多还是不足，以决定是否选择在此地开店或开店的数量。通常，位于商圈饱和度低的地区开店的成功可能性较商圈饱和度高的地区要大，因而分析商圈饱和度对于新开设加盟店很有帮助。商圈饱和度的计算公式为：

$$IRS=\frac{C \cdot RE}{RF}$$

其中：IRS是某地区某类商品商圈饱和度；C是某地区购买某类商品的潜在顾客人数；RE是某地区每一顾客平均购买额；RF是某地区经营同类商品商店的营业总面积。

例如，一家经营食品和日用品的小型超市需测定所在地区商圈饱和度，假设该地区购买食品和日用品的潜在顾客是4万人，每人每周平均购买额是50元，该地区现有经营食品和日用品的营业面积为50 000平方米，则商圈饱和度为：

$$\frac{40\,000 \times 50}{50\,000} = 40$$

该商圈商店每周每平方米营业面积的食品和日用品销售额的饱和度为40，用这个数字与其他地区测算的数字比较，指数越高则成功的可能性越大。

根据商圈饱和度计算的结果，可以将计划开店区域分为商店不足区、商店过多区和商店均衡区。商店不足区是指销售某一种产品或服务的商店太少，以至于难以满足所有消费者的需求；商店过多区是指销售某一种产品或服务的商店数量太多，以至于某些商店难以获取正常利润；商店均衡区则是商店数量与消费者需求大致相符，同时商店又能正常盈利。很显然，在商店不足区开店更容易成功。利用计划开店区域的商圈饱和度与企业得到的最低商圈饱和度相比较，可以计算出在此区域的开店数量。

商圈饱和度只是从定量的角度考虑了某一地区经营某类商品同业竞争的程度，而没有考虑原有商店，尤其是信誉好、知名度高的老字号商店对新的竞争对手的影响，且计算资料不易准确获得，因而加盟总部为了做出正确的决策，必须根据具体情况进行具体分析。

小思考5-1　对于建立初期的加盟总部而言，扩张速度取决于哪些因素？

5.2　加盟商招募实施

案例5-2

亚朵酒店招募加盟者的标准及加盟流程

亚朵集团成立于2013年，2022年11月11日在美国纳斯达克成功上市。截至2024年12月，亚朵集团在营酒店数量达1 619家，在营客房数量达183 184间，注册会员超过8 900万人。亚朵酒店对加盟者的要求主要体现在以下几个方面：

1.资金实力

一次性费用：需缴纳特许品牌申请加入费，按实际房间数收取5 000元/间；履约保证金一次性收取100 000元，合同期满后无息返还；工程指导费（施工期间）80 000元/店；技术系统安装费10 000元/店；流动图书馆筹建费50 000元/店。

持续性费用：总经理费和总经理助理费（不同城市费用不同）；加盟管理费为每月营业总收入的6%，其中特许品牌使用费2%，特许管理费4%；财务指导费1 200元/月；系统维护服务费3 300元/月；CRS系统维护服务费为CRS收入的6%；积分技术服务费为1积分0.01元。收费上限为全部收入的3.5%。

2.物业条件

（1）城市及地段：一线及新一线城市，二线城市的一二级商圈，三四线城市的核心商圈。

（2）独立电梯：每70间客房至少配一部独立电梯。

（3）产权清晰：需提供土地使用权证、房产证、建设工程消防验收意见书。

（4）建筑面积：3 500～15 000平方米，适用于酒店经营。

（5）房间数量：80～250间。

（6）公共区域面积：450～560平方米。

（7）客房套内面积：25～35平方米。

（8）独立大堂面积：150平方米以上，不含餐厅及后场，周边进出通畅，停车位配比15：100。

3.其他要求

（1）品牌认同：认同亚朵酒店的品牌理念、价值观和经营模式，愿意与亚朵酒店共同打造高品质的酒店品牌。

（2）运营管理能力：具备一定的酒店运营管理经验或相关行业经验，能够有效地管理酒店的日常运营，包括人员管理、财务管理、服务质量控制等方面。

（3）市场敏感度：对当地市场有深入的了解，能够敏锐地捕捉市场动态和客户需求，及时调整经营策略，以适应市场的变化。

（4）合作意愿：愿意与亚朵酒店建立长期稳定的合作关系，积极配合亚朵酒店的各项工作安排，共同推动酒店的发展。

亚朵酒店的加盟流程一般如下：

（1）提交申请：投资人向亚朵集团提交加盟申请，表达加盟意向，提供个人或企业基本信息、资金实力、物业情况等相关资料。

（2）项目勘察：亚朵集团对投资人提供的物业进行实地勘察，评估物业的地理位置、周边环境、交通状况、建筑结构、面积、产权等是否符合亚朵酒店的加盟标准。

（3）项目决策：亚朵集团根据勘察结果和投资人的综合情况，进行项目决策，确定是否批准投资人的加盟申请。

（4）合同签署：如果项目通过审批，双方将签署加盟合同，明确双方的权利和义务，包括加盟费用、管理费、品牌使用费、合同期限、违约责任等条款。

（5）设计营建：亚朵集团提供专业的设计和营建服务，包括酒店的装修设计、施工管理、设备采购和安装等，确保酒店符合亚朵的品牌标准和质量要求。

（6）开业运营：在酒店装修和设备安装完成后，进行开业前的准备工作，包括人员招聘和培训、物资采购、营销推广等，然后正式开业运营。亚朵集团还会提供持续的运营支持和管理服务，帮助酒店提升经营业绩。

资料来源：作者根据相关资料整理。

加盟者合适与否对特许经营事业关系重大，这一点如今已没有人再怀疑。然而，目前许多加盟总部仍然对加盟者来者不拒，也不对加盟者进行甄别，导致吸纳的加盟者素质不高，特许经营事业难以有效开展。一个具有一定规模的特许经营企业，不仅要有既定的招募加盟方式和严谨的加盟审核程序，还应对加盟者进行严格甄别，并根据企业的需要设计出特定的适合企业的评估审查项目或评估审查表。

5.2.1 招募加盟商程序

加盟总部招募加盟商一般要经过以下几个步骤：

5.2.1.1 招募宣传，发布信息

准备开展特许经营的连锁企业向社会公开发布加盟信息，发布的方式既可以采取上述招募加盟方式，也可以开记者招待会专门向社会发布。例如，国际特许经营企业麦当劳进入中国10多年一直没有开展特许经营业务，尽管每天都有大量的潜在加盟者咨询。直到2004年年底，麦当劳才通过新闻发布会正式宣布准备在中国开展特许经营业务，此消息立刻受到社会关注，并立即引来大量投资者咨询。

5.2.1.2 回应潜在加盟者的询问

当招募信息发布出去后，会引起一些潜在加盟者的兴趣和关注，他们会打电话咨询或前来加盟总部咨询。加盟总部必须安排专人负责回应潜在加盟者提出的基本问题，以进一步增进双方的了解。这一阶段一般都是仅就初步加盟意向进行解说，主要是为了回应有意加盟的人，并且对其作初步甄选，因为一般的加盟广告并不能很清晰地说明细节，一些加盟总部甚至提供24小时热线电话回应潜在加盟者的询问。

5.2.1.3 向感兴趣的人士提供基本加盟资料

如果潜在加盟者对询问的事项比较满意，加盟意向增强，就会进一步向加盟总部索取有关资料。若加盟总部也认为该潜在加盟者符合基本条件，一般会满足他的要求，提供一份比较完整的书面资料以供其参考。此阶段提供的资料比较简单，不会涉及企业的秘密，只包括对加盟事业的简要介绍和特许经营费用的解释。当然，加盟总部要慎重考虑此阶段提供的资料的详细程度，因为完全有可能是竞争对手在试探本企业的经营状况。为了进一步确定加盟者的诚意，一些加盟总部还会收取一定的费用才提供比较详细的加盟资料。

5.2.1.4 初步约谈

由于很多潜在加盟者的条件和特征不容易从电话或书面资料中判断出来，加盟总部负责人往往会要求与潜在加盟者面谈。面谈的方式可以是个别约谈，也可以是团体座谈，甚至包括样板店的参观等。面谈过程不仅是了解潜在加盟者的特征、条件的过程，也是了解加盟者的理念并向加盟者解释相关权利和义务等有关问题的过程。在这一过程中，加盟总部往往要求潜在加盟者填写一份加盟意向书，以便了解潜在加盟者的基本情况。

5.2.1.5 加盟者条件评估

在确定初步约谈的潜在加盟者的基本条件合格之后，加盟总部会对他们的条件进行正式评估，包括潜在加盟者的个人条件、资金条件、家庭条件等。一些加盟总部要求潜在加盟者必须有自己的店面或承租店面，在这一过程中，一个重要的内容

是对加盟店的地点进行评估。因为店址对加盟店的经营成败具有决定性作用，而加盟店的成败又直接关系到整个加盟体系的形象和利益，所以在正式签约前，一次或者多次到加盟店评估店址是必要的工作。店址的评估包括商圈评估、各时段的人流量、交通状况、竞争激烈程度、目标顾客的消费状况及城市未来发展趋势等。

5.2.1.6　加盟计划的沟通

在确定潜在加盟者符合加盟总部要求的条件后，接下来加盟总部要与加盟者进行详细的加盟计划沟通。加盟计划的内容很多，包括何时开店、开店类型、店面装修、员工培训、人员安排和资金安排等，其中人员安排和资金安排又是沟通的重点。加盟店设立后，加盟总部会依据过去的经验及实际卖场的规划，提出编制人数建议，再与加盟者沟通。对于招聘店面管理人员有困难的加盟者，加盟总部除了给予辅导外，在新店开业及进行重要促销活动时，也会给予人员协助或支持，但以短期为限。经营多年的加盟总部多半已经建立了一个人力资源库及人力招募渠道，如果加盟者一直找不到合适的人员，可将资料提供给加盟者参考。

资金安排也是加盟总部与加盟者沟通的重点，首先是看加盟者是否有足够的加盟资金和开店后的运转资金。如果资金不足，加盟总部会与加盟者沟通融资问题。其次是资金的运用安排以及利润分配。一般来说，加盟店与加盟总部的财务是分开的，只有少部分企业的加盟店的收入必须先进入加盟总部账户，再由加盟总部汇入加盟店账户。加盟店大部分有独立的财务系统，但双方的利益是息息相关的。加盟总部要就经营费用安排和利润分配与加盟者达成共识。此外，对于成本的控制、资金的运用、人员的工资等，加盟总部都会对无经验的加盟者进行辅导并给予帮助。

5.2.1.7　正式签约

当加盟双方沟通完毕并在许多方面达成一致后，接下来就是正式签约。所有的涉及加盟双方权利和义务的约定，以及一些管理上的重要事项，都必须经过签订正式合约来确认。签约完成后，潜在加盟者成为正式加盟者，要先交纳一笔加盟费，然后由加盟总部对其进行正式培训并做开店准备，一旦准备工作就绪，加盟者就可以正式开业了。

5.2.2　加盟商甄选条件

对于加盟总部来说，特许经营事业的成功，选择合适的加盟者是关键因素之一。因为加盟总部与加盟者之间的关系并非雇佣关系，而是唇齿相依的伙伴关系，加盟总部一旦选定了某位加盟者，在合同生效期间就不能随意解除合作关系。而如果这位加盟商的素质达不到要求，将对整个特许经营系统造成不良的影响。许多加盟总部为了尽快增加分店的数量，往往来者不拒，结果在真正开展业务的时候，才发现一些加盟商的条件不符合要求，这不仅影响整个体系的运作，也造成了不少管理上的问题。

不同行业和类型的特许经营企业对加盟者的要求也不尽相同，加盟总部在开展特许连锁事业之初，就应清楚考虑加盟商所应具备的条件。例如，一些零售加盟体系在招募加盟商的时候，要求加盟商必须亲力亲为，负责分店的管理；还有一些加盟总部在招募加盟商时，只招收那些非同行者，以确保对方不会有既定的概念或自以为是的态度。尽管如此，大多数加盟总部在长期的加盟合作过程中，还是可以发现适合及不适合担任加盟店店主的人的部分特质的。加盟总部的招募条件中若能明确做出规定，将有利于加盟总部找到合适的合作伙伴，为长远的互惠互利关系铺平道路。一般而言，加盟总部需要在加盟者、加盟店铺、资金情况和其他方面设立一些基本条件。

5.2.2.1　合格加盟者应具备的条件

（1）加盟者的素质条件

一个合格的加盟者应具备以下几个方面的素质：

- 具有一定的工作经验和一定的管理水平；
- 对特许经营及本公司理念有一定的了解；
- 事业心强，有一定的干劲和毅力；
- 善于与人合作；
- 能亲自参与经营管理；
- 身体健康，婚姻状况正常。

许多加盟总部都要求加盟者具备一定的工作经验和管理水平，是否一定要具备本行业的工作经验，则不同行业要求不同。一些特殊行业，如会计师事务所等，对本行业相关经验和资格证书的要求十分严格；另一些行业，如快餐店或便利店等，若加盟总部有十分完善的培训计划，也可以招募没有本行业工作经验的加盟者，但通常会相应提高加盟者的学历和潜力要求。

如果加盟总部对专业技术有一定要求，它会要求申请者对企业、商品具有一定程度的了解，并要审查潜在加盟者是否认同企业的经营理念，是否达到企业要求的标准。对于可以靠教育培训补充专业知识的加盟总部，这方面的要求不会太高，只要了解潜在加盟者对企业的认识即可。

加盟者的事业心强，这一点是最难衡量的，但非常重要。有些加盟总部对加盟者是否具有本行业相关经验并不看重，但对加盟者是否有干劲和毅力、是否有强烈的成功欲望这两点则非常看重，这也是考察一个加盟者未来是否具有发展潜力的重要因素。自己创业与在公司工作是很不相同的，加盟店开业初期可能会遇到很多困难，能否度过艰难时期，需要加盟者有一定的心理准备，有强烈的事业心，否则很容易被失败打倒。

加盟者的健康状况也是十分重要的，加盟店开业之初，事务会比较繁忙，加盟者的体力和精力必须足够充沛，才能坚持处理繁忙的运营事务。当然，个人的品质也是十分重要的，加盟者是否具有诚实的品质，是否能吃苦，是否有责任心等，都是考察的因素。许多加盟总部愿意招募已婚者，因为已婚者可能更有责任心。

（2）加盟店铺的基本条件

许多加盟总部只招募那些已经有自己的店面或租赁的店面的加盟者，对这些店面的审查也就成了考察加盟者是否符合条件的一个关键因素。店铺的审查主要包括以下几个方面：一是营业面积，各类企业都有适合自己的营业面积，加盟者的店面大小要适合开设该类加盟店；二是位置条件，如交通条件、周围设施、城市未来发展状况、发展潜力等；三是竞争状况，如周围竞争对手的多少、竞争对手的优势与劣势等；四是客源情况，如基本客流量大小、客源特点等。

（3）运营资金条件

加盟者必须有足够的加盟资金和开店运营资金。加盟资金主要有加盟金、保证金及日后的权利金和广告促销费等；开店运营资金主要包括开店的商品周转资金、员工工资、店铺租金、水电费用等。加盟总部一般会有一个总的资金要求。如果加盟者暂时没有备齐资金，则必须提供可行的筹资方案。

（4）其他方面的条件

其他方面的条件，不同企业的要求有所不同，诸如加盟者的家庭是否和睦，家庭成员是否赞成，配偶是否能共同参与等。有些企业规定申请者必须为夫妻两人，主要是因为夫妻两人能互相帮助和支持，即使遭遇困难也可以相互鼓励，共渡难关。尽管多数加盟总部没有硬性要求必须夫妻两人共同申请，但在考察申请者时，却要求配偶一同前来，主要是了解配偶的态度，看配偶是否支持申请者。

特许经营事业的发展壮大依赖加盟者的全身心投入，这一点可以从麦当劳快餐店的发展中得到证明。当麦当劳连锁集团还未成型的时候，创办人克罗克为求稳妥，曾找来一些经济实力雄厚的好朋友加盟，期望借助其实力打开市场。事实证明，这些好朋友却是麦当劳经营历史中最差的加盟者，因为他们都不以麦当劳的生意为生，只是将其当作一项副业来投资，缺乏一种积极参与、全心投入的精神。就在克罗克大失所望时，另一批加盟者却给他带来了新的希望。这批加盟者大都是穷人出身，他们愿意拿出毕生积蓄加盟麦当劳，并视麦当劳的事业为自己唯一的奋斗目标，他们花在店铺上的时间甚至比其在家中的时间还要多。

这批加盟者中有一个叫艾格特的人，原是一名印刷工人，妻子在街头卖《圣经》维持家计。夫妻俩一直有一个心愿，希望能积蓄一笔资金开家餐厅。1955年年初，克罗克的麦当劳除了加州以外，尚未卖出一份特许经营权，因而任何表示有兴趣加盟的人，他都乐意尝试与之合作。在这种情形下，艾格特与克罗克一拍即合。艾格特马上拿出950美元取得了一份麦当劳特许经营权，然后拿出25 000美元的全部身家，在芝加哥北郊一个小镇开店，成为麦当劳除了加州以外的第一家连锁店。正式营业后，生意好得出奇，"15分钟一个美味汉堡"的消息很快传遍了整个小镇。到第三天，快餐店外面排起了长队，艾格特夫妇知道，好景就在眼前了。他们俩一个掌灶，一个掌柜，将全部精力放在店铺经营上，经过一年的努力，营业额达到25万美元，扣除一切开支，获纯利5万美元。几年之后，他们成了镇上的富人。

克罗克后来选择的加盟者大都与艾格特出身差不多，他们虽然资金有限却全身心投入，愿意为麦当劳的事业而奋斗。现在，麦当劳挑选加盟者也主要注重其个性和动机、价值观和人生态度、个人经历、能力和品格，资金实力不放在第一位来考虑。

因此，在选择加盟者时，不应太注重他的资金是否充裕，关键在于他的素质如何。日本7-11便利店的社长铃木敏文经常说："商业是人的事业，人的素质是决定成败的关键。"只要加盟者具备优良的素质，尽心尽力地工作，就能够弥补店址和资金的不足。

有些特许经营企业会公开它们的加盟者选择标准，表5-3是从各企业网站收集到的加盟者选择标准样本。

表5-3   加盟者选择标准

公　司	加盟者选择标准
麦当劳	富于创业精神、有强烈的成功欲望。能够激励、培训员工。具有管理财务的能力。愿意用所有时间、尽最大努力经营企业。愿意完成全面培训和评估计划。经济条件合格
波士顿比萨	具有必要的资本投资和经济条件；人力资源，包括人事管理；当地市场的从业经验。愿意与波士顿比萨合作。有强烈的成功欲望、勤奋工作，有成功的发展潜力
Jungle Jims	我们只接受那些经合理调查，表明拥有必需的技术、受教育水平、个人素质和经济来源，能够满足成功经营餐厅需要的加盟者。我们会对加盟者的活动适当监督，为公众、其他加盟者、员工和供应商保持特许经营体系的完整性
Gelare	无需特殊经验。加盟者选择过程更注重应征者的个性和个人素质。我们认为一个成功的加盟者需要有团队精神，对产品和服务充满责任感和诚信。有良好的人际关系和顾客关系、有抱负、正直、有成功的欲望、勤奋工作和有充沛的精力。所有的应征者都应意识到，特许经营不是被动的投资，而是要全力以赴
Wendy国际（澳大利亚）	有积极的态度、提供出色客户服务的能力、与员工良好合作的能力。有强烈的成功欲望，愿意积极投身Wendy的特许经营事业。充满精力和热情。能够接受引导，愿意接受改变，有团队精神，愿意成为特许经营体系的一部分

资料来源：贾斯特斯，贾德. 特许经营管理［M］. 张志辉，王丹，等译. 2版. 北京：清华大学出版社，2004.

5.2.2.2　不合格加盟者的特征

有以下缺点的人不能被选为加盟者：

（1）不愿雇用他人的人

有些投资者自己已拥有小零售店，且为家庭经营模式，投资者不愿意雇用店员，不愿意他人经手金钱。由于只依赖家庭成员看店，可能引起家庭成员间的沟通失衡，最终造成经营失败。

（2）自满自足的人

有些投资者不愿付出自己的努力，他们认为："我现在是一个老板了，老板就可以不干活。"这种"老板综合征"是很危险的。有这种思想的人在行为上必然会表现出来，他们总以为自己可以不劳而获，这种人几乎不可能取得商业上的成功。

（3）惊慌失措无主见的人

这种人又分为两种：一种是投资者在开业后面对所承担的责任和繁重的工作惊慌失措；另一种是投资者无法承受开业之初可能面临的亏损局面，其实这种局面在企业站稳脚跟后是会过去的。

（4）年龄太大的人（50岁以上的人）

年龄太大，往往不能接受新鲜事物，尤其不能适应电脑系统的操作和管理。此外，年龄过大，精力也有限，很难应付繁杂的日常管理事务，可能导致经营失败。

（5）无法履行协议的人

如果投资者不守信用，或因某些客观原因不能遵守协议，在成为加盟店店主后，可能违反合约，产生许多麻烦，这种人最不适合加盟。

（6）想一本万利的人

由于特许经营是小本经营，要求脚踏实地，投资者不仅要交纳加盟金，以后还要按月交纳权利金，如果投资者期望值过高，妄想一蹴而就，那么，他是不适合加盟的。

（7）夫妻感情不和的人

加盟特许经营，投资者必须取得家人尤其是配偶的全力支持，否则很难成功。因此，加盟总部在审核加盟者人选时，会要求配偶也同时前往参加面试，以便了解其配偶的态度。

丽婴房在中国台湾发展特许经营事业时，曾经遭遇了一些坎坷。尽管丽婴房对加盟者的专业知识、财务能力以及加盟店店址评估都有极为严格详细的调查，对于加盟者的教育训练也都比较重视，然而有些加盟店开业不到一年，加盟者就不能继续经营下去了，发生了请求公司收回的现象。事后追查原因，多半是受到了配偶的影响。由于加盟者以女性为多，多半育有子女，而加盟店员工的流动性较大，加盟者必须花费相当多的时间打理店铺，忽略了对子女的照顾，进而使配偶不谅解。在后来的审核过程中，公司特别针对加盟者的家庭及配偶做解释沟通，加盟者因为配偶或家庭反对而放弃经营的比例明显下降。

5.2.2.3 加盟者资格审核

在连锁企业开展特许经营的初期，也许并没有一套标准的加盟者资格审查表，只是根据审查人的经验来评估加盟者是否合适。但在多次的约谈和审查中，许多加盟总部逐渐发展出一些成熟的审查项目，为了简化工作，还将这些审查项目制成相应的表格，使得加盟者的审查工作变得更规范、更简单，即使是工作经验不太丰富的人也能比较容易地掌握。

加盟者资格审查表的项目主要包括上面介绍的几个方面，见表5-4。

表5-4 加盟者资格审查表

评估项目		权重（%）	很好	较好	一般	较差	很差
加盟者自身条件	工作经验	45	5	4	3	2	1
	学历状况		5	4	3	2	1
	专业知识		5	4	3	2	1
	经营理念		5	4	3	2	1
	婚姻家庭状况		5	4	3	2	1
	个性特征		5	4	3	2	1
	潜力及可塑性		5	4	3	2	1
	对公司的了解		5	4	3	2	1
	沟通、领导能力		5	4	3	2	1
资金状况	加盟金	25	5	4	3	2	1
	保证金及担保物品		5	4	3	2	1
	资金状况		5	4	3	2	1
	贷款能力		5	4	3	2	1
	营业周转金		5	4	3	2	1
加盟店地址	商圈种类	30	5	4	3	2	1
	商圈范围		5	4	3	2	1
	客源调查		5	4	3	2	1
	竞争店状况		5	4	3	2	1
	交通状况		5	4	3	2	1
	公共设施		5	4	3	2	1
合计							

加盟总部在使用资格审查表时，应根据自己的行业特点设计适合的审查项目。同时，由于招募对象不一样，对于个人加盟者和区域加盟者，适用的表格中的内容也会不同。

5.2.3 会议招商注意事项

参加全国性或区域性的特许经营展览会和自行召开的地区性招募发布会是加盟总部常采用的招募方式，下面就会议招商这一方式介绍注意事项。

5.2.3.1 做好会议招商的规划工作

加盟总部无论采用何种方式招商，都必须提前做好规划。招商是一项重要的市场拓展工作，是运用招商人员的知识和智慧，筹划一系列的活动去吸引外来投资者加盟的活动。成功的招商必须建立在周密、系统的科学策划基础上，运用整合策略，方能全局一盘棋，胜算了然于胸。在招商的前、中、后三个阶段中，大部分加盟总部最关心的是招商中的运作，招商前的准备和招商后的深化却少有人问津，导致招商效率不高。如果是参加各地举办的特许经营展览会，加盟总部应仔细分析展览会的性质、展摊位置、参展费用等。有条件的话，最好参加信誉高、规模大、影响力广的专业特许经营展，一方面可以寻找潜在加盟商，另一方面可以树立特许经营品牌形象。

5.2.3.2 做好招商前的准备与沟通工作

招商是一项复杂的系统工程，周期长、事项多、投资大。招商的成败遵循6∶2∶2的黄金比例，即招商的成功有60%来自前期的准备与沟通，有20%来自现场的氛围、支持政策等影响因素，有20%来自后期的跟踪服务。目前，市场竞争越来越激烈，潜在加盟者对加盟总部的要求也越来越苛刻，招商工作的难度越来越大。为了使招商工作顺利进行，前期必须有一个较为系统的招商方案：一是要加强对市场的宣传，宣传范围要广，势头要猛，频率要高，要让该行业的生产者和经营者都知道某加盟总部在招商。二是要事先做好准备工作，详细规划招商工作细节。以招商会为例，招商前的准备工作包括招商目标定位、标准确定、邀约步骤、招商政策、合同权利与义务、签约规范、招商会筹办、媒体广告计划、招商费用预算、违约处理、风险规避机制、会议场地预订、人员配备、会前目标客户沟通与邀请、各项展示资料的准备等。对于加盟总部自己举办的招商会来说，会前目标客户沟通与邀请最为重要。

对于加盟总部来说，招商会的会前沟通可以对潜在加盟者有所了解，并建立一定的信任感；对于拓展人员来说，会前沟通可以与目标客户建立亲密感，经过几次电话沟通，双方要达到很亲密的程度。这样，在招商会现场就能起到"临门一脚"的效果，所以一定要强化前期准备与沟通。会前可采取电话、邮寄或传真发函、电子邮件、登门拜访等方法，将邀约名单具体落实，预估会前确定的客户数量，准备现场的接待策略。另外，在会议现场还可以通过现场宣传、派发资料等手段，邀请和吸引客户。

5.2.3.3 注重招商过程中的细节问题

很多加盟总部对招商的宣传非常看重，但对招商过程中的细节却不注重，比较马虎，考虑不周到，以为细节不会影响招商的成败。其实这是错误的观点，所谓"窥一斑而见全豹"，说的就是细节的魅力和作用。在招商的整个过程中，需要妥善处理每一个细节，才能获得潜在加盟者的认可，企业形象也才能在潜移默化中得到提升。例如，在某次招商会上，前期的宣传工作很成功，目标客户也都到齐了，市场部的工作人员把其他准备工作都做得很充分。但当请来的专家正式演讲时，发现会场的投影仪启动不了。在接下来的5分钟，由于该加盟总部没有很好地进行安排，会议进程完全被打乱，与会的目标客户马上对该加盟总部产生了不成熟、不专业的感觉。有人起身离开，有人开始聊天，会议的效果大打折扣，直接影响招商的效果。所以说，细节决定成败，这是一个在实践中被反复证明的真理，在招商工作中也是一样。

5.2.3.4 注意招商会后的及时跟进服务

招商工作告一段落后，尤其是招商会议结束后，并不意味着招商工作的完结，从某种意义上说，会后的跟进是一项更艰巨、更深入的长期工作。很多加盟总部都将会后的跟进服务落实到人，进行详细记录，每个与会人员都有专人负责跟进，对成功招商的工作人员给予适当奖励，对于不主动进行会后跟踪的人员给予适当处罚。招商会期间，参观者只是对加盟总部有了粗浅的认识，真正的生意往往来自会后的洽谈。招商会虽然结束了，但生意才刚刚开始。对于那些已经签了意向书的潜在加盟者，要让其不反悔、顺利地加盟，一定要在会后一两周内及时、主动地跟进服务；对那些犹豫不决的潜在加盟者要进行说服，因为大部分潜在加盟者在没有确定加盟之前，都习惯参加不同加盟总部举办的会议进行比较和筛选，良好的会后跟进能够有效地促成签约，扩大招商会的战果。所以，会议效果的传播以及影响力的扩大，潜在加盟者的发掘、跟踪、洽谈和落实，经验、教训的总结等，都是会后跟进工作的主要内容，也是招商成功的主要因素。

小资料5-1

小肥羊加盟申请表

一、申请加盟区域概况

_____省（自治区/直辖市）_____市（自治旗）_____县（盟/区），人口_____万，面积_____平方千米。

二、申请加盟者概况

A.企业法人加盟填写

企业名称		企业类型	
注册地址		注册资本	
经营范围			
法定代表人		联系电话	
传真号码		电子邮件	
联系地址		邮政编码	
其 他			

B. 自然人加盟填写

姓名		性别	
出生年月		身份证号码	
联系电话		传真号码	
电子邮件		其他联系方式	
联系地址		邮政编码	
从事职业		有无餐饮经验	
经历概述			

C. 预选店址情况调查表

	预选店址	邻近预选店址的物业
名称		
地址		
面积（平方米）		
租金（万元/年）		
租期（年）		
结论	预选店址租金是否低于市场同类租金价格水平：□是 □否	

预选店址物业情况（结构、层高等）：

结构：（混凝土钢筋框架结构或老式砖瓦结构；所选房屋楼层结构：一层或多层；每层面积分布）

层高：（每层房屋地面到房顶的高度各是多少）

预选店址配套设施（水电、排风等）：

水：（有无供水、排水管道；排水管道横截面直径大小）

电：（电容功率大小，有多少瓦）

燃气管道：（是否接入燃气管道；是天然气还是煤气）

排风管道：（房屋外部环评批复及内部层高是否满足安装排风管道）

空调设施：（房屋层高是否满足安装中央空调或顶挂式单机空调；空调设施制热、制冷效果是否理想）

备注：可参考租金调查方法有如下几种，申请人可选择使用：a.询问当地房产交易所；b.实地访问被调查物业；c.收集当地媒体信息；d.房地产中介机构评估；e.用投资价格评估法评估

D. 市场调研

1. 商圈概况：

商圈：指以预选店面为圆心，半径1 000米或驱车5分钟时间范围内的消费圈

学校	
社区	
百货零售业	
交通	

竞争对手分析（主要为当地火锅业经营状况，如数量、人均消费等）：

竞争对手1：_____火锅店

预估每天营业额：

人均消费：

产品特色及口味：

服务水平：

装修档次及新旧程度：

其他：

竞争对手2：_____火锅店

预估每天营业额：

人均消费：

产品特色及口味：

服务水平：

装修档次及新旧程度：

其他：

2. 商圈人流调查表（包括预选店址及竞争对手）（单位：人）：

新址商圈人流统计			
新址 第____星期	11：30—14：30 （3个小时）	17：30—20：30 （3个小时）	总计
年__月__日；周____			
年__月__日；周____			
年__月__日；周____			
年__月__日；周____			
年__月__日；周____			
年__月__日；周____			
年__月__日；周____			
总计			
竞争对手来客数统计			
竞争对手 第____星期	11：30—14：30 （3个小时）	17：30—20：30 （3个小时）	总计
年__月__日；周____			
年__月__日；周____			
年__月__日；周____			
年__月__日；周____			
年__月__日；周____			
年__月__日；周____			
总计			

3.AC（客单价）预估：_____ TC（来客数）预估：_____

4.日均营业额预估：_____

5.商圈内人口数量、职业状况、年龄分布情况：_____

6.商圈内潜在消费群体消费习性、生活习惯分析：_____

7.商圈未来发展前景分析：_____

E.附件资料

☐ 自然人申请需提交资料：

1.身份证复印件；

2.预选店址内部架构、外立面、周边商圈、竞争对手照片。

☐ 企业法人申请需提交资料：

1.企业营业执照复印件；

2.法定代表人身份证复印件；

3.预选店址内部架构、外立面、周边商圈、竞争对手照片。

F.资料提交渠道

1.发送至电子邮箱：×××××××× （推荐使用）

2.传真至加盟中心：××××-××××××××

申请日期：_____年__月__日

小思考5-2　为什么选择加盟者不应过度关注他的资金情况而应关注他的素质、能力？

5.3　培训加盟商

案例5-3

张亮集团通过系统的培训与支持赋能加盟商

张亮麻辣烫创立于2008年，由东北哈尔滨一家小店起家，经过10多年的发展，截至2024年底，已有6 000多家加盟店。张亮集团将加盟商视为内部员工，为了让加盟店尽快走上正轨，适应日益激烈的市场竞争，集团需要思考如何帮助加盟商迅速掌握核心技能，实现门店标准化运营，进而提升整体业绩。而系统的培训与支持，正是赋能加盟商的一个重要举措。为此，张亮集团通过150天的打磨，全面优化了商学院课程和培训方法。

首先，公司对商学院课程内容进行了深度提炼。一方面，去除了冗余和过于理论化的部分，保留了加盟商最关心、最实用的核心知识点。另一方面，注重将方法论转化为具体的实操步骤，使加盟商能够轻松理解并快速应用。此外，公司还优化了课程结构，遵循由易至难、循序渐进的原则，确保加盟商能够逐步掌握高级技能。

其次，公司对培训方法和流程进行了优化。加盟商在完成商学院理论学习后，需携关键岗位员工参加为期五天的实操培训。在这五天里，公司将通过现场演示、实操演练等方式，帮助加盟商深入掌握各项技能。同时，公司特别强化了直营店带训环节，确保带训内容既符合通用标准，又贴近当地市场实际。

再次，公司为加盟商提供全方位学习支持。一是提供7本培训手册，涵盖了门店运营的各个方面。二是引入线上学习平台，提供了丰富的学习资源，加盟商可以随时随地学习，公司也能及时同步最新的标准变更和新品上线信息。三是提供SOP上墙服务，将操作流程直观地展示在门店内，方便加盟商随时查看和学习。四是通过张亮学堂为加盟商提供经营流程推送服务，帮助加盟商更好地掌握门店经营的全流程。

最后，公司定期举办营收提升培训。每年近100场的营收提升培训为加盟商提供了有针对性的经营策略和方法，涵盖了外卖与堂食营收提升策略、食品安全知识等多个方面。同时，公司还会邀请优秀加盟商进行经验分享，让其他加盟商能够从中汲取经验、受到启发。

通过200余期商学院课程的深度提炼和直营店带训的强化，以及每年100场的营收提升培训，加盟商能够更快速、更全面地掌握门店运营的核心技能，为顾客提供更为一致和优质的服务体验。这些举措不仅有助于加盟商的成长和发展，也加强了公司与加盟商之间的联系和合作，增强了加盟商对企业的信任和归属感，促进了双方的紧密合作，实现了"双赢"。

资料来源：中国连锁经营协会. 2024连锁业人力资源与组织提效创新实践案例集［EB/OL］.（2024-08-12）［2025-07-07］. http://www.ccfa.org.cn/por/article/downFiles.do? attaId=302267.

培训是任何成功特许经营体系的核心所在，是加盟总部发展计划中非常重要的一环。特许经营在某种意义上是一种成功经验的不断复制，这种复制依赖于知识和技能的有效传播。培训将培养加盟者成功所必需的技能、知识、经营理念，尤其是对那些毫无行业经验的加盟者而言，培训就是将外行转变成内行的有效途径。加盟商培训是一项长期工作，无论是培训内容的设计，还是培训方法的选择，加盟总部都应该高度重视，追求最佳的培训效果。

5.3.1　培训体系设计

加盟商是加盟总部与消费者之间的桥梁，也是加盟总部获得市场利益的中间节点，因此，打造良好的加盟商队伍已成为加盟总部在市场竞争中获取核心竞争力的关键。加盟商培训主要有三个目的：一是增进了解，树立正确的观念，培养与加盟总部相同的目标、理念，认同加盟总部的价值观和企业文化；二是灌输知识，较为系统地对加盟商进行营销知识、管理工具与方法等的训练和内化；三是解决问题，帮助加盟商进行深度诊断和分析，找到加盟店存在的问题并提出科学的解决方案。

一般而言，加盟总部对加盟商的培训主要有三个阶段，每一阶段加盟商的培训需求不同，因而培训内容和采取的培训方法都应有所不同。

5.3.1.1 开业前培训

加盟双方一旦签订特许经营合约，加盟商就要按规定接受加盟总部的培训。培训时间一般在门店开业前一周或一个月，有的甚至更早，如麦当劳公司的培训要提前半年以上。这个时期的培训一般以课堂讲授为主，也有现场实践，在授课结束之后往往在样板店实习一段时间，加盟商考试合格之后方能独立开店。授课的内容非常广泛，包括加盟总部的方针政策、人员管理、采购、销售、促销、财务管理、操作技能等。这些内容都写在一本培训手册中，培训手册涵盖了所有特许经营体系的制度和运作程序，是加盟总部知识产权的综合。

5.3.1.2 开业培训

开业培训是在加盟店正式营业的初期对加盟商进行的现场培训。加盟总部往往会派出培训部成员或督导人员与加盟商一起工作，解决开业时所面临的各种难题。当然，有些小规模的特许连锁企业还无法提供这一培训服务，这也是考验加盟总部服务水平的一个重要环节，因为这个时期的培训对加盟商而言是十分重要的。课堂讲授的知识要转变成加盟商的实际经验还是有一定难度的，即使加盟商经过了一定时期在样板店的实践，但由于各门店所面临的问题不一样，在刚开业时各方面尚未走上正轨，此时加盟商非常希望加盟总部能扶他一把。大多数加盟总部相信，从开业前培训到开业培训最好由同一培训员提供服务，这种亲近感有助于加盟双方建立良好的业务关系，并能赢得加盟者的忠诚，提高工作热情和团队精神。

5.3.1.3 后续培训

加盟总部对加盟商的后续培训没有统一的模式，其方式因企业不同、行业不同而大不相同。有些加盟总部在加盟店开业后再没有正规的培训项目，而是将后续培训交给督导员去做；有些加盟总部在季度、半年或年度的交流会上提供培训；有些加盟总部则在需要时就加盟商感兴趣的话题举行研讨会；一些大型特许经营企业制订计划进行定期的再培训，以保证加盟商的知识不断更新。

美国特许经营学者罗伯特·T.贾斯蒂斯曾经给出了一个受许人初始培训的提纲，其中包括六个大项、数十个小项，比较全面地概括了加盟培训的主要内容。

小资料 5-2

受许人初始培训提纲

- 概要
  - ◇ 特许人致辞
  - ◇ 行业概况
  - ◇ 特许人基本信息
  - ◇ 合同、授权、许可
  - ◇ 双方的权利、义务、禁忌
- 财务
  - ◇ 财务报告：资产负债表、利润表、现金流量表

◇ 现金预算与现金管理

◇ 记账规则

◇ 收银与出纳管理

◇ 信用卡、支票等支付手段

◇ 现金流动：银行、零售

◇ 销售款项的管理

◇ 员工薪酬管理、社会保险、所得税

◇ 设备、房产等的租赁

◇ 必要的保险

• 营销

◇ 目标市场

◇ 目标顾客

◇ 广告与促销

◇ 开业前的准备

◇ 开业仪式

◇ 开业后的推广

◇ 销售策略

◇ 客户关系

◇ 产品与服务的界定

• 运营

◇ 店面管理

◇ 内场管理

◇ 设备管理

◇ 维修管理

◇ 销售管理

◇ 人员管理

◇ 库存管理

• 服务/生产

◇ 设备采购与安装

◇ 库存控制

◇ 订单管理（从特许人和指定供应商处的进货）

◇ 服务规范

◇ 服务/产品的生产方式

◇ 仓储管理

◇ 卫生、安保、防火

◇ 生产与服务的流程

> - 行政
> ◇ 岗位职责
> ◇ 员工招聘、考评、培训、激励
> ◇ 工作日志、报告制度
> ◇ 劳动相关的法律问题
>
> 资料来源：王晓民，罗天宇. 特许经营体系管理［M］. 北京：中国人民大学出版社，2011.

5.3.2 培训方法选择

为了使培训工作卓有成效，加盟总部的培训计划不仅需要设计合理的培训内容，还需要选择合理的培训方法，表5-5是一些培训方法的特点介绍。加盟总部还应该对培训计划的实施效果进行系统的评价，同时还必须把评价与当时确定的培训目标联系起来，衡量培训计划是否成功。当然，为使培训获得成功，加盟总部必须创造适合学习的环境。这种学习环境可以有效地强化培训效果，并加强加盟者之间的交流和沟通，提高加盟者的满意度。

表5-5 各种培训方法特点介绍

方　法	特　点
课堂讲授	接近现实，内容连续；可以利用职业教育机构或专家；被培训者不能积极参与
演示	有利于演示设备或销售技巧；展示培训各个方面的事宜；被培训者积极参与
录像	活跃；有利于演示；可多次使用；缺乏被培训者的积极参与
项目指导	以固定方式提供信息；要求被培训者做出反应；提供行为反馈；可根据被培训者的进度做调整；初始投资大
会议	适用于管理培训；会议领导人必须鼓励参与，强化训练
敏感性训练	深入地相互影响；对管理人员了解员工十分有用
案例研究	提出现实的或假设的问题，包括环境、有关信息和疑问；在实践中学习；面对大量互不相同的问题
角色扮演	被培训者置身于真实环境之中并行使职责
行为模式训练	被培训者对录像或角色扮演课程中的行为模式进行模仿
技能指导	被培训者以自定进度的方式完成一系列任务或练习
咨询式培训	将培训、诊断、咨询有机结合，从加盟店实际情况和适应未来发展出发，对加盟店营业和成长过程中出现的问题进行解答，并提供实际的解决思路和方向，实施具有实效性的培训解决方案

资料来源：伯曼，埃文斯. 零售管理［M］. 吕一林，熊鲜菊，等译. 7版. 北京：中国人民大学出版社，2002.

由于经济和技术的发展，培训已经不容置疑地成为每个企业日益重视的一项活动。加盟总部不仅需要进行各种不同层次、不同内容的培训，而且需要加强对培训工作的管理，加强规划性和针对性，选择恰当的方法，保证培训的质量，通过培训切实提高加盟者的素质，增强加盟店的竞争力和活力。

过去，加盟商培训方式主要是课堂讲授和现场示范，目前，加盟总部开始重视咨询式培训方式，针对某些加盟店存在的具体问题进行咨询和提供实效性强的培训方案。咨询式培训首先要进行调查，将加盟店存在的问题进行深入分析，然后共同制订适宜的加盟店改进方案，在改进方案的基础上制订培训计划，协助创建学习气氛，不断更新业务知识，提高加盟商解决问题的能力与水平。咨询式培训往往用于加盟店开业后的后续培训中，它不追求一堂课的成败，而追求与加盟商建立合作伙伴关系，根据加盟店的实际情况有针对性地策划培训项目，量身定制教学安排及培训课程，进行全程细致周到的培训组织与服务，开展培训评估，及时了解学员反馈，促进课程改善，建立永久共识和合作的深层关系。

5.3.3 加盟商培训管理

好的培训在于好的培训管理，只有事先经过周密的计划，加强对培训内容设计、培训老师选择、培训过程互动、培训效果评估等各环节的管理，加盟总部的培训工作才能真正达到前面所述的三大目标。

5.3.3.1 重视培训内容的设计

加盟商培训不能只图热闹，走过场，培训内容要从加盟店管理的实际情况出发，分析加盟店存在的瓶颈问题，突出实战性、先进性、启发性和可操作性。最好能针对不同的加盟商背景、不同的行业背景和不同的区域市场进行个性化培训内容设计，以便达到最佳效果。如果没有前期的调研工作，设计的培训内容都是一些"放之四海而皆准"的大道理，加盟商在培训时可能听起来有道理，但回去后不知道如何运用，培训目标很难达到。

5.3.3.2 重视培训老师的选择

培训效果与培训老师的选择密切相关，培训老师必须拥有丰富的企业实践经验。首先他是一名优秀的连锁管理专家，对加盟商遇到的各种问题十分熟悉并有一套科学的解答方案；其次他是一名学者，拥有深厚的专业理论知识，对企业问题知其然也知其所以然；最后他才是一名培训老师，能灵活运用多种培训技巧，将自己的知识传授给受训者。

5.3.3.3 重视培训过程的互动

加盟商培训不是简单地教与学、简单地灌输和接受，而是对加盟店的实际问题提供一系列解决方案。因此，在培训前，培训老师要对特许经营体系的加盟商、督导员进行调研与访谈，加盟商也要积极配合提供一些资料与信息，以便做到结合加盟店存在的问题进行培训。在培训过程中，培训老师要与加盟商充分沟通，了解每个加盟商的知识结构和素质水平，选择合适的培训方式，全方位互动，调动起加盟商的兴趣，营造良好的培训氛围。

5.3.3.4　重视培训效果的评估

培训课程结束后，培训工作并没有完结，加盟总部还需要通过学员的反馈对每次培训做一个准确的评估，总结经验，提炼出好的培训方法和培训内容，以便今后设计更合适的培训方案。

总之，对加盟商的培训不是一朝一夕的事情，而是一项长期而艰巨的任务，加盟总部一定要确立培训的战略思想，把对加盟商的培训视作长期提升终端营销能力和消费者品牌忠诚度的重要措施，视作获取特许经营体系核心竞争力的重要环节。这样，对加盟商的培训工作才能落到实处，并取得良好的效果。

小思考5-3　对加盟店店长培训和对加盟店员工培训在培训内容和方法上有什么不同？

本章小结 ✓ --------------------------------------●

特许经营的招募工作一定要有序、有计划地进行。加盟总部的招募方式主要有媒体招商、展览会和招商会、人员招募、店面POP和口碑宣传、内部创业制度。加盟总部在正式招募加盟者之前，必须提前准备好相关的招募宣传文件和有关法律文件，主要包括加盟总部基本信息、企业文化、产品和行业介绍、特许经营优势和加盟总部支持、加盟模式和投资回报、加盟者条件、常见问题解答等。加盟总部招募加盟商一般要经过招募宣传、回应询问、提供资料、初步约谈、评估条件、计划沟通、正式签约7个步骤。对于加盟总部来说，特许经营事业能否成功，选择合适的加盟者是关键因素之一。因此，加盟总部必须设定合格加盟者和非合格加盟者的条件以便甄选。培训是任何成功特许经营体系的核心所在，加盟总部对加盟者的培训主要有三个阶段：开业前培训、开业培训和后续培训。目前，培训方法可谓灵活多样，加盟总部要根据加盟商的特点和培训要求来选择具体的培训方法，同时要重视培训内容的设计、培训老师的选择、培训过程的互动和培训效果的评估。

主要概念和观念 ✓ --------------------------------------●

招募方式　内部创业制度　招募速度　集中开店　购买力指数　商圈饱和度培训体系　培训方法　咨询式培训

基本训练 ✓ --------------------------------------●

□ 知识题

1.加盟总部的招募方式有哪些？内部创业制度适合在什么情况下运用？

2.招募推广文件的主要内容是什么？

3. 加盟总部如何控制招募速度？

4. 加盟总部招募加盟商一般要经过哪些步骤？

5. 合格的加盟商应具备什么条件？不合格的加盟商的主要特征是什么？

6. 会议招商要注意什么问题？

7. 加盟商培训主要包括哪些环节？如何加强加盟商培训管理工作？

8. 加盟商培训的方法有哪些？什么是咨询式培训？

□ 技能题

尝试做一个加盟商开业前的培训计划，包括设计培训内容、选择培训方法和设计培训流程。

□ 能力题

1. 案例分析

古茗调整加盟政策，大力扶持"在店管理"

古茗创立于2010年，截至2025年2月12日在港股上市，门店数量突破1万家，在中国现制茶饮品牌中排名第二。古茗用15年时间开出10 000多家门店，平均一年600多家，对比很多喜欢强调自己高速增长力的茶饮品牌，古茗开店速度并不算快。而古茗过人之处在于持续活在牌桌上，挺过了一轮又一轮的茶饮行业周期。

古茗成功的关键在于采用了非常严格的加盟商筛选机制，需要经历4轮审核+150题测试，淘汰率常年超60%，最终面试通过率仅1%。如此严苛的比例，古茗创始人王云安解释说，要克制住，不被短期巨大利益诱惑。把脚放在油门上当然可以发展得又快又爽，但不注意就可能翻车，而放在刹车上，是一个需要下很大决心克制的过程，古茗整个团队都知道只有这样才能发展得又好又久。

古茗优先选择夫妻店、有零售经验者，拒绝纯财务投资者，十分强调加盟商必须"在店管理"。2025年初，古茗集团发布了一则《关于新加盟商开店政策调整的通知》，通知称："古茗筛选合作伙伴的要求是在店经营，亲自参与门店的一线管理。在此也说明，资金并非古茗筛选的标准，不能亲自在店管理的加盟者无法加入，希望能够理解。"

为了让愿意在店管理，但启动资金不足的创业者，有机会通过开店改善生活，古茗主动调整了加盟政策。该通知声明："自2025年2月起，加盟费和部分大型设备费用（含咖啡机）共计约25万元，采取分期支付政策。新合作伙伴首年最低23万元就能开出一家店，降低初期投入资金需求以及投资风险。如果经营亏损，次年不续约者加盟费不需要缴纳，设备承担少量折旧费用。"

古茗内部有一个标签叫"同事"，是在选择加盟商伙伴时强调的唯一标签，只有同心同德的同事，才能长久共同发展、携手共进。所以，古茗经常用排除法去寻找"长期合作发展的同事"。许多从懵懂无知开始开店的夫妻店，逐渐成长为跨区域管理的多门店小公司，甚至有些人被返聘到公司任职。

在培训机制上，古茗对内搭建了完善的加盟培训机制，从基础的技能培训、运营培训，到高级别的管理培训、财务培训等，全面赋能加盟商，让加盟商与品牌共同成长。古茗还积极引用数字化管理，通过摄像头采集照片和数据，利用AI系统分析，及时发现门店问题并推送给督导，便于对业绩差的门店进行管理。

为了帮助每家门店提升效能，古茗结合前期建立的数据中台前端销售数据和门店实际采购量，建立了原材料的利用率排行榜。利用率在90%及以上的门店属于优秀，自然利润会更高，利用率在80%~90%属于及格，80%是每家门店都需要达到的水平，方可确保盈利。而低于合格线的门店，古茗会和门店沟通，让他们检查，在操作过程中，是什么原因导致利用率偏低，如原材料浪费、配方错误、店员偷吃、错单率高等，帮助门店及时改正。

古茗与加盟商共赢理念以及优秀的单店模型使得加盟商体系稳固，2024年平均每个加盟商开2家店，仅次于蜜雪冰城，而在门店超过两年的加盟商中，平均每个加盟商经营2.9家门店，71%的加盟商经营两家或以上加盟店。

资料来源：餐企老板内参．得三四线者得天下！古茗大力扶持"在店管理"［EB/OL］．(2025-02-27)［2025-07-07］．https：//mp.weixin.qq.com/s/MnD9bSpnNPNZdoWZdaV9mw.

问题：（1）古茗在选择加盟商时为什么要强调"在店管理"？

（2）古茗与加盟商的共赢理念主要体现在哪些方面？

2.社会实践作业

试从网络或其他途径收集某一行业不同加盟总部的招募推广资料，并总结这些特许经营体系各自的特点和要求。

第6章
加盟总部管理策略

学习目标 ✔ -------------------------------●

知识目标
- 掌握加盟总部内部控制系统包含的基本要素和具体控制手段;
- 掌握加盟总部的督导制度,督导员的作用和管理重点;
- 了解加盟双方关系所经历的三个阶段及其特点、良好加盟关系的回报;
- 了解加盟总部提升自身管理服务水平的具体策略;
- 了解加盟双方沟通交流的主要途径。

技能目标
- 学会制定某加盟总部的内部控制系统并明确每一环节的岗位职责;
- 学会为加盟总部设计一套比较完整的加盟店考核指标体系。

能力目标
- 能找出加盟总部内部控制系统中存在的问题并提出完善措施;
- 能识别加盟总部实施品牌战略联盟的机会并制订具体实施方案。

6.1 特许经营内部控制系统

> **案例 6-1**
>
> ### 从坐拥千家门店到破产清算,克莉丝汀做错了什么?
>
> 作为最早一批外资中式烘焙店,克莉丝汀巅峰时期在长三角坐拥超千家门店。其产品丰富多样,涵盖面包、蛋糕、月饼等2 200余种,深受消费者喜爱。克莉丝汀创立于1993年,由罗田安在上海投资创建,此后一路顺利扩张。2000年,克莉丝汀成为行业内唯一接近千家连锁店的企业。2012年,克莉丝汀在港交所敲钟上市,成为国内"烘焙第一股"。同年,克莉丝汀实现营收13.88亿元,一时间风光无限。
>
> 然而好景不长,克莉丝汀自2013年起便陷入连续亏损的困境,并且门店开始

逐渐减少，到 2022 年上半年，门店已缩水到 200 多家。同年 7 月被曝经营异常，几乎所有门店暂停营业，以及存在拖欠租金、员工工资的情况。9 月 2 日为其官方公众号最后一次更新。12 月，因拖欠贷款、资金等约 5 700 万元，银行账户被冻结，全部门店歇业。

2023 年 3 月，罗田安对外公开声称："很难再开了，希望早日破产清算。"自 4 月 3 日起，克莉丝汀暂停股票买卖，最终在 2024 年 12 月正式退市，曾经的辉煌已化为泡影。

克莉丝汀为何会走到如今这般田地？究其原因，内部矛盾不断是一个重要因素。在公司上市后，创始人罗田安与现任董事会之间的矛盾不断升级，导致管理层出现严重分歧甚至内讧，许多战略规划无法有效实施。从 2017 年到 2019 年，高管席位多次变动，内斗不止，管理失控，削弱了经营能力。

此外，面对国内烘焙行业激烈的竞争，克莉丝汀的反应显得很迟缓，消费者的口味和消费习惯都在发生变化，而克莉丝汀却比较"固执"。在研发方面没有什么大的创新，依赖传统产品。而此时一批打着"现烤现卖"招牌的新兴品牌开始抢占市场，比如鲍师傅等。克莉丝汀却固守原有模式不怎么改变，难免被贴上"过时"的标签。对于新零售渠道的崛起，克莉丝汀也没有及时调整战略，错失了在新渠道增加营收的机会。

公开资料显示，克莉丝汀早前斥资约 5 亿元打造的项目"甜蜜城堡"始终处于荒废状态，再加上快速扩张的门店，这些都为资金链断裂埋下了雷。为了缓解资金上的压力，克莉丝汀曾采取过自救措施，比如屡次卖楼卖房，来偿还拖欠的租金、员工的薪资等，但终究还是"治标不治本"。最后，这个曾经风光无限的品牌黯然离场。

资料来源：东方美食. 从坐拥千家门店到破产清算，知名餐饮成"时代的眼泪"［EB/OL］.（2025-04-11）［2025-07-09］. https://mp.weixin.qq.com/s/h8Z10xsG2ZfLRAia7thVng.

一个庞大的特许经营体系要保持步调一致，需要一个强有力的内部控制系统。这一控制系统相对于直营连锁而言要复杂得多，因为加盟店人员比直营店人员更难以控制和管理。由于加盟者自身的局限，缺乏全局观念，对加盟总部长期沉淀下来的各项管理制度不理解，用一种短浅的目光来看待企业的规范制度，甚至企图摆脱加盟总部的控制而不顾一切去争取眼前利益，因而常常会做出违反加盟总部规章制度的行为。然而，如果任由加盟商各自为政，将会影响特许经营体系的品牌形象，使潜在的加盟者失去信心。因此，打造一个完整有效的内部控制系统对加盟总部而言是十分重要的。

加盟总部的内部控制系统一般由三个要素构成：控制链、控制手段和考核体系。控制链是指贯穿于直接规范控制过程中的上级-下级的职权关系。控制手段是指为达到引导加盟者规范化运营、阻止其不规范行为产生的目的而采取的一系列具体的措施。考核体系是加盟总部对加盟店的形象、促销配合及其他方面进行考核评议的一整套系统，是内部控制系统实施的基础。

6.1.1 内部控制链

加盟总部的内部控制系统要有机运转，首先必须理清上下之间的层级关系，赋予每个职能部门和岗位以清晰的责任和权利。因此，内部控制链设计实际上就是加盟总部特许经营业务运作的组织机构设计。特许经营内部控制链的设计根据不同行业及企业不同发展阶段可以采取不同方式，没有一个完整适用的标准。在一般成熟的连锁企业中，如果既有直营店又有加盟店，则加盟总部都会专门设立一个特许经营事业部，其中又可分为开发部、培训部、管理督导部等具体部门，而直接负责内部控制的责任往往落实到管理督导部，且每一个岗位的具体职责均应落实到人。

内部控制链的设计要注意以下几个方面：①要符合加盟总部的内部控制目标，使每一项控制内容都能落实到岗位，且达到较好的控制效果；②要考虑特许经营网络现有的规模和未来的发展规划，以此来考虑工作岗位的人力配置；③要明确控制链各部门岗位的责任和权限，并有相应的制约措施；④要有畅通的信息流通渠道和信息反馈系统。

下面以某加盟总部为例介绍特许经营体系内部控制链的结构设计，如图6-1所示。

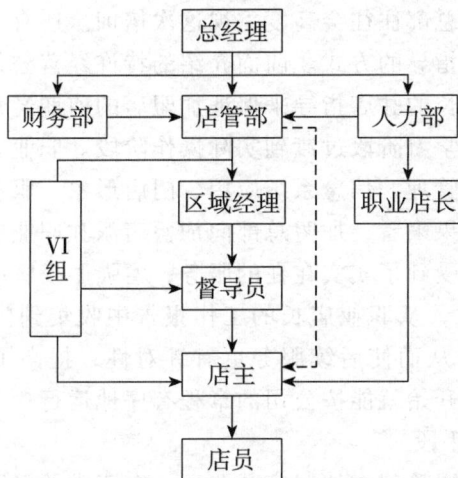

图6-1　某加盟总部内部控制链的结构设计

在图6-1中，该加盟总部的特许经营体系的内部控制链有三个关键岗位——督导员、VI组和职业店长。

督导员主要充当加盟总部与加盟店桥梁的角色，督导员每天例行访店，负责根据各项规章制度对加盟店的实施情况进行检查与跟进，并且及时向上反映，解决加盟店存在的问题和困难，做好加盟店的服务工作。

VI组可以由专门的人员组成，主要负责考评全部加盟店的规范执行情况，也考评督导员的工作效果。在每月和年度的加盟店评比考核中，VI组的考评结果占加盟店最终得分的比例最大。如果网点较多，每个区域都应设VI组。

职业店长是加盟总部派往加盟店的临时店长，主要负责指导新开店的加盟者熟悉并掌握核心技能和各项操作，按照公司的要求和店主共同执行标准化、规范化、细节化的门店营运与管理。他在某一加盟店的工作时间不是固定的，驻店时间根据实际情况而变化。

图6-1仅反映了加盟总部参与直接控制的几个机构和岗位。可以看出，加盟店处于店管部、督导员、VI组、职业店长四者的监督之下。在这里，店管部主要是根据POS系统反馈的信息掌控加盟店的经营情况。而督导员的工作受区域经理和VI组的共同监督。

6.1.2 内部控制手段

特许经营体系的内部控制手段可以分为前期控制手段、同期控制手段和反馈控制手段三大类。三类控制手段各有不同的特点和作用。

6.1.2.1 前期控制手段

前期控制手段主要用于对加盟店开业准备期和开业初期的质量控制，可以采取开业培训和驻店指导等具体手段。对于多数加盟总部而言，对加盟商进行开业培训是很重要的控制手段，培训的质量水平直接关系着加盟商后期的运作和对加盟总部经营方针的理解，加盟总部往往会高度重视这次培训。还有一部分加盟总部同时采取了指派职业店长驻店指导的方式。前面介绍的特许经营公司控制链案例中，该公司主要是设置了职业店长的驻店指导来保证加盟店的前期经营和控制，其目的是保证加盟商顺利地从培训学习阶段过渡到实际操作阶段。职业店长开展全方位的指导工作：商品管理、财务管理、信息系统应用、门店形象、服务指引、防盗以及应对突发事件。从实施的效果来看，加盟总部向加盟店派驻职业店长这个控制手段是卓有成效的，让加盟商感受到了实实在在的服务，增强了投资的信心。而加盟总部也得到了必要的决策信息，从职业店长的工作报告中收集到门店的信息，如经营状况、周边市场环境等，从而使后续服务更有针对性，提高了加盟店经营成功的概率，也保证了加盟店一开始就能按公司的章程有序地运行。

6.1.2.2 同期控制手段

同期控制手段是加盟总部在加盟店开业后，在正常的经营过程中同期进行控制的一系列方法和手段。多数加盟总部一般采取三种方式进行同期控制：例行访店、财务控制和信息管理系统控制。

（1）例行访店

例行访店主要通过督导员队伍来实施，可以加强加盟总部与加盟店店长、店主、员工的沟通，及时有效地帮助加盟店解决各种经营问题，跟进加盟店各项指标的完成情况。加盟总部可以事先设计督导员的"例行访店流程表"，规定每人每天访店活动的计划内容。这一控制手段的有效性取决于督导员素质的高低，因而培养合格的督导员十分关键。

（2）财务控制

加盟总部财务部人员会查看各加盟店的到货量、销售日报表和库存，更好地了解加盟店的业务情况。对加盟店的财务控制主要体现在收取货款和管理费方面。在一个正规的庞大的特许经营系统的控制下，加盟总部都会严格规定加盟店的货款和管理费的支付时间。一般情况下，如果加盟店发生了一些违约的事情，例如，加盟店不按时交付货款和管理费，财务部要及时催款，并告知督导人员进行督促；如果事情进一步发展，配送系统就会自动拒绝供货，财务部也会扣罚一定的违约金。

（3）信息管理系统控制

面对特许经营网络中庞大的商品、财务数据，加盟总部需要及时掌握各种信息，信息管理系统的建设就显得十分重要。信息管理系统是连接加盟总部与加盟店的一个桥梁，不仅能帮助加盟总部进行内部控制，同时也能帮助加盟店解决许多经营问题，发掘更多的商业机会，因而被加盟双方普遍接受与肯定。

第一，信息管理系统要实现加盟总部与各加盟店之间的信息联系。各个加盟店前台收款机和加盟总部信息中心的微机联网，每天交换数据。加盟总部对各加盟店汇总上来的信息进行加工整理，根据不同需要转到各部门的子系统，最终为决策提供服务。同时，加盟总部全面地接触到每个加盟商，与其进行一对一沟通，也便于内部各种通知、政策措施的公布，以加快信息传递的速度。

第二，信息管理系统要实现加盟总部、加盟店与配送系统的信息联系。加盟总部可以对加盟店所有的统配商品设置上下限，当账面库存低于商品下限时，系统自动补足商品库存到上限。加盟店每天可以根据销售情况自行在信息系统的叫货模块中请求送货。配送中心先收集各加盟店传送过来的订（退）货信息，根据不同的需求，统一组织货源，并在规定的时间内统一配送至各加盟店，或是收取破损、过期或滞销的商品。配送中心与加盟店的信息交流同步传输到加盟总部，加盟总部的管理人员可以通过信息流和物流对加盟店进行控制，直接从信息管理系统中实时检测加盟店的销售数据。如果发现异常，可以很快查明原因。

6.1.2.3　反馈控制手段

反馈控制手段主要包括奖励制度和惩治手段。

（1）奖励制度

特许经营的优势之一是加盟者能够进行自我激励。该公司对加盟店实行奖励制度，目的是鼓励加盟店遵守规范。加盟总部根据对加盟店形象、员工服务、促销配合等方面考评的综合分数决定给予通报表扬和物质奖励。

（2）惩治手段

如果合同、直接监督和激励都不能有效地控制加盟者，那么加盟总部除了惩处措施别无选择，而且要让加盟者看到这些惩处措施有可能对自身利益产生威胁。在这一方面，一些加盟总部设计了正式的惩处制度——《加盟店惩处条例》和末位培训制来进行反馈控制。

《加盟店惩处条例》可以明确列出详细的惩处标准，包括"店容店貌""员工服务""商品促销管理""执行公司制度"等多个方面。凡操作不规范的，都会被处以不同程度的惩罚，包括书面警告、通报批评、罚款、拒绝供货以至取消加盟资格。这些惩罚措施应写入特许经营协议，受到法律的保护。

末位培训制是指加盟总部对每年度考核中评选排名在后的加盟商进行再培训，同时要求加盟商交纳一定的培训费。这种方法的好处是使加盟商时刻保持警惕，但同时也存在一些局限，执行起来相对比较困难。从法律上讲，加盟总部不能强迫加盟店接受再培训并交纳培训费。

6.1.3 加盟店考核制度

严格的考核制度是保证特许经营正常运转的重要手段，也是内部控制体系的一个重要内容。加盟总部可以根据业务性质建立相应的考核指标并分配不同的权重，对这些项目进行定期或不定期考核，再根据考核结果对加盟店提出改进措施，进行奖励以及惩罚，通过考核来达到控制、激励加盟店的目的。考核制度包括考核内容的设计、考核制度的实施和考核结果的处理三个方面。

6.1.3.1 考核内容的设计

不同行业和不同类型的特许经营所设定的考核内容会有很大区别。餐饮业侧重于对质量、服务、清洁度的考核，如肯德基的QSC。而在诸如汽车销售等类型的特许经营体系中，则侧重于保证加盟店能有序经营的规章制度，如关于销售价格的控制、销售流向的管理以及汽车售前售后检查等制度的执行情况上。

目前，加盟总部对加盟店的考核内容一般按照加盟总部的《经营管理手册》来设计，包括服务程序、每天与加盟总部的联络、开关门时间、店铺清洁、员工管理、盘点、价格管理、顾客意见处理等。《经营管理手册》应该涵盖加盟店日常管理的方方面面。因此，要使加盟店的日常管理走上正轨，日常管理考核赖以进行的店铺规章制度必须健全可行，制度中应该明确每一个岗位的职责范围，使每一个员工都明白自己该做什么以及应该做到什么程度。也就是说加盟总部应该设计一套非常全面、完善的经营运作标准，以此作为考核的内容。国外著名的特许经营组织如麦当劳、肯德基，都有一套非常严格的标准。

加盟店考核内容的设计可以分为例行考核内容和绩效考核内容两大类。例行考核内容一般包括：①员工士气、服务考核；②商品管理考核；③店铺环境卫生考核；④钱财管理考核。绩效考核内容一般包括：①营业额指标；②费用额指标；③利润额指标；④成长率指标；⑤贡献率指标。

不管哪一类型的加盟企业，店铺的形象考核都是加盟总部考核的一项重要内容。为了提高品牌的认知度和形象竞争力，必须保持特许经营的统一经营形象并期望其不断升值。加盟总部往往对加盟店的外观形象要求比较高，加盟店进行硬件投资改造时必须遵循统一经营形象的标准，投资改造后的硬件设施还应具有一定的水准，以保证加盟店有能力提供符合质量要求的产品或服务，维护并促进统一经营形象这一无形资产的增值。表6-1、表6-2是某公司加盟店的门店形象和商品形象检查表的内容。

表6-1　　　　　　　　　　　　　**某公司加盟店的门店形象检查表**

店号：　　　店名：

项目	序号	检查项目	检查标准	分值	检查评分	备注
店外形象	1	门外墙壁、玻璃	墙壁和腰线以上的玻璃干净、明亮、无乱张贴现象；腰线以下需按公司的要求张贴完整	5		
	2	店外环境卫生	店外地面整洁、干净，无任何高出腰线的堆放物品（包括垃圾桶、扫把等）	5		
			垃圾桶、桌椅、台凳摆放整齐无污渍	5		
店内形象	3	员工服务形象	当班员工须有"三声服务"	8		
			当班员工按公司要求穿工装、佩戴工卡	8		
			当班员工无穿拖鞋、坐着、抽烟、吃东西、看书报、斜靠货架或收银台现象	8		
	4	168快乐频道播放	是否按要求播放公司指定的音乐，且音量适中	2		
	5	店内环境卫生	店内地面干净，通道畅顺，墙壁、天花板干净，无蜘蛛网、污渍	5		
			收银机、收银台台面整齐干净无杂物，无存放私人物品现象	5		
			雪柜、冰柜清洁无污渍（包括下面）；无存放私人物品现象	10		
			风扇、空调、书报架无灰尘、无污渍、无残旧书报摆放	5		
商品	6	商品卫生、质量	清洁无尘，无过期、变质、残旧、破损商品	5		
	7	商品标签	标签完整规范并与商品对应，无错位现象，手写标签不可超过30个	4		
	8	商品陈列	商品摆放整齐、货架无空位	5		
			不靠墙货架的商品陈列不能超过立柱顶端	5		
			无乱堆乱放现象，靠墙堆头的陈列面不得少于原包装箱的面积，中间堆头陈列品种数不得多于4种，高度为1~1.2米	10		
	9	贵重商品	是否按公司的要求执行贵重商品的验收与存放	5		
合计分值				100		
管理	10	公司制度执行情况	私设经营项目	−30		
			经营公司目录外的商品	−20		
最后得分						

检查时间：＿＿＿＿＿年＿月＿日　　检查人：

表6-2 　　　　　　　　　　　**某公司加盟店商品形象检查表**
店号：　　店名：

项目	序号	检查项目	检查标准	合格	不合格	备注
卫生	1	熟食台卫生	柜面是否整洁，做到无灰尘、无污迹、无杂物、无乱张贴，熟食用品摆放整齐，无私人物品摆放现象			
	2	设备卫生	是否按规定清洗设备，做到无灰尘、无污迹、无乱张贴、无异味（包括蒸包机、热狗机、电饭煲、热汤池等）			
	3	员工个人卫生	是否仪容整洁，做到不留长发、胡子、指甲（指甲与肉齐）及不涂指甲油、口红；在熟食操作期间是否做到不抓头发、鼻、耳及不佩戴手表、戒指			
操作规范	4	设备使用	是否正确操作设备，设备温度及水箱刻度是否保持在标准范围内（设备标准温度≥70度）			
	5	商品存放	是否按规定保存冷冻食品			
商品	6	商品品种	经营品种是否齐全（蒸包、茶香蛋、热狗肠、糯米鸡）			
	7	商品卖相	是否保持商品的卖相完好			
	8	商品品质	保证售卖商品的品质与卫生，无变色、变味、变质现象			
	9	价格标识	有规范的价格标识牌			
检查结果						

　　检查时间：____年__月__日　　　检查人：

　　除了上述的例行考核和绩效考核外，一些企业还将顾客满意度纳入考核的范围。顾客满意度影响到企业顾客的回头率和潜在顾客群的大小，通过对加盟店进行顾客满意度的考核来规范加盟店的经营行为，可以保证加盟店按照加盟总部提供的样板程序提供顾客满意的服务或产品。高水平的顾客满意度能够提升整个特许经营体系的声誉，有利于吸引潜在加盟者加入。对于服务型特许经营体系来说，顾客满意度的考核尤为重要。顾客满意度考核的方式可以通过定期进行，顾客问卷调查、电话采访以及直接实地调查等手段进行，有些企业还专门聘请神秘顾客进行调查。为了降低考核成本及保证考核的公正性，部分考核项目可以委托社会咨询机构代为考评。

6.1.3.2　考核制度的实施

特许经营体系加盟店的考核可以采取以下方式：

（1）实地考核

实地考核即由督导人员或专门的考核小组成员到各加盟店进行实地打分或评定。

（2）资料考核

资料考核即根据财务部人员提供的有关资料进行考核。

（3）抽查考核

抽查考核即利用不定期调查或神秘顾客到各商店进行消费调查。

（4）竞赛考核

竞赛考核即在举办促销活动或门店竞赛时，由考核小组针对活动期间的表现进行评估，评估结果计入总考核成绩中。

上述考核方法可以结合起来运用。一般要进行月考核、季考核和年考核，对考核的具体内容确定权重，最后综合评分，得出考核结果。考核结果需要加盟店签字确认，加盟店店长也可以对于考核中出现的特殊情况进行解释或说明。

麦当劳就结合采用了三种考核方式：一是常规性月度考核；二是公司加盟总部的检查；三是抽查。地区督导员常以普通顾客的身份去加盟店考察食品的新鲜度、温度和味道，地板、墙壁、桌椅等是否整洁卫生，以及服务的态度和速度等。另外，还有"神秘顾客"会不定期地抽查店铺。如此的定期和不定期的考核检查使得任何一家麦当劳的经营者时刻都不敢懈怠，这正是麦当劳各店经营始终如一的原因。

6.1.3.3　考核结果的处理

考核结果的用途主要有两个方面：一个是用于店铺的评级；另一个是用于门店奖励制度。为了促进督导员的工作，一些加盟总部单独对督导员设计了考核指标体系，并根据其负责的加盟店的营业情况考核其工作，考核结果也用于其升职或奖励制度中。

（1）加盟店的评级

根据考核结果，可以将所有加盟店分成A、B、C、D四类型。考核结果在80分以上的加盟店可以定为A级店；考核结果在70~80分的定为B级店；考核结果在60~70分的定为C级店；考核结果在60分以下的定为D级店。

对于D级店，加盟总部需要通知其进行整改，并告知整改的具体内容。如果在一定的时间内整改不合格，则需要对加盟商进行再培训。如果经过培训仍然不合格，那么加盟总部的管理人员则需要与加盟商协商是否迁店或关店。

对于A级店，加盟总部可以给予一定的物质和精神奖励。尤其是对于月度、季度和年度的第一名、第二名和第三名，可以授予冠军、亚军和季军奖状或锦旗，并进行物质奖励。

（2）加盟店的奖励

为了激发加盟店的积极性，提高加盟店的营运绩效，加盟总部应对考核中表现优良的加盟店及其员工实施奖励制度。奖励制度的设计要考虑奖励比例、奖励次数、奖励方式和奖励金额。在设计奖励制度时，要注意形成差别化，使绩效高的店铺和人员获得较高的奖励，吸引加盟店积极向上，努力争取获得奖励。

奖励方式一般有以下几种：一是直接的奖金奖励，如每月核发业绩奖金，对于达到经营目标的加盟店立即发放奖金；二是其他方式的奖励，如有奖旅行。某"居家老人照护"品牌加盟总部规定，对于销售突出的前三位被特许人提供去墨西哥的免费旅行。在2000年，被特许人在5月、6月、7月和8月中的每个月平均销售额达到5万美元，或者销售总额达到20万美元就可以提供在墨西哥免费住宿3晚的旅行；总额达到30万美元，就可以提供免费住宿4晚的旅行；总额达到40万美元，就可以提供免费住宿5晚的旅行。到下一年，提供以上免费旅行的销售总额就增加到25万美元、35万美元和45万美元。

小思考6-1　加盟总部内部控制链的设计与其组织结构的设计有什么关系？

6.2　特许经营督导制度

案例6-2

达美乐的督导制度和评分奖惩制度

全球最大的比萨连锁品牌达美乐发布的2024财年业绩报告显示，截至2024年末，达美乐全球门店总数已达到21 366家，覆盖全球90多个国家和地区。在中国市场，2024年门店数量达到1 008家，全年新增门店数量达到240家，并新进入了10座城市。达美乐中国2024年全年营收同比增长41.4%，净利润同比增长1 394.2%，中国市场已然成为达美乐比萨全球第三大市场。

达美乐的督导管理体系是其全球运营的核心支柱，尤其以"30分钟送达"的服务承诺和数字化驱动著称。其督导管理不仅关注门店运营标准，更聚焦外送效率、顾客体验与技术落地。督导管理的核心是：①守护"30分钟送达"承诺：确保外送流程高效、安全、准时（部分市场已取消时间承诺，但效率仍是核心）。②极致顾客体验：保障比萨品质、温度、服务态度及问题响应速度。③100%执行标准化：从面团制作到配送路线，全流程可控。达美乐的核心原料和半成品均由中央厨房统一配送，门店仅需完成最后烘焙，保证产品一致性。④技术工具落地：确保门店熟练使用数字化系统。⑤盈利与成本控制：监督损耗、人力效率、库存管理。

达美乐设有四级督导进行管理。一级总部运营总监，负责制定全球标准，优化督导体系，数据分析，大区绩效评估。二级督导是大区经理，兼任高级督导，直接对区域门店进行深度检查与辅导。三级督导是区域督导，负责15~20家门店的日常巡查，是门店的直接"教练"，80%时间在门店现场。达美乐的区域督导需具备从做比萨到开车配送的全技能，确保理解每个环节痛点。四级督导是专项督导，主要由食品安全专家、外送效率优化师、技术培训师等组成，负责专项业务管理工作。

除了督导员之外，达美乐还配备了技术督导进行赋能，包括：①AI预警系统，自动标记异常门店（如NPS骤降、奶酪损耗超标），推送督导优先处理。②视频分析，后厨摄像头AI识别违规行为（未戴手套、手机进操作区）。③全球知识库，督导APP内置案例库（如"如何处理油锅起火"），实时更新。

达美乐经常调查顾客对反应时间、面团的发酵程度、馅饼的口感、意大利香辣肠的新鲜度及外卖人员的态度等方面的意见。每月汇总调查结果之后，给每个分店评分，并根据这些数据发放每月奖金或进行处罚。门店评为A级（>90分），现金奖励、区域通报表扬；门店评为C级（<70分），则需要停业整改，督导连带扣薪。公司还设立了红黄牌制度，黄牌是指单项违规（如配送超时率>15%），必须强制培训，一周后复查。红牌则是出现了诸如食品安全事故或伪造数据等，公司将终止与加盟者合作，或者直营店的店长免职。

资料来源：作者根据餐饮O2O微信公众号相关信息整理而成。

从内部控制链系统的介绍中，可以发现加盟总部的督导员是一个非常重要的职位，目前大多数加盟总部都设立了督导制度。一个成功的特许经营体系，往往建立了一套成熟的督导体系，拥有一批合格称职的督导人员，这是特许经营事业兴旺发达的保证。

6.2.1 督导员的作用

督导，顾名思义就是督促和指导。但督导工作并不是简单的考核和检查，而是要协助加盟商发现店铺运行中存在的问题，并帮助其改进完善，进而提高其经营业绩。因此，加盟总部对各加盟店的营运控制除了提供一系列完善的经营指导与服务手册作为营运的标准外，还需要派出优秀的督导人员对各店的工作进行监督与指导。

加盟总部的督导组织可以有两种组建方式：一是归客户服务部门管理；二是单独设立。一般情况下，加盟总部在客服部下设督导主管，由督导主管来管理不同区域的督导人员。区域督导员既可以是特许经营体系所聘任的专职人员，也可以是加盟总部从加盟客户中邀请来的兼职人员。督导人员是加盟总部与加盟店联系的桥梁，其基本职责是贯彻加盟总部的政策和营业标准，指导和监督各加盟店的业务运作，帮助加盟商通过复制总部的特许经营模式取得成功。具体内容包括：

6.2.1.1 上传下达信息

督导工作不是简单的检查、考核和监督，而是要建立并保持体系内畅通的信息沟通渠道。督导人员每天都必须对所负责的加盟店进行巡查，将加盟店或市场的情况及时上报加盟总部，同时将加盟总部的指令和政策准确无误地传达到各加盟店，并监督加盟店的执行情况。这要求督导员及时了解加盟店所发生的各种事情和变化，及时发现加盟店经营中存在的问题，让加盟总部随时掌握加盟店的情况并帮助加盟店解决急需解决的问题。

6.2.1.2　业务核查及指导

根据加盟总部的标准运作规范，督导人员要核查各加盟店是否能按照加盟总部的经营手册来运作，或者检查加盟店是否有违反合约的情况发生。督导员在业务核查中往往也同时进行业务指导，如招牌、宣传画、装饰物的摆放和张贴，服务人员的服务礼仪、语言规范，促销活动的具体实施等。加盟总部往往会设计及印制督导员工作检查表，以便督导员在对加盟店进行业务核查时使用。

6.2.1.3　帮助加盟店提升业绩

督导人员每日巡查可以及时发现加盟店在营业过程中存在的问题，这些问题可能包括：选址不当、店内布置不当、服务不规范、商品陈列不科学、员工操作技术不熟练、竞争店的竞争性促销力度增加等。督导员的一个重要工作就是帮助加盟店找出解决问题的有效措施，促进加盟店的销售，创造更多的利润。这也要求督导员能根据区域内加盟店的日报表、月报表及年报表分析各项营业指标及异常点，以便及时采取应对措施。一定时期内，督导员还要将各加盟店的资料进行汇总，进行区域销售情况的综合分析。

6.2.2　督导员的素质要求

由于督导人员肩负着加盟总部对门店的大部分后续服务工作，他需要独立解决门店经营中出现的任何问题，需要监督门店不折不扣地执行加盟总部的各项政策，其素质高低对加盟总部经营模式的"复制"和门店的成功起着重要的作用。因此，加盟总部必须严格挑选督导人员并对其进行全面培训。

6.2.2.1　思想素质

督导员需要有强烈的责任感和事业心，良好的职业道德，遵纪守法，廉洁奉公。督导员的职业道德关系着特许经营体系的整体形象，督导员在业务活动中应注重个人修养，采取公正、公平的态度与各加盟店建立起良好的相互信任的关系，不能在业务活动中营私舞弊，因个人利益侵害企业利益，要切实树立全心全意为加盟店服务的观念。

6.2.2.2　能力素质

一个合格的督导员必须具备如下能力：

（1）指导能力

指导能力是指能指出加盟店员工的工作缺陷，使人尽其才，提高自身业绩的能力。

（2）培训能力

培训能力是指将自己的管理知识和经验毫无保留地传授给加盟者和店员，以提高加盟店员工的整体素质水平，使加盟者能够迅速胜任工作并得到成长。

（3）信息分析能力

信息分析能力是指能对信息进行整理、分析，并运用于门店管理中，提升门店的业绩。

（4）领导沟通能力

领导沟通能力是指能与加盟者和员工进行积极有效的沟通，调动加盟者的积极性，共同完成既定目标。

（5）正确的判断能力

正确的判断能力是指对问题、对事件要进行客观评判、正确分析，并快速解决问题。

（6）专业技能

专业能力是指经营门店的必备技巧和使顾客满意的能力。

（7）管理能力

管理能力是指有计划地组织人力、物力、财力，合理调配时间，整合资源，提高效率；能找出隐患问题，加强管理，防患于未然，使门店整体运营结构更趋合理的能力。

（8）自我提高、自我完善的能力

不断学习和更新专业知识，在企业发展过程中能跟上时代的步伐和企业一起成长，不断充实完善自己。

（9）良好品格和职业操守

有良好的操守和高尚的道德才能显示出人格的魅力，才能受到加盟者的尊敬。

6.2.2.3　知识结构

督导员应熟悉商品学、市场营销、经济法、数学和计算机管理等多门学科的知识。督导员需要有较深厚的商品知识功底，了解商品的质量和价格特征，了解本企业商品与竞争对手商品的优势和劣势，了解商品陈列和进货库存的管理，了解品类管理知识；具备财务管理知识，熟悉单品成本构成、商店毛利构成，了解采购数量、时间、结算方式等对利润的影响；具备相应的政策法规知识，熟悉合同签订的知识与技巧，以防止签约失误造成损失；具备市场调查和市场预测的知识，掌握消费者的需求规律；具备企业管理知识，能对加盟店进行准确的"诊断"，能科学合理地指导加盟店的促销活动，能迅速处理加盟店的突发情况。

6.2.3　督导员的工作重点

督导员的工作角色并不是要取代店长，而是协助店长进行商店管理。督导员与店长一样，工作内容大部分是复杂的例行事务，除了小部分非例行的事务，因此督导员要把握加盟店运营环节的重点，以指导加盟店正常运行。商店管理工作的重点无非是人、财、物和现代商业企业所需要的信息，督导员的指导工作也围绕这几方面进行，主要体现在以下几个方面：

（1）商品管理

① 管理店铺商品的构成，包括主力商品和辅助商品的搭配、高中低档商品的搭配、产品线的组合；

② 商品例行进货管理，加盟总部商品是否准时配送；

③ 管理商品陈列、商店空间配置和卖场气氛；

④ 商品库存、盘点和损耗管理，商品退换货管理；

⑤ 商品价格管理、商品毛利分析。

（2）员工管理

① 管理员工出勤状况和仪容仪表；

② 管理员工的工作状态和工作效率；

③ 管理员工的服务态度和服务技巧；

④ 培训和激励员工。

（3）顾客管理

① 管理顾客服务程序；

② 管理顾客服务内容；

③ 管理顾客接待技术；

④ 管理顾客投诉情况；

⑤ 顾客满意度调查。

（4）财务管理

① 现金管理；

② 成本控制；

③ 财务报表的编制和分析；

④ 经营业绩分析和提升措施。

（5）信息管理

① 营业日报表；

② 商品排行榜；

③ 费用明细表；

④ 盘点记录表。

（6）市场调查

① 消费者需求调查，包括商圈内人口总数、人口密度、人口变化趋势、人口增长速度、消费者收入水平、教育结构、年龄结构、消费习惯等。

② 竞争对手调查，包括商品构成、商品档次、商品价格、服务水平、促销措施、来客数、卖场气氛、客单价、营业额等。

（7）促销管理

① 促销广告宣传，促销工作的顺利开展；

② 填写促销活动效果表，促销活动总结；

③ 加盟总部开展的促销活动中客流量的变化；

④ 加盟总部开展的促销活动中客单价的变化。

（8）加盟店考核

① 加盟店考核指标的评定；

② 加盟店具体考核的实施；

③ 加盟店存在问题的改进建议。

督导员的本质是服务，是对加盟店提供营业帮助，指导其提升营业业绩。在督导过程中，督导员要以服务加盟店为目的，以监督加盟店为工具，以指导加盟店为手段，设身处地地为加盟店解决困难，把加盟店业绩的提升当成自己的业绩，充当好加盟店和加盟总部的桥梁，这样的督导员才是加盟总部迫切需要的督导员，特许经营事业的发展才有希望。

小思考 6-2　督导员与加盟店店长的角色该如何定位？

6.3　特许经营体系的维护与拓展

案例 6-3

名创优品的特许加盟体系解析

在近几年中国实体店普遍低迷的情况下，有一家店的快速成长惹人注目，它就是名创优品。难得的是，在全球严峻的形势面前，名创优品还在逆势扩张。根据名创优品2025年第一季度财报，截至2025年3月31日，名创优品集团全球门店达7 768家。其中，名创优品门店数7 488家，包括中国内地门店数4 275家，海外门店数3 213家；子品牌Top Toy门店数280家。

名创优品为何能够后来者居上？我们发现它选择了一种"投资型加盟"的扩张模式，即加盟商承担品牌使用费、门店租金、装修费以及首笔铺货的货款，而剩下的都交给名创优品。名创优品负责门店营运、员工聘用、商品配送等。投资利润分配政策是：每天营业额的38%（食品为33%）作为加盟商的收入，在第二天转入投资商账户；店铺租金、人工、电费、市场监管及税收等杂费，由投资商自理。在店铺装修上，由公司工程部提供设计图纸，由公司装修队统一形象装修，货柜货架由公司统一提供，费用由加盟商自理。加盟商的收益就是每天营业额38%的全部毛利润。这使得名创优品总部能够轻资产运作，蜕化为一家供应链公司，负责产品设计、系统开发和人员培训。

根据名创优品创始人叶国富的介绍，名创优品的毛利率只有8个百分点。这8个百分点是怎么来的？店铺的毛利率是多少？

首先从其"投资型加盟"说起。开设名创优品店铺，有两种合作形式：一种是与名创优品总部1∶1投资，共担风险，共享利润；另一种就是"投资型加盟"，名创优品的加盟政策是"品牌使用费+货品保证金制度+次日分账"。

与其他加盟方式不同，名创优品加盟模式的最大特点在于：加盟商除了首笔货款需要打给名创优品总部之外，之后的商品均由名创优品提供，加盟商不但不需要支付货款，还能收取前一天销售额的38%作为收益。

也就是说，加盟名创优品，加盟商除了支付品牌使用费、租金、装修费、首笔货款以及办理营业执照之外，剩下的店铺运营、人员招聘、商品供应均由名创优品负责。

实际上，名创优品的加盟模式就是借助别人投资的"场"，用自己的"人"，卖自己的"货"，并将卖货产生的所有毛利都给了加盟商。

而名创优品总部收益来自两部分：一部分是特许商标使用金，为5万元/年（投资商按年支付，开一年支付一年）；另外一部分是在商品价值链上的8个百分点的利润。也就是说，名创优品的商品研发制造出来之后，通过加盟商卖给消费者，加盟商提取销售额的38%作为收益之后，每件商品留给名创优品总部的只有8个百分点的利润率。从这个角度来看，名创优品本质上是一家B2B企业，门店数越多，销售额越大，总部就赚得越多。

名创优品公布的数据显示，假设某年名创优品能实现计划销售额200亿元，则总部的毛利为16亿元，其中要支付商品研发费用、总部运营成本、物流中心运营费用。由此也可以看出，名创优品正在以轻资产的模式运作，将设计、研发、供应链掌握在手中，而将门店租金、门店人工、装修费等"重"投入交给加盟商，从而减轻总部负担，使得其快速"奔跑"。

从理论上和目前的经营成果来看，名创优品的加盟模式能否持续成功，取决于两个因素：一是商品研发能力，名创优品能否紧紧把握消费者的需求；二是对加盟体系和供应链系统的管控能力。前者保障了其门店在市场上有足够的竞争力，让加盟商赚到钱；后者则避免了系统性风险。只有这两点都能做到，名创优品的"投资型加盟"才可能成为真正成功的商业模式。

资料来源：作者根据第三只眼看零售微信公众号相关信息综合整理而成。

一个成功的特许经营体系，需要加盟总部花费巨大的心血和精力去维护和拓展，这种维护首先在于维持加盟双方良好的关系。虽然良好加盟关系的维持需要加盟双方的共同努力，但加盟总部作为特许经营体系的主导方，起着关键作用。加盟双方之间是一种互惠互利的关系，双方均要有一定的付出，也需要取得一定的收益。当加盟商认为其付出和回报等值时，他才会倾向于与加盟总部保持一种长久、稳定、积极的关系。然而，当加盟商的付出没有得到应有的回报时，那么加盟双方的关系就会出现问题，以致出现冲突和危机。因此，加盟总部必须从提升自身的服务水平出发，不断开发新产品和新业务，创新营销方式，改进物流信息系统，寻求不同品牌的联盟合作，给加盟商带来实实在在的利益，提升加盟店在市场中的竞争力，这样才能赢得加盟商的信任，营造一个良好的、长远的关系，实现特许经营的"双赢"效应。

6.3.1　打造良好的加盟关系

6.3.1.1　良好关系的三个层次

特许经营是建立在加盟双方良好关系的基础之上，这种良好关系的建立需要经过三个层次，即法律关系、合作关系和战略伙伴关系。每经过一个层次，双方之间的关系就向上迈进一步，直到加盟双方互相依存，成为唇齿相依的战略伙伴（如图6-2所示）。要达到这一步，需要双方的共同努力。

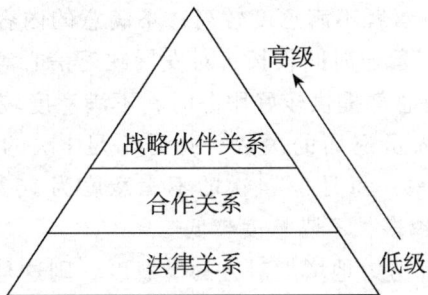

图6-2　加盟关系的三个层次

（1）基础层次：加盟关系是法律关系

无论加盟双方关系最后发展到哪一步，最初都是从基本的法律关系起步的。加盟合约是维系加盟双方的一个纽带，它确定了双方的法律义务和责任。根据合约，加盟总部允许加盟者使用自己的全套经营模式，并要求加盟店不折不扣地执行，加盟总部对加盟店有监督、指导的权利，并有培训、支持、服务加盟者的义务。加盟者有权使用加盟总部的所有商业标识，并有义务维持原有的经营方式，向加盟总部交纳相应的费用。这些权利和义务均受到法律的保护，只要合约存在一天，加盟双方就必须按此合约内容行事，任何一方都要承担一定的法律责任。特许经营中加盟双方法律关系的特点，使之与直营连锁经营和自由连锁经营区别开来。在直营连锁中，加盟总部与分店的关系是上下级的隶属关系，分店的经营完全通过企业内部的行政命令由加盟总部控制；在自由连锁中，加盟总部不能控制分店的经营，加盟总部与分店是在自愿平等的基础上进行的一种合作，这种合作不受法律保护。

加盟合约将加盟总部与加盟者紧紧地连在了一起，虽然法律关系是加盟关系的基础，但是法律上的合约并不能保证相互建设性的关系。在我国特许经营的实践中，一方终止合约的情形经常发生，双方互相抱怨、发生冲突的现象大量存在。因此，双方良好关系的形成还需要进一步稳固，从法律关系过渡到合作关系。

（2）中间层次：加盟关系是合作关系

毫无疑问，特许经营成功的关键不是靠法律的保护，而是靠双方之间的合作、理解和团队精神。这些不是来自法律协议，而是来自伦理道德、强有力的领导和一方对另一方的尊重。合作关系更多地体现出"双赢"关系，是双方建立在共同利益基础上对合约的遵守。双方经常沟通，彼此都很清楚对方的价值，没有对方的配合，自身就无法运转，一旦对方的价值消失了，合作也就走到了终点。所以说，这种关系与其说是合作，不如说是利用。为了维系双方的合作关系，彼此都要努力让对方满意，并证明自己的价值所在。

一项名为"加盟连锁经营现代化实态调查"的研究显示了加盟者对特许经营体

系的满意因素：

• 加盟店的数量越多，满意程度越高。

• 加盟年数在 1～3 年以内者不满意度较高，加盟年数长者满意度高。

• 与专营者相比，兼营者不满意度较高，不满意的内容是：价格限制、缺乏自由、不易获得预期收益、营业时间较长、对发展缺乏信心等。

• 权益金高，但加盟总部提供较好服务时，不满意度较低。

• 加盟总部派指导人员巡店的次数，每月不足 1 次的不满意度为 43%；每月 1～2 次的不满意度为 28%；每月 3～4 次的不满意度为 16%；每月 4 次以上的不满意度为 9.4%。指导次数越多，不满意度越低。

如果双方在合作中都努力地增加对方的满意度，则这种关系将有可能进一步发展为战略伙伴关系；如果双方不顾对方利益，只从自己的角度出发考虑问题，合作中不可避免地会出现矛盾和冲突，满意度将随之下降，则双方关系有可能退回到基本的法律关系阶段。经常处于冲突之中的法律关系也是不会长久的，法律只能保护各自的合法利益，不能保证关系不会破裂。

（3）最高层次：加盟关系是战略伙伴关系

如果要研究在一辆前进中的自行车中，是操纵的力量更重要还是踏板的力量更重要，相信人们都会认为两者同样重要，因为离开任何一个，自行车都无法前进。加盟关系也是一样，每一方都是极其重要的，双方谁也离不开谁。就像一桩美好的婚姻，虽然双方是独立的个体，但已经是水乳交融，亲密无间。如果加盟关系达到这一程度，便是进入到了最高层次，即战略伙伴关系层次。

在战略伙伴关系中，加盟双方会不断找到新的方式为彼此带来更高的价值。他们有共同的价值观，建立了互相认同的企业文化；他们共同探讨如何建立长期稳定的合作关系，如何更好地满足最终顾客的需要以增强特许经营体系的竞争力。目前，越来越多的加盟总部慢慢地不再关注自身的业务发展，转而关注与加盟者和最终顾客建立一种能提供附加价值的关系，并且以加盟者和最终顾客的满意度作为衡量成功的标准。这要求加盟总部的所有员工和部门能够共同为加盟者和最终顾客服务，将促成加盟者和最终顾客的高度忠诚。

从对上述三个层次的加盟关系的介绍中我们可以看出，良好的加盟关系是一步步发展起来的，而不是从一开始就自发形成的。要形成良好的战略伙伴关系，加盟总部的作用尤为重要，因为加盟总部与加盟者的实力是不对等的，信息是不对称的，加盟总部在双方的关系中居于主导地位。如果加盟总部一开始就能对加盟者抱有正确的态度，双方关系很快就能上升到合作关系和战略伙伴关系。

加盟总部对加盟者的正确态度是：

• 利润的伙伴；

• 我们尊敬的人；

• 我们特许经营体系中的一部分；

• 我们希望其成为成功者；

- 我们的内部顾客；
- 我们品牌、运营体系与支持体系的投资者；
- 我们的分销商；
- 有好主意的人；
- 市场份额的开发者；
- 成长战略中的关键元素。

6.3.1.2　良好关系的回报

大多数加盟总部和加盟者赞同这样的观点，即良好关系使其经营更加愉快。但良好关系的作用并不仅限于此，许多人低估了良好关系的功效。在 2003 年国际特许经营协会年会上，麦当劳的董事长 Jack Greenberg 在回顾这个全球最大的特许经营企业的成长历程并展望新世纪的发展前景时，把与加盟者的合作及相互间的支持、沟通与尊重视为麦当劳的基本法则和制胜之道。从中可以看出良好关系的重要商业意义。

具体来说，加盟双方之间建立良好的合作伙伴关系，有如下好处：

（1）它会使特许经营体系中的每个成员全力以赴地投身于事业的发展

每一项事业的成功都需要参与者的全部投入，需要一种持续的动力。如果双方关系良好，加盟者会严格贯彻加盟总部的指令，积极参加加盟总部的会议和培训并鼓励潜在的加盟者投资该系统，其产生的效果是惊人的；反之，如果关系出现裂痕，动力和投入就会下降，危机随之产生，双方不再积极发现问题、解决问题，而是不断制造问题、扩大问题，整个特许经营体系逐渐走向瓦解。事实上，国内外许多特许经营的失败不是被竞争对手打垮的，而是被内部的矛盾和冲突击垮的。

（2）它是避免卷入法律纠纷的最有效手段

在特许经营中，加盟双方的合作关系虽然受到法律的保护，但当双方真正求助于法律来保障自己的利益时，任何一方在法律诉讼中都是输家，因为纠纷给品牌造成的负面影响以及矛盾中的浪费和内耗将远远大于诉讼的费用和法律的补偿，其带来的精神损失也是无法估量的。在竞争日益激烈的今天，如果你将更多的精力投在了无谓的内耗上，竞争对手却在前进，最终你将被竞争对手抛在后面，也将被顾客抛在后面。

（3）它能提高加盟者的归属感

归属感是推动事业发展的巨大动力。要让加盟者有归属感，就必须经常与加盟者联系，交换意见，让加盟者感觉加盟总部是在真心真意地帮自己，投桃报李，他们自然会尊重加盟总部的建议，尽力搞好经营。

（4）它能使加盟总部在第一时间掌握市场行情

社会在不断进步，市场在不断变化，加盟总部只有了解变化中的市场，及时调整经营策略，才不致被淘汰。而加盟店散落各处，一方面可以抓住各地的消费者，另一方面可以及时将市场信息反馈到加盟总部的中枢系统。因此，与加盟店保持良好关系和加强联络，是加盟总部掌握市场变化最直接、最有效的方法。

（5）它可以互相促进业务的发展

虽然连锁经营讲求统一运作，但一些经营手法也不能墨守成规，必须随着市场的需求灵活变化，保持竞争活力。要做到这一点，加盟总部与加盟店之间就要互相配合。切莫以为改进经营方式只是加盟总部的责任，而加盟店只需照规则去做就行了。毕竟是加盟店直接面对消费者，对消费者的需求最了解，对经营上的一些弊端也很清楚。所以，良好的关系能保证双方经常密切联络，可以让加盟者积极参与经营管理。加盟者的参与对体系的稳定发展非常重要，加盟总部应多听取加盟店的意见，双方共同研究、探讨企业的广告和营销计划；对产品以及体系、手册和流程的调整进行讨论并根据加盟者的建议进行修改等，可以促使整个连锁系统保持活力，不断发展。

6.3.1.3 良好关系的建立

良好关系不是一朝一夕可以建立起来的，需要加盟双方都努力才能步入关系发展的最佳阶段。从加盟总部的角度看，影响加盟双方良好关系的因素主要有两方面：

（1）加盟总部的管理服务水平

管理服务水平差是影响双方良好关系建立的一个主要因素，主要体现在：加盟总部督导人员素质低，不能有效地帮助加盟店改进管理，提高业绩；加盟总部提供的培训服务不系统，培训资料和运营手册不完整，不能帮助加盟店迅速掌握业务知识；加盟总部开展的广告宣传和促销策略很拙劣，不能达到吸引顾客的目的；加盟总部没有建立在有价值的支持服务上的高收费；加盟总部不能提供快速的物流供应，对产品质量控制不严，或设备维修服务不及时，导致加盟店经营受损；加盟总部不能持续地开发有竞争力的新产品和新业务，不能进行相应的管理和营销创新，导致特许经营品牌价值降低，削弱了特许经营体系的竞争力，影响了加盟店的经营业绩。

（2）加盟双方是否有效沟通

加盟双方缺乏有效沟通主要表现在：加盟总部强加给加盟店的各种规章约束很多，但没有明确说明这种制度约束的必要性；加盟总部一方调整各项特许经营费用，却没有给予有说服力的解释；加盟总部不能提供市场竞争的有效信息，导致加盟店无法掌握市场发展的趋势；加盟总部要求加盟店销售新的产品和开发新业务，却没有开展及时的培训和说明新产品的优越性；加盟总部改变了目标市场定位和市场营销策略，却没有征求加盟店的意见，也没有向加盟店进行解释和说明；加盟双方缺乏有效的沟通渠道和方法，导致加盟店出现问题时不能及时反馈并得到有效的解决。

建立加盟双方的良好关系是加盟总部和加盟商双方共同的事情，任何一方都有责任和义务为此努力，加盟总部的作用尤为重要。

首先，坚持以"双赢"为本，营造公平、平等的气氛。事实上，加盟总部只要本着"双赢"的目的，而不是仅考虑从加盟者手中获取投资基金和利润，双方的良好关系是很容易建立的。保持良好关系的最好办法就是从加盟商的角度去考虑，让加盟商感觉自己是受到尊重的顾客而觉得快乐。加盟总部必须让加盟商感受到一种公平的管理机制，让加盟商感受到可以通过公正、透明的程序解决问题。如果把特许经营体系看作一个大家庭，把直营店看作加盟总部的亲生儿子，把加盟店看作抱养的儿子，那么家长对待亲生儿子和抱养儿子的态度，将直接关系到他们对家长的感觉。如果加盟店感觉家长的态度是公平和公正的，那么就会感到家庭的温暖，否则就会产生不愉快的感觉。加盟总部与加盟商之间不是一种简单的商业"买断"关系，而是一种持续的、合作博弈型的契约关系，公平、公正的态度和政策就是这种契约关系健康发展的最佳保证。

其次，改进自身管理，不断提升特许经营的品牌价值。建立一个能够为加盟商带来利润回报的特许经营体系是非常重要的，加盟商并不希望自己被驱逐出一个可以帮他赚钱的特许经营系统，他会克制自己不做有可能伤害特许经营体系的事情。因此，加盟总部不断提高自身的管理服务水平，是可以与加盟商达成良好的加盟关系的，这可以通过直接或间接的方式来完成。加盟总部的主要职责之一就是保持其最好的品牌形象。如果加盟商能够从这种品牌形象中获取商业利益，那将有助于增加特许经营使用费的价值。加盟总部成功地履行本职责是其为加盟商带来利益的最容易的间接方法，其他主要的间接方法是加盟总部定期组织全国范围内的销售活动，这种方法再一次为加盟商持续地参与特许经营带来利益。定期销售活动的独特优点就是这些活动可以支持强有力的品牌形象，创造有价值的特许经营合作体系。

最后，全面掌握加盟商的经营情况，确保每一个加盟商都能取得成功。深入了解每一个加盟商是加盟总部能做到的，也是与其保持良好关系的最基础、最有效的途径。这样做可以让所有的加盟商知道加盟总部在对待双方关系时是严肃认真的，同时也鼓励加盟商在遇到潜在的问题时去找加盟总部寻求帮助。要注意的是，加盟总部切实履行自己所做出的承诺对双方关系是非常重要的，加盟总部与加盟商沟通后的反馈率必须是百分之百，并应当在最短的时间内完成。这样，加盟商才不会感到自己被忽视。因此，为保证最佳的反馈率和反馈时间，加盟总部应当建立自动的交流跟踪系统，随时了解加盟商的问题和反馈情况。

总之，加盟总部应更多地以扶助、支持的心态来帮助加盟商取得成功。因为，尽管加盟商的成功来自加盟总部的成功，但从另一个角度讲也是完全正确的，加盟总部的成功也来自加盟商的成功。世界著名特许经营企业之一的麦当劳公司在其给特许经营的定义中就明确指出，"麦当劳支持每一个加盟者取得成功——这就叫作特许经营"，这句话揭示了特许经营加盟关系的真谛。

6.3.2 提升加盟总部的管理服务水平

6.3.2.1 开发新产品和新业务

特许经营体系的运作往往面对的是强大的市场竞争。为了帮助加盟商提高竞争力，加盟总部必须不断地开发新产品和新业务，才能在市场竞争中立足。加盟总部往往设立专门的研发部门，根据市场调研分析、企业发展规划、顾客的需求偏好以及特许经营的特点，制订新产品和新业务的开发计划。

名创优品连锁企业，其经营成功的经验之一就是产品更新快。为了使自己开发的产品与世界潮流同步，名创优品的上百名时尚买手分散在全球各地潮流中心，收集最新的产品信息，预测世界潮流的趋势。他们还建立了产品信息管理中心，与日本、韩国的大型企业开展长期合作，时刻掌握时尚潮流的动向，每年开发的新品达上万种。

加盟总部除了不断开发新的有竞争力的产品外，还需要不断开发新的业务，为加盟商寻找新的利润来源，提高加盟商的投资效益。这就需要弄清楚本特许经营品牌的主营业务和辅助业务，通过开发更多辅助业务来延伸特许经营品牌的产品线，挖掘利润源。例如，7-11便利店的社区服务、同仁堂的代客煎药等，虽然有些业务是"赔本生意"，但吸引了顾客，提升了人气，拉近了与顾客的距离。

以7-11便利店的社区服务为例，其提供的服务项目繁多，不少业务甚至成为其新的利润增长点。7-11便利店可以提供以下服务：①代交费服务。代交水费、电费、煤气费等，深圳7-11便利店还成为首个24小时代收中国移动话费的零售网络。②销售包括各类电话卡、手机充值卡、补换SIM卡、上网卡、游戏点数卡、网站点数卡、体育彩票、彩票投注卡，以及各类演唱会、展览会及讲座的门票等。③代办各类培训的报名手续。④代为订购。代订考试教材、潮流产品、礼品、车票、机票等。⑤其他服务，包括冲洗照片、送货上门、提供手机充电、出售邮票、复印、传真、旅游服务等。如此众多的业务内容，让加盟者拥有更多经营的信心。

事实上，只要加盟总部扩大思路，跳出既有业务的框架，就能很好地进行业务的延伸，为加盟者开拓新的利润源。例如，咖啡馆可以销售音乐唱片，销售与咖啡有关的器皿，销售高雅工艺品和家具，销售烟酒等商品；网吧可以销售各种网卡、游戏卡，销售饮料、食品、香烟等，提供复印、打印、下载、数据传输等服务，提供广告服务等。有时候，加盟总部只需要改变业务组合，把服务划分为不同的档次，依据高、中、低档来收取不同的费用，就能既满足不同顾客的个性化需求，又通过合理的业务设计提高加盟店的总体收入。

6.3.2.2 创新营销策略

菲利普·科特勒在其《营销管理》一书中提出了市场营销的19个核心概念，诸如需要、欲望、需求、交换与交易、价值、满意、产品、竞争、关系与网络等。这些概念归纳起来可以分为三个方面，即企业的营销对象、营销产品和营销组合。营销创新就是指目标顾客的创新、营销产品的创新和营销组合的创新。前面所谈到的加盟总部开发新产品和新业务实际上就是指营销产品创新，下面我们从另外几个角度来分析一下加盟总部的营销创新。

（1）精准营销

特许经营连锁企业的营销对象主要是最终消费者，正因如此，特许经营连锁企业的市场营销必然更加强调以消费者为中心或以消费者为导向的营销理念，这也是特许经营企业市场营销的一个突出特征。许多特许经营企业使用精辟的口号进行宣传，如"顾客至上""为顾客而工作""顾客是上帝""顾客永远是对的"等，这正是"以消费者为中心"的营销理念的具体体现。"以消费者为中心"的营销理念要求特许经营企业必须注重消费者的需要，并通过一切努力来达成这种需要，使消费者满意。

然而，消费者的需求是千差万别的，企业的资源也是有限的。没有任何一个企业能完全占领每一个市场，满足每一项需求，甚至在一个较大的市场上也没有一个企业可以做得十全十美。企业应当针对市场的特点进行细分，这种细分主要依据地理、人口、心理以及行为上的差异来进行，然后，从中选择给其带来最大机会的服务对象作为目标市场并开发能为目标顾客带来核心利益的产品。

瑞幸在精准营销方面成效显著。它早期就取消了门店 POS 系统，强制所有点单通过 APP 或小程序完成。虽初期面临顾客适应问题，但通过首次下单免费等优惠，坚定推进这一战略。消费者在线化使瑞幸能全面收集订单、偏好等数据，为后续运营提供支撑。瑞幸通过 APP、公众号、企业微信、社群等多渠道，采集消费者行为数据，利用大数据技术构建洞察体系，精准把握消费者行为轨迹和习惯。瑞幸根据消费者消费轨迹，为个性化服务和精准营销提供依据。如向偏好拿铁的消费者推送相似饮品，向下午固定时间消费的用户发送优惠券，向沉睡用户发放折扣券唤醒消费。这种模式提高了营销转化率和消费者复购率，增强消费者与品牌之间的黏性。

（2）体验营销

体验营销能够营造一种氛围，使顾客在不知不觉中受到新文化的感染。1971年以前星巴克仅在西雅图拥有 1 家咖啡店，现在已经在全世界 30 多个国家和地区开设了 1 万多家连锁店。即使在咖啡文化并不普及的亚洲，星巴克也取得了飞速的发展。星巴克成功的秘诀不仅在于其咖啡品质的上乘，还在于其完美的体验营销的运用。无论是星巴克起居室风格的装修，还是精心挑选的装饰物和灯具、煮咖啡时的咝咝声、将咖啡粉末从过滤器敲击下来时发出的啪啪声、用金属勺子铲出咖啡豆时发出的沙沙声，都在烘托一种星巴克格调，给顾客以独特的咖啡体验。星巴克的体验营销使得它成为时尚、舒适、宁静、自在的代名词，它销售的不仅仅是咖啡，更是一种都市生活中难得的轻松体验。

（3）文化营销

当特许经营企业在市场开拓中遇到来自不同区域的文化冲突时，特许经营企业首先要考虑的是如何调整自己的营销策略以适应当地的文化，更主动的做法是采取行动来推动当地消费者接受全新的外来文化，使之认可企业的文化精髓。有句名言——"民族的才是世界的"，这是说富有民族传统的东西才会成为世界宝贵的财产。特许经营企业不妨借助文化营销，突出异域文化与目标市场的文化差异，将本国传统文化作为制胜异国市场的法宝。例如，霸王茶姬的品牌口号是"以东方茶，会世界友"，品牌愿景是"代表中国茶饮成为东方符号"。该品牌名称来自《史记·

项羽本纪》中的楚霸王故事，也参考了中国传统戏曲《霸王别姬》，品牌标志选取了戏曲人物作为主要构图要素。其大单品"伯牙绝弦"取自中国古代"伯牙子期高山流水遇知音"的典故。霸王茶姬通过各种营销活动深化品牌的"东方茶"形象，如霸王茶姬携手故宫博物院在福建博物院开启"故宫·茶世界"茶文化特展，联名乌镇戏剧节见证"茶与戏"的文化魅力等。经过多年苦心经营，霸王茶姬终于将自己打造成了一个代表中国茶饮的东方符号。世界各地的人们在接受霸王茶姬时，已经不是在单纯地接受一杯饮料，而是在接受传统的中国文化。

（4）社会价值观营销

特许经营企业在市场营销活动中执着于传递一种正确的社会价值观，当目标顾客完全认同这一价值观时，商店与顾客之间的距离也随之拉近了。传递社会价值观念的企业已经突破了小我的概念，将自身融进整个大社会中，自觉地承担起社会责任。博迪（Body）是一家制造并销售以自然成分为主的化妆品连锁企业。该公司每年都向一定的社会组织捐助一定比例的利润，如动物保护协会、流浪者之家、雨林保护组织等。在印度，该公司赞助了一个为孤儿设立的"儿童城"工程；在新加坡，它为改善老人的生活发起了一项社区活动，为保护妇女发起了一项反暴力运动。因为该公司广泛参与这些社会活动，许多消费者都愿意购买它的产品。

（5）整合营销传播

整合营销传播（integrated marketing communication，IMC）是指将与企业进行市场营销有关的一切传播活动一元化的过程。整合营销传播，一方面把广告、促销、直销、公关、CI、包装、新闻媒体等一切传播活动都涵盖于营销活动的范围之内，另一方面则使企业能够将统一的传播资讯传达给顾客。其中心思想是以通过企业与顾客的沟通满足顾客需要的价值为取向，确定企业统一的促销策略，协调使用各种不同的传播手段，发挥不同传播工具的优势，从而使企业实现促销宣传的低成本化，以高强冲击力形成促销高潮。整合营销传播的开展，是20世纪90年代市场营销学最为重要的发展，并得到了企业界和营销理论界的广泛认同。整合营销传播理论作为一种实战性极强的操作性理论，兴起于商品经济最发达的美国。在经济全球化的形势下，近些年来，整合营销传播理论在中国也得到了广泛的传播。许多优秀的特许经营加盟总部都在应用整合营销传播理论，在不同的国家和区域，将营销的各种手段，包括产品、价格、渠道、促销、广告和公关等紧密结合起来，通过暗示、模仿和感染，传播自己的文化，促成目标市场的文化变革或文化融合。

（6）会员制营销

会员制营销又称"俱乐部营销"，是指企业以某项利益或服务为主题将人们组合成一个俱乐部形式的团体，开展宣传、销售、促销等营销活动。顾客成为会员的条件可以是交纳一笔会费或购买一定数量的产品，也可以免费入会，顾客成为会员后便可在一定时期内享受到会员专属的权利。随着IT技术的发展，尤其是互联网的普及，会员制营销正成为越来越多企业的选择。

会员制营销的作用主要体现在：

第一，稳定顾客，培养顾客忠诚度。会员制的根本目标就在于建立稳定的消费者群体，与顾客建立稳定长久的关系。企业提供会员制服务，一方面，可以锁定目标顾客群，保证拥有一定数量的客源，为企业带来稳定的销售收入；另一方面，企业通过与顾客建立良好的关系，可以使顾客产生归属感，进而培养顾客的忠诚度，降低开发新顾客的成本，提升企业的竞争优势，树立企业品牌。

第二，掌握消费者信息，了解消费者需求。一般来说，企业在消费者申请会员卡时要求其填写个人资料，这对特许经营企业来说，可以收集到大量会员的基本情况和消费信息。企业可以明确自己的消费群体，掌握和了解企业顾客群的特点，以便进行消费分析。同时，会员制提供了企业与顾客的沟通渠道，便于企业及时了解消费者的需求变化，为改进企业的经营和服务提供客观依据。

第三，增加企业的收入和利润。会员消费是特许经营企业扩大市场份额的重要支柱，并成为企业收入和利润新的增长点。同时，对于收费式会员制企业，在其达到一定规模的情况下，企业能够在短时间内拥有大量可支配的资金，并取得可观的会费收入。

6.3.2.3 实施品牌联盟战略

品牌联盟战略不仅指泡泡玛特和名创优品这些企业在开发新产品时的 IP 联名，也指特许经营品牌之间的战略联盟。目前，国内外特许经营品牌战略联盟已经比较普遍，这种联盟给双方带来了更多的商机。不同的特许经营体系通过联盟分享了客户资源，加快了特许经营体系的扩张，实现了更高的利润。例如，中石油和中石化的加油站和麦当劳、肯德基等快餐连锁企业以及便利店等已经开始大规模的合作，使消费者在加油站加油时也可以享受到快餐或其他便利服务，大大提高了顾客的满意度。

品牌联盟的出现来源于有关各方谋求多赢关系的发展。许多加盟总部发现通过与其他强大的商业品牌联合能增加销售额和进行市场渗透，给顾客带来更多的便利。现在的社会追求便利性，顾客寻求能够买到所有东西的地点，能在加油的同时买到汉堡包，能在同一地点享受更多项目的服务，这些都为品牌联盟者创造了许多合作的机会。

玛利特公司就是一个十分成功的品牌联盟榜样。其在机场、旅游露天广场和体育娱乐场采取这种联盟战略。该公司凭借许多主要商业品牌的许可或者特许经营协议来经营，这些品牌包括：艾罗伯·玛格丽特、AS 行李、汉堡王、鲍勃氏大男孩、加利福尼亚比萨厨房、轻快帆船、当肯甜甜圈、全球新闻、家庭草皮、肯德基、火箭人、纯度标志、熊猫快递、星巴克咖啡、美食豆、VIA 礼品店、地平线糖果等。这些品牌不仅包括美国的特许经营项目，而且有的还来自欧洲、加拿大以及亚洲地区。品牌联盟战略使得玛利特公司的足迹遍布全世界。

（1）品牌联盟的优势

品牌联盟的优势是显而易见的，它能带来如下好处：

① 方便顾客，扩大客源。品牌联盟可以让顾客在一个地点购买到他需要的多

种商品和服务。如果在这些品牌联盟的场所实施统一收银的话，将更加便于顾客在任何地点支付，也便于记录每个产品的收入和顾客的爱好。每个联盟的品牌都希望对方的品牌能将对其品牌具有偏好的顾客吸引到自己的品牌下，在许多情况下，每个特许经营品牌联盟者都能开发到新的客户。

②降低综合投资和营运成本。通常情况下，利用公共的店面实施品牌联盟，加盟商不需要为每一项业务单独修建或租赁房屋和停车场等设施，从而可以降低综合性投资成本。共同承担租金使得加盟者在地价很高的地段开张成为可能。此外，品牌联盟产生了两个或更多不同概念的组合，如将经营早餐和午餐结合在一起可以增加营业额，获得更多的利润。银行家和投资者更愿意投资联盟品牌的企业，因为与单一品牌的企业相比，这些企业成功的可能性更大。

③共享广告效益。品牌联盟企业倾向于为联盟各方做共同的广告，这种做法能分摊包括报纸广告、公共广告和体育赛事赞助等的广告费用，使得加盟店能在其他人的广告活动中受益。

（2）品牌联盟的注意事项

品牌联盟虽然可以带来许多好处，但在实施过程中也要注意一些具体问题：

一是品牌差异问题。档次差别太大的品牌之间可能会互相削弱自己的竞争力，具有强势品牌的加盟总部不愿意使自己的顾客流失到弱势品牌那里，造成顾客在品牌认识上的混乱。因此，在决定品牌是否联盟时，一定要先考察两个品牌的目标定位是否存在过大差异，是否能通过同样的交易方式获利。并非所有的特许经营权都适合捆绑在一起经营，加盟商投资多个品牌是希望传递给顾客更强的信号，而不是削弱自己的竞争力。

二是选址和场所问题。不同品牌的商圈要求不同，如何保证不同品牌在同一个商圈共享客源是需要注意的。另外，在一个共同的场所，不同品牌的位置设计也需要注意，一般需要突出强势的主要品牌以吸引顾客，次要品牌设置在不显眼的位置，但也不能完全掩盖其品牌标识。尤其是多个品牌放在一个比较狭小的空间时，不同的标识放在一起看上去要和谐，否则就会影响视觉效果，甚至给某个品牌带来不利的影响。

三是总投资成本过大问题。尽管品牌联盟能够降低运营成本和综合性投资成本，但对于一个加盟商而言，被要求同时建立几家特许经营品牌业务店，其费用要比建立独立的店铺多很多，这将使加盟商的初始投资成本大大增加，同时，加盟商可能因需要支付多重权益金或其他费用而背负更重的负担和额外的开支。例如，在沃尔玛里开店的麦当劳加盟商常常需要向沃尔玛交纳特许经营使用金和场地租金，这无疑会增加开支。另外，加盟者不仅需要同麦当劳签订合约，还需要和沃尔玛订立合同，同意向沃尔玛支付租金和使用金，这使得特许经营关系变得更为复杂。

6.3.2.4 改进信息物流系统

连锁经营的一个基本条件就是要建立一套高效率的信息物流系统，特许经营也一样。因为加盟总部的仓储中心、配送中心、生产中心、培训中心等部门以及下属各加盟店一起构成了一个庞大的经营网络，要使这个网络的每一个组成部分都步调一致，有效地运转，没有一个以电脑管理为中心的信息物流系统是很难协调的。信息系统的作用主要体现在以下方面：

（1）信息系统可以优化商品库存和货架管理

大部分零售商店寸土寸金，货架资源十分宝贵，要充分利用有限的货架空间实现最大的经济效益，往往需要尽量缩小库存空间，商店又不能因库存不足导致商品缺货。因为缺货会带来两方面损失：一是失去交易机会，造成现实损失；二是使顾客产生不信任感，损害企业形象，造成潜在损失。要做到既不缺货又不积压，这就需要商店采购适销对路的商品和保证小批量、多品种商品的配送。企业有了信息管理系统，才能随时对货架商品和库存商品的销售进行监控，通过畅销分析、滞销分析、周转率分析、单品毛利分析，实现持续优化库存和加速商品周转。

（2）信息系统可以改进物流配送管理

信息的流动带来商品的流动，在信息系统的支撑下，商品可以准确及时地配送到加盟店。当加盟总部支出大量广告费用进行宣传时，如果物流系统不能及时将商品送往加盟店，那么广告费用将付之东流。正如一句名言所说的那样："何时冰箱不再称为冰箱？当人们在休斯敦想要它时，它却在匹兹堡。"在信息系统的支撑下，一些先进的物流管理理念，如供应商库存管理、供应链管理、持续补货体系、自动化仓库管理等才能得到彻底运用，并极大提高企业的物流效率。

（3）信息系统可以加强营销管理

信息系统可以分析企业促销前后的销售数据以及促销效果，为下次促销活动的开展提供丰富的经验；信息系统可以收集各地商店顾客的反馈意见、商品销售数据和有关市场的研究数据，拟定更有针对性的营销活动；信息系统可以进行顾客购物篮分析，更好地了解目标顾客的购买行为，为加盟店的商品结构、品类管理提供支撑数据；信息系统可以通过有效的客户分析来掌握促销方向。

信息系统的运用水平如何，将直接影响企业的经营状况，影响企业核心竞争力的构建。企业信息化管理不是一步到位的，而是需要不断地改进和提升。日本7-11便利店的信息化建设经历了6次重大的信息系统变革。7-11便利店依靠自己强大的信息系统取得了全球扩张的成功，在长期对信息系统不断投入和优化的基础上形成了竞争对手无法模仿的IT能力，收获了强有力的商品和服务开发创新能力，这正是其利润来源的核心所在，也是其核心竞争力和持续竞争优势的源泉。

6.3.3 增进加盟双方的沟通

建设性的积极沟通是营造良好加盟关系的重要条件。加盟双方关系恶化的一个主要原因就在于缺乏有效、充分的沟通。只有感觉到自己在特许经营体系中是被重视的，自己的意见能及时传到加盟总部并被加盟总部接纳，没有被忽略的感觉，加盟商才会信任加盟总部，并愿意与加盟总部建立长久的合作关系。加盟总部与加盟店之间的沟通与交流主要有以下几种途径：

6.3.3.1　人员访店

每个加盟总部都会派督导人员专门负责几个指定的加盟店，这些工作人员的任务不仅在于监督加盟店是否按加盟总部的要求来经营，将加盟总部的新精神传达下去，更重要的是了解加盟店有什么需求，出现哪些困难。加盟者也主要是通过加盟总部的督导人员向加盟总部反映市场行情的。这种经常性的人员之间的沟通与交流是最有效的沟通方式，它能及时解决加盟者经营中出现的问题，并能促使加盟总部与加盟者之间产生情感上的交流与共鸣，让加盟者真正感受到加盟总部的关心。

6.3.3.2　定期和不定期报告

书面报告是双方交流的另一种有效形式，许多加盟总部都要求加盟者定期上交一份报告书，介绍近期的经营业绩和出现的困难及消费者的新动向。当然，如果加盟者觉得有必要，也可以随时写一份专题报告书，就某一问题请示或汇报给加盟总部，以引起加盟总部的注意。西方国家特许经营系统非常重视这一沟通方式。不过，由于信息技术的发展，电子邮件的报告方式已经得到了很多人的喜爱，很多人和加盟总部不再使用电话和普通信件，而是通过电子邮件进行沟通，加盟总部可以通过电子邮件每天向加盟者发送信息，对加盟者进行鼓励、支持和指导。

6.3.3.3　经常性的会议交流

加盟总部应经常召开地区性或全国性的加盟会议，一方面有利于最高领导层直接听取加盟者对改进工作的意见，另一方面有利于最高领导层向加盟者介绍公司的经营宗旨和新观念并促使他们互相取经。日本7-11便利店对这方面极为重视，他们在周二定期举行会议，参加人员有公司的高层职员、区域经理、地区经理、征募顾问、现场咨询员、部分店长等。上午的内容一般是对前一周发生的问题交换意见和商讨对策，下午的内容通常是针对营销方案、7-11便利店系统的更新或新产品的导入等问题交换意见。7-11便利店每次花在教育训练和开会上的费用大约为600万日元，每年的费用高达3亿日元左右。在日本企业里，恐怕只有7-11便利店会花费如此巨资支持加盟总部与各分支机构开展如此频繁的交流和沟通活动。

6.3.3.4　内部交流刊物

内部刊物也是一种有效的信息交流手段，用以介绍特许经营加盟总部的各项活动，公布最佳的加盟店，传达总裁意见，宣布新加盟的网点或受许人，或是提供其他积极有用的信息。好的刊物应该包括以下内容：

①封面故事——正在发生或不久将要发生的事情；

②总裁的信件；

③荣誉受许人名单；

④荣获销售成就奖的受许人照片和说明文字；

⑤加盟总部信息；

⑥成功故事；

⑦新受许人的照片和说明文字。

6.3.3.5 设立24小时热线电话

当加盟总部和加盟店建立共同的经营体系的时候，可能会出现很多问题，加盟总部认识到双方需要进行更多的沟通才能壮大特许经营体系。对于加盟总部来说，学会倾听加盟者的意见很重要。事实上，相对于通过加盟总部的研发部门，许多加盟总部更愿意从加盟者那里获得关于新产品和服务的信息。因为加盟者最了解顾客最需要的产品和服务。在企业发展的过程中，加盟总部最聪明的做法就是随时倾听加盟者的声音并支持他们。为了让加盟者及时将信息反馈上来，加盟总部可以设立24小时热线电话，用于收集信息和解答问题。另外，加盟总部还应当设立一条匿名的电话专线，以便加盟商可以投诉加盟总部具体的某一位工作人员。在没有办法直接将这些沟通交流的情况反馈的时候，加盟商应当了解加盟总部的工作进度，如是否正在采取改善措施。

6.3.3.6 设立社交网络沟通平台

如今，移动互联网的使用人群迅速增加，社交网络已经成为人们最常用的沟通方式之一，加盟总部也应该考虑建立特许经营体系的社交网络平台。尤其是微信群、QQ群这些社交工具的应用，对于及时了解并解答加盟商的问题是十分有效的，同时也能让加盟商及时了解加盟总部的发展情况和行业动态。一些加盟总部在自己的网站和公众号上及时传播公司信息，对获得成功的加盟商表示祝贺和鼓励，也随时欢迎新的加盟商加入到这个平台当中。

6.3.3.7 成立加盟商协会

成立加盟商协会，将加盟商联合起来，也不失为加盟双方沟通的一个有效途径。这一途径更能激发加盟商作为特许经营体系的主人感和归属感。赛百味于1999年成立了加盟商协会，该协会由全体加盟商选出的代表组成，他们代表加盟商与加盟总部直接对话，就某些问题进行磋商，包括加盟商的抱怨以及对公司发展的良好建议。事实证明，加盟商协会的存在除了使特许经营关系更加良好之外，还给赛百味带来了巨大利益，正如赛百味的创始人佛瑞德迪路加自己所说的，公司从"挖掘蕴藏在加盟者身上的企业家精神"中获得了成功的力量。

总之，如果加盟总部希望整个特许经营事业能不断发展壮大，就必须使每个加盟者都心甘情愿地与加盟总部站在同一阵营中，共同努力开拓业务。加盟总部也应关心每一家加盟店的经营情况，关心加盟者的经济环境，不要把加盟店的成败只看成加盟者的个人得失，而应该把它看成整个企业的一部分。只要有一家加盟店经营失败，就是整个企业的失败。"唇齿相依，唇亡齿寒"，说的正是这个道理。

小思考6-3 为什么说成功的特许经营体系中加盟双方是战略伙伴关系？

本章小结 ☑ ----------------------------------●

一个庞大的特许经营体系要保持步调一致，需要有一个强有力的内部控制系统。内部控制系统一般由控制链、控制手段和考核体系三个要素构成。一个优秀的、成功的特许经营体系，往往建立了一套成熟的督导体系，督导员必须具备一定的思想素质、能力素质和知识结构，其作用主要是信息的上传下达、业务核查及指导、帮助加盟店提升业绩等。一个成功的特许经营体系，需要加盟总部花费巨大的心血和精力去维护和拓展，形成加盟双方良好的关系。良好关系的建立需要经过三个层次，即法律关系、合作关系和战略伙伴关系，每经过一个层次，双方关系就向前迈进一步。影响加盟关系的因素主要有加盟总部的管理服务水平和加盟双方之间的有效沟通。加盟总部可以通过开发新产品和新业务、创新营销策略、实施品牌联盟战略、改进信息物流系统来不断提升自己的管理服务水平。同时，加盟总部还可以通过人员访店、定期或不定期报告、经常性会议交流、内部交流刊物、设立24小时热线电话、设立网络沟通平台、成立加盟商协会等方式加强双方的交流与沟通。

主要概念和观念 ☑

内部控制系统　控制链　控制手段　考核体系　前期控制手段　同期控制手段　反馈控制手段　督导体系　加盟关系　战略伙伴关系　品牌联盟战略

基本训练 ☑

□ 知识题

1.特许经营内部控制体系包括哪几个要素？

2.内部控制手段分为哪三大类？各类手段又有哪些具体方式？

3.加盟店例行考核主要有哪些内容？绩效考核内容一般包括哪些指标？

4.加盟总部督导制度中督导员的具体作用是什么？对督导员有哪些素质要求？

5.良好的加盟关系要经过哪三个阶段？它能带来哪些回报？

6.加盟总部可以通过哪些途径实现营销创新？

7.实施品牌联盟战略能带来什么好处？需要注意什么问题？

8.加盟总部与加盟店之间的沟通与交流主要有哪些途径？

□ 技能题

1.试为某餐饮特许经营加盟总部设计一个内部控制链，并说明控制链中每一个关键部门的工作职责。

2.试为一家便利店加盟总部设计一套完整的加盟店考核指标体系。

3.试为一家特许经营连锁酒店设计一个多品牌联盟方案。

□ 能力题

1.案例分析

美宜佳的可持续发展实践

美宜佳创立于1997年，在过去28年的发展历程中，始终围绕如何实现可持续发展这一核心问题展开探索。从最初的1家门店发展到如今的39 000多家门店，覆盖22个省（自治区、直辖市），我们可从3个维度来看美宜佳的可持续发展路径，即发展布局、商业模式迭代和数字化发展历程。

在发展布局方面，美宜佳经历了3个阶段：第一阶段是从东莞起步，逐步拓展至珠三角地区；第二阶段于2003年开始，美宜佳走出东莞，迈向全省发展；第三阶段自2014年起，美宜佳正式尝试走出广东省，迈向全国布局。这一布局过程不仅满足了企业自身发展的需求，也是战略选择的结果。28年来，美宜佳凭借这一布局，把握了市场红利与空间，为如今在全国范围内的发展奠定了基础。

在商业模式迭代方面，美宜佳走了一条先易后难的发展路径。最初以社区的规范杂货店起步，逐步进行迭代，而非一开始就进入高端市场或开展24小时便利店模式。在此过程中，美宜佳选择了特许加盟模式，以快速进入市场并占领市场份额。面对如何实现加盟的规范发展与集中管理这一问题，美宜佳探索出了一条从B2B2C到M2S2B2C的商业模式迭代路径。

与此同时，信息化、数字化的不断升级也是美宜佳发展过程中的重要维度。基于管理需求与技术发展，美宜佳将管理经验沉淀于系统之中，形成可复制的能力，进而推动企业持续发展。

2020年，美宜佳门店数量达到2万家，虽然数据表现良好，但瓶颈已经显现。企业规模扩大后，面临着大企业病、门店盈利能力挑战、加盟体系规模化与全国化后的总部运营能力问题，以及从省级发展模式向全国规模优势转变的集中管理需求。因此，美宜佳在2020年启动了变革历程。

2022年，美宜佳正式启动数字化转型，通过管理变革、组织变革、业务变革推动管理进步。数字化转型借助了外部力量指导发展，选择在业绩与发展良好时启动，涉及业务、管理和组织的重构，本质上是一种变革。变革过程艰难，但经过3年发展，美宜佳取得了良好成绩，门店继续保持良性发展。2020年，美宜佳的门店数量为2万家，近5年又新增了近2万家。5年时间里美宜佳几乎再造了一个自己。

在变革的3年中，美宜佳基于业务变革打造了美宜佳6.0新店型4个产品：Std（综合店）、Pro（餐饮店）、Plus（社区大店）和Mini（迷你小店）。通过这四大店型产品，美宜佳构建了从一线到五线市场的复制能力。

当企业发展到一定阶段，未来发展方向应是构建整个业务的运营体系，通过体系化作战方法攻占市场、实现生存。美宜佳的业务运营体系主要是运用系统方法，将企业各要素等进行统筹规划，以有效利用资源，高效快捷地实现目标的企业操作系统。我们将其命名为MYJBOS系统。如同电脑需要操作系统，美宜佳未来作战亦需要这样一个系统。同时，该操作系统的运营模式，是依靠强健的中后台和敏捷的前台紧密配合，基于智能作战平台完成任务、实现目标的卓越运营和管理方式。

未来道路虽充满挑战，但前景广阔。美宜佳致力于在可持续发展、高质量发展道路上走出一条属于自己的路。

资料来源：张国衡. 美宜佳的可持续发展实践［EB/OL］.（2025-05-28）［2025-07-07］.
https：//mp.weixin.qq.com/s/StjjOJ7LopIBYjQ79fQRnw.

问题：（1）美宜佳的可持续发展路径体现在哪几个方面？

（2）美宜佳的复制能力是如何形成的？

2.社会实践作业

（1）试从网上调查几家特许经营的加盟总部，分析它们在提升自己的特许经营品牌价值方面做了哪些努力。

（2）对周边的加盟店进行调查，分析该特许经营体系中加盟总部是如何控制加盟店的。

第7章

加盟店经营策略

学习目标 ☑

知识目标

• 掌握评估一项特许经营业务的具体分析内容，掌握影响加盟店选址的具体因素；

• 掌握加盟店商品管理、商品陈列和促销管理的主要内容；

• 了解顾客满意及顾客忠诚的具体含义及培养顾客忠诚的具体方法；

• 了解建立一种优秀团队文化的具体策略。

技能目标

• 学会建立一套评估特许经营业务的调研指标体系；

• 掌握评估加盟店促销活动效果的具体方法；

• 学会设计加盟店顾客满意度调查的一套指标体系。

能力目标

• 能研究分析一项特许经营业务是否适合某一特定加盟者；

• 能指出加盟店在吸引顾客、提升顾客满意度和忠诚度上存在的不足并提出相关建议。

7.1 加盟商的投资决策

案例 7-1

途虎、天猫养车、京东养车 2025 年加盟政策对比

当途虎养车"万镇万店"的号角吹响，京东养车"24万元补贴"的重磅落地，天猫养车"百天千单"的承诺掷地有声，2025年的汽车后市场注定不会平静。三大平台不约而同在岁末年初发布加盟新政策，这场看似常规的招商动作，实则暗藏行业变革的深层密码。

1.途虎养车：规模为王的下沉突袭

将全国切割为上层市场、下沉市场、独立乡镇三大战区，17个重点省份标注为红色进攻区。老加盟商在城镇市场开二店可获近30万元支持，新加盟商在下沉市场最高能拿超30万元补贴。最狠的是乡镇战场——8万元加盟费+2000元/月管理费的组合拳，直接击穿传统夫妻店的成本防线。值得一提的是，根据途虎养车的建店标准和下沉市场的硬性成本测算，在2025年途虎养车工场店全国加盟政策支持下，加盟商最低一次性投入30万元起，就可以轻松开一家途虎养车工场店。最后是针对独立乡镇区域，途虎养车则推出专属化定制加盟政策，持续快速推进"万镇万店计划"。

核心策略：用"万镇万店"计划完成从县域到乡镇的纵深覆盖。

政策亮点：老商本地再开店享近30万元综合支持，乡镇加盟费最低降至3年共8万元。

运营支撑：标准化服务流程+全链路数字化系统，乡镇店人效提升。

对比变化：较2024年新增独立乡镇分级定价，管理费降幅达50%。

2.天猫养车：流量生态的新能源突围

品牌使用费延续特惠政策为前3年共5万元；保证金为10万元/店；特许权使用费5000元/月（自开业之日起免前90天，不同城市，特许权使用费略有差异）；管理费根据月营业额的1%进行收取（自签约起免前180天）。

核心策略：用数字化能力重塑流量转化模型。

政策亮点：前三年品牌使用费5万元（行业平均水平的1/3），标配新能源工位。

运营支撑：运营教练百日帮扶，平均约4个月实现当月盈亏平衡，现金流回正。

对比变化：新能源专项政策独立发布，天猫养车 X LTNLAB（即天猫养车贴膜轻改中心）进行重点招商。

3.京东养车：资源整合的精准打击

在新商的招募中，京东养车给出最高20万元的加盟支持，加盟费最高优惠14万元。老商开店方面，京东养车更是拿出最高24万元的综合支持，加盟费优惠之外，4W开店补贴，6个月管理费减免。此外，针对"单店老商"，京东养车给予了"返还50%加盟费"的额外支持。

核心策略：依托京东生态构建"商品+服务"护城河。

政策亮点：A级城市加盟费直降14万元，PLUS会员精准导流提升客单价。

运营支撑：主机厂技术背书+数智化供应链，4S客源转化率提升。

对比变化：新增"单店老商再开返还50%加盟费"，城市分级模型细化至6档。

上述三大平台加盟政策各有各的优势。途虎养车的优势是"规模武器"。6311家工场店的存量优势，转化为老商开新店的滚雪球效应。"万镇万店"的推出，使途虎向广阔的城镇市场迈进，并且其标准化体系已进化到"恐怖"程度——换轮胎分解为标准化步骤，管理系统能透视每家店的经营"毛细血管"。这种重资产、重运营的模式，在下沉市场正显现出摧枯拉朽的势能。

天猫养车的优势是"流量核弹"。背靠阿里生态的天然优势，使其在抖音、美团等平台的单量转化所向披靡。其政策中"照着做就能赚钱"的承诺，实则是用数字化手段重构传统汽修的人力结构。而新能源工位+贴膜轻改的组合，正在开辟传统保养之外的"第二战场"。

京东养车的优势是"资源护城河"，与中石油的双门头加油站、主机厂的原厂件直供、PLUS会员的精准导流，构建起竞争对手难以复制的资源网络。其城市分级策略看似保守，实则是用精细化运营构筑利润防火墙。

横向对比2024年政策，三巨头的战略转向清晰可见：途虎的向乡镇纵深迈进，天猫加强线上流量运营，京东的主机厂合作+正品直供。这些数字背后，是养车连锁们从"跑马圈地"向"精耕细作"的集体转身。

资料来源：彭冲冲.途虎、天猫、京东2025加盟政策大PK，谁能真正让门店赚钱？［EB/OL］.（2025-03-13）［2025-07-07］. https://mp.weixin.qq.com/s/HvNPKx4n7QReYJfTtjwq-g.

　　每个行业的投资都要承担风险，特许经营行业也不例外。对于潜在加盟者来说，投资特许经营项目与投资购买股票和债券等还是有很大区别的，这种投资不仅需要承担风险，而且需要花费投资者巨大的精力和时间，尤其在加盟店初创时期，加盟者几乎要全身心投入。加盟者选择的特许经营项目不同，其投入的成本不一样，获得的回报也不相同。因此，作为一个特许经营项目的潜在投资者，他不仅需要考虑自己是否适合特许经营行业、资金是否充足、店面的选址等，最关键的还在于选择一项合适的特许经营业务。

　　从潜在加盟者的投资决策上看，其投资决策和项目评估的主要步骤见表7-1。

表7-1　　　　　　　　潜在加盟者投资决策与项目评估的主要步骤

步　骤	主要工作与评估目标
自我评估	学习并掌握必备的商业知识和特许经营常识，对个人的创业目标、投资意向、资金和能力进行全面分析，评价自己是否适合特许经营
行业分析	了解目前国内特许经营的行业分布，以及各个行业的特点和发展趋势，根据自己的目标和意向，选择合适的目标行业
项目筛选	通过各种渠道广泛收集目标行业的资料，全面掌握行业竞争状况和各项目投资规模、预期收益、可行地域及可能商机，并进行初步筛选
项目评价	对初步筛选出的目标加盟总部进行全面评价，包括该品牌的可行性、经济性、合规性、健康性等
现场考察	对加盟总部企业、直营网点、特许经营网点及市场进行实地考察，印证资料分析得出的结论并发现新的问题
谈判签约	谈判时需注意：一是通过谈判明确双方的权利和义务，争取最好的合作条件；二是通过与对方的直接沟通，进一步了解加盟总部
冷静期	按照法律规定，加盟者在签约后一定期限内可单方面解除合同
筹备开业	获取资源和资本，在总部指导下选址并建设，参加培训，直至开业运营

7.1.1 如何评估一项特许经营业务

选择一项合适的特许经营业务是潜在加盟者成功的基础。不是所有的业务都能赚钱，有些项目甚至就是诈骗和陷阱。因此，潜在加盟者究竟要投资哪个特许经营体系，必须对该体系做深入全面的调查和分析，研究各种信息和数据，检查自己的动机和目标，然后做出决定。潜在加盟者尤其要对以下问题进行深入分析研究：

7.1.1.1 所经营行业的特点

（1）所经营行业的发展前景

任何行业的产品和服务都有其生命周期，这一周期有的很短，有的则很长，每一个生命周期都包括引进、成长、饱和、衰退四个阶段。特许经营加盟总部所经营的行业在市场中是处于上升时期还是衰退时期，其营业额的增长是暂时性的还是长久性的，这是一个非常重要的问题。需要注意的是，有一些新潮、时尚的行业在短时间内看起来十分红火，但凡是时尚的就有不流行的时候，一旦过时，加盟者的事业就会一落千丈。例如，曾经流行过一段时间的十字绣制作、气球派对等，流行时生意红红火火，现在却冷冷清清，这些时尚项目都不适合加盟者经营。

（2）所经营行业的性质

这是指分析特许经营业务是属于传统行业还是新兴行业。一般来说，传统行业的供应市场与消费市场都比较成熟，而且人们对它的市场运行规律已经基本掌握，所以风险相对会小些，但这也不是绝对的。传统行业中还可以分为传统衰落行业和传统稳定行业。如零售业可以算是传统稳定行业，经营不会大起大落，但衰退行业则风险较大，加盟者要慎重考虑。新兴行业与传统行业相反，新兴行业预示着其具有强大的发展潜力，如果有明显的市场需求，而且投资者有一定的抗风险能力，可以考虑进入。

（3）所经营行业的竞争情况

竞争不可怕，但最怕无序竞争和低级竞争。要调查所经营行业在本地区发展的密度，它表明本地区的竞争程度是否激烈。所经营行业在本地区的经营概况如何，会不会太多、太快，达到饱和，还是方兴未艾，有一定的需求，可以继续发展？这是需要仔细研究的。如果选择了一个在本地发展已达到饱和的行业，商品或服务供过于求，造成同行业间的恶性竞争，这对加盟者将来的经营十分不利。

（4）所经营行业是否适合自己

任何一个行业都有人做得很出色，但不是每一个人都能成功。每个投资者都应该衡量一下自己的能力，这一行业的特许经营机会是否提供了开拓和发展个人能力的合适空间。许多投资者只顾选择赚钱的热门行业，忽视自己的兴趣，这样很难取得成功。因为没兴趣，就没动力，就缺乏克服困难的勇气和毅力，厌烦情绪会不可避免地产生。因此，每个投资者在加盟之前应问问自己追求的人生目标是什么，能否在这一行业的经营工作中获得满足，而不只是金钱上的满足。

7.1.1.2　加盟总部的竞争力

目前，每一个行业的特许经营加盟总部都越来越多，如快餐业，比较有名的有麦当劳、肯德基等，它们各自的特点不同，市场竞争力也有差别。投资者选定了某个行业后，就要分析比较一下这一行业的所有加盟总部的竞争优劣势。分析的因素主要有以下几方面：

（1）加盟总部的发展历史及所处阶段

加盟总部的历史长短是很重要的考虑因素，一家历史悠久的特许经营加盟总部，能够做到经久不衰，自然有其成功的原因，至少加盟总部在其产品服务及管理营运方面，能给予加盟者一定的信心保证。因此，对于初涉商界、经验不足的投资者来说，选择历史悠久而信誉卓著的加盟总部是比较稳妥的。

市场上大多数特许经营加盟总部都处于各自特许经营权的发展和成熟的不同阶段。一般来看，当加盟商数量为1～10个时，加盟总部还处于探索阶段，它会在试验经营中充分、彻底地运用它设计的经营模式，而它的经营模式是否可行且能否经得起市场竞争的冲击还有待证明。这一时期它的财力可能并不雄厚，急于招募加盟商来加快资金的周转，因而对加盟商会不加选择地欢迎。

当加盟商数量为11～40个时，加盟总部已基本克服了最初阶段的困难，但它可能会遇到这样的麻烦：在先前发展的10个加盟商中有四五个不令人满意，他们总是要占用加盟总部的大量时间。在这个阶段，如果特许经营体系组织得不好，各种各样严重的问题就会相继发生。这时，加盟总部会加强发展和完善组织基础，以便跟上加盟商数量增长和企业规模扩大的步伐，并注意保证加盟商和企业规模的增长率不超过加盟总部资源的供应能力和其他能力的增长速度。

当加盟商数量为41～100个时，特许经营体系就已比较成熟了。加盟总部有了良好的组织体系并能从它的活动中获得合理的回报。这时它会将注意力转向巩固基础、大量扩张，它会对加盟者的条件进行考察，以便寻找更合适的合作伙伴，它也会对特许经营体系的将来进行打算，即是否要推出新的产品、新的方法、新的业务。在这一阶段，评价加盟总部主要是看它在多大程度上能够接受革新和进步，以及它对加盟商的服务如何等。

当加盟商数量为100个以上时，特许经营体系已完全成熟了，同时所有与评估加盟总部有关的信息都是明朗的。众多的加盟商会提供有关加盟总部的品质、特许经营体系和加盟总部与加盟商关系的一系列有价值的资料。加盟总部能成功地采纳各种革新措施，同时它在市场中对各种发展机会做出迅速反应的能力也大大增强。这一阶段投资者对加盟总部较有信心。

（2）加盟总部的财务状况

在许多国家，法律并没规定加盟总部有义务向投资者提供自身详细的财务状况资料。一般情况下，加盟总部只提供预计营业额、预计成本及资金周转计划，但它本身的盈利水平则绝少透露。如果加盟总部是一家上市企业，投资者可以从每年公布的财务报告中获得有关资料。投资者要收集的加盟总部财务资料主要有：加盟总部是上市公司还是非上市公司、年度财务报告、公司资金来源、公司其他业务、诉讼及破产情况、销售记录报告。很少有加盟总部会将各时期的销售记录公开给投资者，一般它们只提供预计销售额作参考。但大部分预计都用业绩最佳的店铺作蓝本，比较偏向乐观的一面，投资者应谨慎。

（3）加盟总部产品及业务的市场竞争力

有意加盟某个特许经营系统的投资者应通过各种渠道，了解该加盟总部产品在市场上的销售情况、消费者对该产品的意见、该产品的独特之处以及市场占有率和社会各方面的评价等，以便评估该加盟总部产品在市场上的发展潜力及竞争力。对于一个刚从国外引进的、成功的加盟总部，投资者不要盲目崇拜，须知该加盟总部或许在国外已名声大振，但在国内还未被人们所认识。因此，投资者一定要弄清楚该加盟总部在本国市场尤其是在本地市场是否具有同样的感召力，它是否在本国市场上以试验经营的方式经过了市场考验。如果把握不准，可再观察一段时间，不要匆忙做决定。

（4）加盟总部的内部管理

下面一些项目反映了加盟总部的内部管理状况，投资者需要尽量收集有关信息：一是公司目标。该加盟总部是否有明确的发展目标，这对投资者的决定有一定参考价值。二是管理结构。如加盟总部设置了哪些机构，各机构负责什么工作，其领导人是谁等，公司结构合理是公司运作高效率的保证。三是管理人员素质。公司管理层人员的才能和经验是公司不断发展的关键。四是员工流失率。员工流失率的高低可以在一定程度上反映公司的管理水平及工作辛苦状况。

7.1.1.3　加盟店经营情况

首先，投资者要知道加盟总部有多少直营店和加盟店，两者的盈利水平如何，为什么这些直营店没有采取特许经营方式。一般情况下，加盟总部会将最好的铺位留给自己，因为直营店的利润比特许经营更高，而且这些店也可作为样板店来经营，以招徕加盟者。所以，投资者应明白，样板店效益好，并不代表加盟店的效益也会好。

其次，投资者应知道在过去一两年内有多少加盟店被加盟总部终止了合约，或主动与加盟总部终止合约，它们终止合约的具体原因是什么。这些失败的案例可以让投资者进一步认清加盟特许经营的风险性。

最后，投资者应对现有的加盟店进行调查，了解它们对加盟总部的经营和管理有何评价。在听取加盟店对加盟总部的评价后，若有可能，最好再听取一下顾客对该加盟总部的评价，几经调查，反复比较，权衡利弊，选择最令人满意的加盟总部加盟。

7.1.1.4　加盟总部的支持服务

投资者加盟特许经营，一方面希望能使用加盟总部已经打响的招牌；另一方面希望在加盟总部强有力的支持和帮助下迅速走上正轨，取得良好的经济效益。在这里，加盟总部能否给予支持以及能给予多大程度上的支持对投资者来说关系重大。我们可以从以下几方面来观察：加盟总部应为加盟者提供全面的经营和管理知识培训；加盟总部应为加盟者提供开店的业务指导和协助；加盟总部应为加盟者提供开业后的各种后续服务。当然，加盟总部对加盟店的支持是多方面的，甚至包括在签订的合约上列明保证加盟者的最低利润，以消除加盟者一旦经营失败便血本无归的顾虑；有的加盟总部还会在保安、保险等方面给加盟店提供支持。投资者一方面要了解加盟总部提供多少项支持，另一方面还要了解这些支持的效果。如广告宣传，不仅要知道一年的广告费用是多少、主要广告媒体、全国性还是地区性广告宣传、宣传的次数，还要了解广告的制作水平、在社会中的影响，以及加盟总部有无指定的广告公司等。另外，投资者一定要清楚，加盟总部提供的支持越多，加盟店交纳的费用和承担的义务也会相应增加。

7.1.1.5 特许经营费用及营业潜力

特许经营加盟总部收取费用的方式有很多，有些加盟总部干净利落，计算一个总额一次结清；有些加盟总部则分门别类，逐项逐次列明费用，非常具体细致；有些是一次性买断特许经营权，以后各不相干；但大多数是把收费期限定得较长，保留双方长时间的联系。各种方法都有利有弊，加盟者在签订合同之时，应逐项细心研究，最好征询有关专业人士，以免将来被动。

投资者在分析加盟总部收取的费用是否合理后，接下来便是对加盟后的营业额及利润做个初步估计，以预测投资回报的高低。一般情况下，加盟总部会给投资者一个参考的营业额或利润数字。但加盟总部为了吸引投资者，往往会将营业额或利润计算得较为乐观，投资者应注意分析其计算方法是否正确。投资者得到加盟总部的营业额或利润后，还要考虑几个方面：一是季节波动性，有些行业的需求有较强的季节性；二是其他开支，如税金、折旧、通货膨胀率等；三是经济波动因素，投资者最好将经济境况分为最好的境况、一般的境况、不太理想的境况三种可能来预测营业额和利润，以便判断在最坏的境况下自己能否承受。

7.1.1.6 合作条件及合约内容

特许经营合约是联系加盟者与加盟总部之间关系的纽带，是维护加盟双方权利和义务的法律保证。由于合作条件、合约内容是由加盟总部制定的，一定会在最大程度上保护加盟总部的利益，因此，投资者要格外仔细研究，看看哪些条件是对自己非常苛刻和不利的，以选择最适合的加盟总部，帮助自己事业的发展。

7.1.2 加盟商的资金准备

加盟特许经营是一项投资，既然是投资就必须手头具备一定的资金。那么，投资一家加盟店需要多少资金？如何运用这些资金？例如，把多少资金用在店铺的装修上，多少资金用来购货，多少资金用作加盟代价，多少资金用作周转等，这些都必须事先做个详细周密的计划，在加盟之前要做到心中有数。

7.1.2.1 开业资金规划

（1）加盟金

加盟者在开业之前，必须向加盟总部支付一笔费用，这笔费用往往在签订合约时支付。从某一个角度来看，这是一笔可以使加盟者避免风险、帮助事业成功的保证金，如果所选择的加盟总部合适的话，便是物有所值了。前期加盟费，不同的加盟总部有不同的标准，一般占加盟者总投资的5%～10%，即如果开办一家加盟店所需资金是50万～60万元，则前期加盟费是5万～6万元。当然，这也不完全一致，如果加盟者要得到如同麦当劳一样一流的特许经营权，往往要具备雄厚的财力并向加盟总部支付一笔高额的特许经营费用。

（2）特许经营权使用费

这笔费用根据加盟总部提供的援助多少、加盟总部的管理水平、加盟总部的信誉高低、加盟总部开展的宣传推广活动等因素而定，一般是按销售额或利润额的比例提成。加盟者不要忽视这笔资金，以为是将来按经营业绩提成就无须准备，它如果是按销售额比例提成，而不是按利润提成，无论加盟者是否盈利都必须交纳，因此在预算投资效益的时候一定要把这笔费用计算进去，并做好打算。

（3）租金

如果加盟者自己没有现成的店铺，就必须租借店面，租金也是加盟者在开业前需要考虑的因素。店铺的租赁一般有三种方法：一是加盟总部先选择好位置，与业主签约先租下来，经过装修后，再转租给加盟者；二是加盟总部与加盟者一起去选择合适的店铺，看中后，在加盟总部的协助下加盟者直接与业主签约；三是加盟者自己去寻找铺位，看中后租下来再与加盟总部商洽加盟事宜。为了确保租赁的能力，业主在签约时往往要求承租者预先支付半年或一年的租金以作保证，因而加盟者在开业前就得拿出这笔钱来。租金的高低视商店的地理位置而定，不同的交通条件、周围环境、建筑物构造等，会使租金有很大出入。

（4）其他资金

除以上必需的资金外，加盟者还得准备另一笔资金，用于装修店铺，用于购买设备，用于购买原材料或货物，用于支付人工费、水电费、电话费及其他各项费用。

麦当劳对加盟者的财务状况有非常明确且严格的要求。在加盟之初，加盟者必须先支付加盟费，在中国约为250万元人民币。如果加盟者购买的是新店铺，则需要支付总成本的40%；如果是旧店铺，则需要支付总成本的25%。这些资金必须是来自加盟者个人的自有资金（非借贷资金），麦当劳对"自有资金"这一概念的定义为：加盟者所持有的现金、证券、债券、固定收益的投资产品（除税之后），自有公司或者不动产（不包括自己居住的房屋）。由于每家店的情况不同，收取加盟金的多少也不能严格量化，通常个人非借贷资金在17.5万美元以上，麦当劳才会考虑其是否能参与加盟。少数情况之下，麦当劳还允许设备租赁（BFL），这仅仅针对那些特别优秀的候选人。这些人的自有资金可能无法达到麦当劳的要求，但他们在其他方面都相当优秀，甚至超过通常的标准。这种情况下，可以采用设备租赁的模式，简而言之，麦当劳先代为购买设备（如器具、座位等），而后租给加盟者。加盟者相当于获得一个期权，他们可以在3年内买入这些设备。不过即使是BFL模式，麦当劳仍然要求加盟者起码拥有10万美元以上的自有资金。

7.1.2.2 如何筹集开业资金

资金筹备一般有两种情况：第一种是加盟者本身已准备有足够的经营资金，无须贷款即可开业；第二种是资金有限，部分资金必须靠借贷来筹集。

第一种是比较稳定的做法，一些人不愿负债，所以立下开店创业的目标后，便自力更生开始储蓄，一直储蓄到拥有足够的资金才开业。这种完全靠自己的资金开业经营的方式，由于无须偿还债务，经营上较为轻松主动。但不利之处是因为要筹集足够的开店资金，所以将会延迟开店创业的时间。此外，由于通货膨胀的原因，物价是不断上升的，2年前可能50万元已足够开店，而2年后，则可能要80万元才能开店，再加上别人捷足先登等，留给你的机会可能会减少。所以，加盟者越迟开店，所需资金越多，所付出的努力也越大。

第二种筹资方法要冒一定的风险，因为是以借贷方式筹集开业资金，在开店后，每月要在营业额中拨一部分用来还贷，除了本金以外，还要加上利息。但它的好处是可以减轻开业时的财务压力，可以早日实现开店创业的目标。一般有意加盟特许经营的投资者，大多资金有限，需要向银行或财务公司借贷，以减轻负担。

如果要向银行借款，一定要充分考虑是否有偿债的能力，否则开业之后，要背上沉重的债务负担，很可能因为要支付利息，而致使经营无利可图，甚至变成亏损。当然，即使有偿债能力，有借贷来源，加盟者也不能把全部开业资金都寄希望于借贷，也必须先准备一笔自有资金。

究竟自有资金应占多少呢？根据经验，自有资金最好占六成，也就是说，如果全部投资需100万元，最好自有资金准备60万元。一些经营者发现，若借贷资金占到六成，则经营就会十分困难，除非市场行情好得出乎意料，收回投资很快，否则极易陷入困境。

很多人只注意筹集开业资金，而忽视日后经营所需的周转资金，导致开业后十分被动。因此，加盟者在筹集好开业资金后，还要准备一笔流动资金，以备不时之需。不少人创业失败，其中一个主要原因便是缺乏资金周转，以致开业后天天为资金烦恼，无法集中精力搞好店铺经营。

7.1.3 加盟店店址选择

店址的选择，是加盟者的一项长期投资，关系着加盟店未来的经济效益和发展前景。两个同行业、同规模的商店，即使商品构成、服务水平、管理水平、促销手段等方面大致相同，但仅由于所处的地址不同，经营效益也可能有较大区别。要选择最佳店址，必须考虑以下几方面因素：

7.1.3.1 商圈类型

每一行业的加盟店，其顾客对象是不同的消费群体；而不同的设店区域和场所，能够吸引的消费者群体也是不同的。在选择店址时，加盟者一定要知道自己的顾客是属于哪种类型的，哪个地方的店铺能吸引这些消费者，做到心中有数。

（1）位于居民住宅区的店铺

这些地区只能吸引狭小范围的顾客，适合经营一些消费者选择性不强而又经常需要的日常生活用品的行业，如便利店、超级市场、小食店等。这类商店要尽量接近顾客，一般选择半径在300米之内、顾客步行10~15分钟的辐射范围为宜。

（2）位于区域一级商业中心的店铺

由于该地区经常有来自不同地方的顾客，且这些人的目的性很强，就是为了购物，所购买的多是挑选性较强的商品，故这个区域适于经营一些较为高档商品的行业，如服装、电器、钟表及餐厅等。

（3）位于市一级商业中心的店铺

这些地区租金极高，不适宜经营日用品商店，而适宜经营一些价格较高、顾客需要考虑再三才决定购买的高档消费品行业，如珠宝首饰、钢琴及高级家具等。

加盟店的业务性质决定了商圈的性质。并不是越繁华的地方越适宜开店，如果经营的是一家时装店，最好设在人来人往的闹市中，因为对时装，每个人的品位不同，一个小小的居住区的人口，不足以把时装店的销售量维持在一个较高的水平；相反，家庭用品，薄利多销，顾客多为一般家庭，故没有必要设在闹市区。

7.1.3.2 潜在客源及客流规律

加盟者在选择店址时必须了解商圈的人口总数、人口密度、人口增长情况、人口年龄结构等。国外调查资料表明，现代化的超级市场大概50%的顾客来自距商店250米半径内的区域。因此，在考虑一家超级市场的可能地点时，一般都要求在计划地点500米半径范围内，定居人口在1万人以上。

人来人往的地方，当然是设店的有利地方，但并非经过的人多的地方就适于开店，还要分析一下是哪些人来往、客流规律如何。首先要了解过往行人的年龄和性别，因为有些过路者是儿童，他们可能是快餐店的顾客，但一般不会是服装店的顾客；其次要了解行人来往的高峰时间和低谷时间；最后要了解行人来往的目的及停留的时间。

在商业集中的繁华区，客流一般以购物为主流，特点是速度缓慢，停留时间长，流动时间相对分散。因此，可以把那些经营挑选性强的商品的商店设在这里，如服装店等。有些地区虽然有相当规模的客流量，却多属非商业因素，如车站、码头、学校、公共场所等，其客流主要不是为了购买商品，而是以其他目的为主，购物是顺便。此地区的客流一般停留时间较短，流动时间比较集中，因此，可以把那些经营挑选性不强和携带方便的商品的商店设在这里，如烟酒副食品店、冷饮店、快餐店等。

7.1.3.3 交通地理条件

交通的便利性也是选择地址要考虑的重要因素。方便的交通要道，如接近火车站、码头以及公交车站，由于行人来往较多，客流量大，具有设店的价值。交叉路口的街角，由于公路四通八达，能见度高，也是设店的好位置。但是有些地区，其道路中间隔了一条很长的中央分向带或栏杆，限制行人、车辆穿越，这会影响设店的价值。

由于交通条件、公共场所设施、行走方向习惯、居住区范围及照明条件等影响，一条街道的两侧客流往往并不均衡，或者同一侧街道也可能因地段不同而导致客流量不同，因此在选择店址时要分析街道客流的特点，选在客流较多的街道一侧或地段。

坐落在上海南京路的永安公司，其创办人郭氏兄弟当年在选择永安公司的设店地点时，是颇下了一番功夫的。1915年，香港永安公司经理郭泉携50万港元来到上海筹建永安公司。在上海繁华的闹市区南京路选好地方后，却又因把店址建在路南还是路北而犹豫不决。于是便派两个人分别坐在路南和路北，只要身边走过一个人，就往各自的口袋里放一粒豆子。结果，路南的行人多于路北，郭氏兄弟就果断地把永安公司的店址选在路南。由于永安公司店址选得正确，多年来该店虽历尽沧桑，但至今仍然生意兴隆。

7.1.3.4 竞争情况

如果商店经营挑选性不强、购买频率较高的日常用品，在同一地区已有过多的同业在恶性竞争，互相争夺生意，势必影响商店的经济效益，除非新设的商店有特殊的经营风格、能力或不寻常的商品来源，否则难以成功。但是，在某些环境中，上述情况并不完全如此。有些行业，因同行都集中在一起，反而会形成一个别具特色的商业街，如广州的"女人街""玉器城"等。由于竞争对手相对集中，相邻而设，商品品种繁多，有利于顾客广泛比较、挑选，能吸引更多的远方来客，促进经营，这便是所谓的商业群体效应。此外，若附近的商店与新设商店在经营品种上有互相补充、连带的关系，则既便于顾客购买，又利于促进各自的销售。

7.1.3.5 其他因素

店址一旦选定，一般就不会轻易迁移，这就要求在选址时，应从长远、发展的角度着眼。因此，要详细了解该区的街道、治安、卫生、交通、市政、绿化、公共设施、住宅及其他建设和改造项目的规划，使选定的店址既符合近期环境特点，又符合长期发展规划，以避免造成损失。城市的长远规划会给加盟店将来的经营带来重大影响，有些地点从近期来看，可能是店址的最佳选择，但可能随着城市的改造和发展将会出现新的变化而不适合设店；相反，有些地点近期看可能并不理想，但从规划前景看又可能很有发展前途。此外，有些地方附近有许多空建筑，会令人感到景象衰落而不愿涉足；有些地方被传闻治安状况欠佳，无论是否属实，都会影响顾客前来；还有诸如发出不良气味、噪声，灰尘多，外貌破旧等的环境，都会降低开设商店的价值。

小思考7-1　加盟者在评估一项特许经营业务的众多内容时，关键的内容是哪些？

案例 7-2

7-11便利店的店铺管理

7-11是全球最大的连锁便利店，一向以卓越的店铺管理著称，它的员工管理、店铺作业管理、信息管理和物流配送管理一直是零售业的典范。下面以员工计划表和清洁作业标准为例介绍7-11便利店的店铺管理。

1.员工工作计划表

所有了解7-11便利店员工管理体系的人，都有一个深刻的印象，那就是7-11便利店的员工管理非常规范，而且形成了制度化、书面化的流程。对于所有店员的活动，7-11便利店制定了每天的工作计划表。通过这个表，店员能清楚地知道在什么时候应当做什么样的事情，甚至在这个表中还有"空闲时做其他事""下班后到车站周围走走看看""把东西放回原来的地方""空闲时不要窃窃私语"等各种提示。

工作项目有清扫、订货、检验商品、商品上架、检查商品鲜度、布置商品陈列、检查温度、报纸杂志退货（在7-11便利店的进货体制中，只有报纸和杂志是可以退货的）、补充消耗品、货币兑换、编制销售日报等。以补充消耗品为例，7-11便利店要求在早上销售高峰来临之前的凌晨4点到5点完成。各店员的工作在计划表中用不同的颜色标示，这样做的目的在于使每个人都能清楚地看到自己应当做的工作。在7-11便利店的工作计划表中，横轴是以小时为单位划分的24小时时段，纵轴填写的是各店员的名字。每个店员的工作计划用直方图的形式在表中表现出来，直方图的起点和终点分别表示工作的起始时间和结束时间，工作内容填写在直方图的中央。当然，在7-11的店铺中，还有另外一种形式的工作计划表，这种计划表的纵轴填写的不是店员的名字，而是各项工作，同样也用直方图的形式在计划表中标示出来。各店员在完成任务之后，在相应的直方图中签字盖章，表示已完成计划工作。

2.清洁作业标准

"清洁"是7-11便利店力图塑造的商店形象和企业经营理念的核心内容之一，为此，7-11便利店的总部做了细化的要求，规定如下：

各店铺每天清扫工作的内容有：店内地板的清扫、店门口的清扫、停车场的清扫、电灯的擦拭、厕所的清扫、复印机的擦拭、招牌的擦拭、柜台周围的清扫、垃圾袋的更换、垃圾箱的清洗、食品柜台的冲洗、店内设备的擦拭、公用电话的擦拭等，每天必须进行数次。除了对售货的店铺进行清扫外，对店后临时存货间、临时货架等也都必须进行清扫。

最有意思的是，7-11便利店不仅对清扫的内容有规定，而且对各项清扫活动用什么样的工具、什么样的洗涤品，以什么样的方式清扫以及清扫的顺序都规定得非常详细。例如店内地板的清扫，7-11便利店规定，必须先用拖把、再用抹布和清洗上光机清扫，清扫的时间在任务计划表上标明，一般中午11点用扫把清扫，然后用湿抹布擦拭，此后，下午2点半、5点、晚上9点、11点，凌晨2点，早上6点，一昼夜共拖6次地，其中要用浸湿的抹布擦拭4次。每天用清洗上光机清扫2次，一次是下午2点半，另一次是凌晨2点，而且用机器清扫后，必须用拖把再拖一次。当然，这个计划不是固定的，如果碰到下雨或下雪天，清扫会更频繁。

为了使清扫效果更好，7-11便利店除了对店铺清扫活动做了严格的规定外，还不断改进清扫用具。例如，1997年，7-11便利店的所有店铺都引进了新的抹布。原来的抹布是用100%的纯棉制成的，纤维较粗，不仅浸湿后不易干，而且容易撕破，而新的抹布是从美国进口的，由棉与化纤混纺制成，纤维很细，不仅浸湿后容易干，而且不易撕破。此外，为了使抹布能保持干净，还用全自动洗衣机洗涤抹布。

资料来源：周敏. 向"7-11"学管理［J］. 科技智囊，2013（2）：46-59.

特许经营的成功是商业模式和技术经验完美复制的结果，如何把这种模式在国内成功地复制，关键在于加盟店的执行力。当加盟店如期顺利开业后，接下来就是真正繁杂艰巨的日常业务管理，将加盟总部成功的经验完全复制到自己的店铺中。加盟店日常业务管理内容有很多，下面主要介绍商品管理、商品陈列和促销管理三大内容。

7.2.1　加盟店商品管理

7.2.1.1　商品组合设计

在特许经营体系里，加盟总部一般都严格规定了加盟店的商品经营范围，并会提供一份商品采购目录供加盟店选择，同时还会提供一定的营销服务，包括必要的目标市场分析、销售分析、新产品开发和产品改良等。然而，具体到一家加盟店中，其经营的商品品种还是由加盟店自己决定，并为自己的经营决策承担后果。这就要求加盟店管理人员根据自己所处的商圈特点和销售情况进行销量预测，并决定如何进行商品组合。

（1）商品组合的内容

所谓商品组合，就是指店铺经营的全部商品的有机结合方式。商品配置是否齐全，是否满足消费者需要，足以左右店铺的盛衰。加盟店应根据加盟总部提供的资料和建议制定适合自己的商品组合。

商品组合的内容之一是商品线、商品类别、价格带和单品的配置。

商品线（line）。它是指加盟店经营的商品种类，商店经营的商品种类越多，则商品线越长。

商品类别（unit）。这是根据商品用途或细分市场顾客群而进一步划分的商品分类。

价格带（price zone）。它是指每个商品类别销售价格的上限与下限之间的范围。价格带的宽度决定了店铺所面对的消费者层次和数量。

单品（stock keeping unit）。单品也称存货单位，是存货控制的最小单位，当指出某个存货单位时，营业员和管理者不会将其与任何其他商品混淆，它是根据商品的尺寸、颜色、规格、价格、式样等来区分的。

商品组合的内容之二是主力商品和辅助商品的配置。

主力商品。它是指其销售量或销售金额在商场销售业绩中占举足轻重地位的商品，也就是在店铺经营中，无论是数量还是销售额均占重要比重的商品。主力商品的增加或减少，直接影响经营业绩的好坏以及商店经济效益的高低，决定着商店的命运。它的选择体现了商店在市场中的定位以及整个商店在人们心目中的定位。主力商品一般在数量上占整体商品的20%～30%，但销售额占整个店铺销售总额的70%～80%。

辅助商品。它是指在价格、品牌等方面对主力商品起辅助作用，或以增加商品广度为目的的商品。其作用是配合主力商品的营销策略，丰富卖场的品种系列，扩大目标顾客的范围，形成较好的卖场气氛。辅助商品数量一般占商品总量的70%～80%，销售额占整个店铺销售额的20%～30%。

（2）商品结构策略

商品结构，实际上就是由不同商品种类形成的商品广度与不同花色品种形成的商品深度的综合。所谓商品的广度，是指经营的商品系列的数量，即具有相似的物理性质、相同用途的商品种类的数量，如化妆品类、食品类、服装类、衣料类等。所谓商品的深度，是指商品品种的数量，即同一类商品中，不同质量、不同尺寸、不同花色品种的数量。

保持合理的商品结构，对商店的发展有着重要的作用。商品广度和深度的不同组合形成了目前商店商品结构的不同配置策略（见表7-2），包括广而深的商品结构、广而浅的商品结构、窄而深的商品结构、窄而浅的商品结构，这些策略各有利弊。

表7-2 商品深度与广度的组合

商品品种 ＼ 商品种类	深	浅
广	商品种类多 商品品种多	商品种类多 商品品种少
窄	商品种类少 商品品种多	商品种类少 商品品种少

7.2.1.2　商品进货管理

（1）订货作业

订货是加盟店根据所需要的商品向加盟总部或加盟总部推荐的供货商进行订货或补货的行动。目前国内的商店订货大部分是通过"点菜员"（订货人员），将订货信息传递给加盟总部或厂商，由他们统一配送。在竞争日益激烈的今天，商店要提高效率，就要向规范化管理靠拢。就订货而言，就是采用规范化的订货方式，即电子订货方式——EOS（electronic order system）订货系统。订货时以掌上型终端机（handy terminal）扫描或键入货号及数量，再使用数据机（modem）传送到商店的加盟总部或厂商处，由加盟总部来配送商品或由厂商直接配送。

加盟店考核订货作业主要是考核商品缺货率和积压情况。一般情况下，商店是不允许缺货的，缺货不仅造成商店原本可以实现的销售额无法实现，也给顾客造成极不好的印象，等于将顾客推给了竞争对手，因此，商店都把缺货当成营业中的最大敌人。业界常有"缺货也是成本""缺货会影响商店形象""缺货会使顾客流失""绝对不能缺货"之说法。因此，杜绝缺货是非常重要的。但目前我国还有一部分特许经营体系没有采用科学的订货管理系统，因此，缺货率还是较高的。对于缺货现象，事先应做好预防工作，一旦缺货应及时采取补救措施，见表7-3。

表7-3　　　　　　　　　　　　　　商品缺货的原因及预防对策

缺货原因	预防对策
库存有货但未及时陈列	注意在营业高峰前先补货
商品卖完而商店没有及时订货	应加强卖场巡视，掌握库存动态，商品要定位管理，订货周期要相对稳定
商店已经订货，但商品未到	应建立商品配送时间表，寻找其他替代商品，或到其他商店购入补上，也可在不同店铺之间进行调配
商店已经订货但订货量不足	应按照ABC管理法重新制定重点商品安全库存量表
配送中心不能及时配送商品	进货应以商店的日常销售、商店的库存和配送中心的库存三者结合为依据，不能光看配送中心的库存量；对于重要商品，应提前订货
商品销售量急剧增加	应做好市场调查工作，做好促销前的准备工作，每日检查销售状况，注意同业销售动态，了解消费趋势，密切关注紧急事件的发展状况
重要广告商品未引进	商品采购人员应积极引进广泛宣传的新产品，尤其是重要广告商品，应快速引进。此外，采购人员应与商店保持密切的联系，采购人员应掌握市场商品信息
消费者指名购买的商品而商店未进货	商店工作人员应向购买者表示歉意，并做好缺货登记，督促采购员及时进货，最好能与顾客保持联系，一旦货到应立即通知顾客或亲自上门送货
经常出现仓库有货但货架上缺货的现象	应对理货人员进行相应考核；如果消费者经常指名的商品遗漏上架，则应对理货员采取必要的处罚措施
正常销售波动导致缺货	要定期或不定期对缺货情况进行分析，使商店管理人员和采购人员随时了解商品销售情况，尽量减少经营中的商品缺货现象

（2）进货验收作业

商品配送到商店后，紧接着是一系列的进货验收作业，包括卸货、核验和收货记录等作业。

① 卸货。进货作业是从商品自运输工具上卸下来开始的。理想的卸货应在室内进行，以避免因气候、多余的外包装或交通阻塞等因素而造成损失，但由于商店内寸土寸金，大多数卸货仍在室外进行。应注意避免营业时间在商店门口卸货，这样会阻碍顾客的进入，减少销售机会。一些商店对送货车统一配锁，钥匙配置给各商店，当货物送达商店后，再由商店开锁卸货。这样，司机便会省去许多麻烦，当出现商品短缺的情况时，商店可直接找厂商或配送中心的配货员交涉。

② 核验。商品从送货车上卸下后，未拆封前，应在司机面前验收箱数是否正确，以及外包装是否无损。一般铁篮做一件计算，不点铁篮内详细数目。如有任何破损或已开的箱子，或箱数短少，都应在司机带来的送货单上注明。送货单一式三份，厂商或配送中心保留一份，商店收货员保留一份，另一份在收到货后两天内送交财务处记账。无论是否短缺，送货单都必须由司机签名，如果将来对破损有争议的话，司机的签名是很重要的证明依据。核验商品必须及时、迅速、准确，做到随时进货随时验收。

③ 收货记录。当商品验收后，一些商店验收员还必须进行验收记录。验收记录是进行商品验收的重要书面记载，内容一般包括：收发货单位名称，凭证号码，实收商品数量、规格、质量，数量差额和质量不符程度，验收日期、地点、验收人等。许多商店直接以送货单作为收货记录，上面注明实收商品数量及差额并有验收员及司机的签名，作为日后会计记账和商店盘存的依据。但对于直进商品，即直接从生产厂家进货的冷冻商品、奶制品、生鲜食品等，这一环节一般不能少。

④ 商品短缺处理。当商品核验后发现短缺时，验收员应及时向商场管理人员汇报，并按以下情况处理：商品件数不符或铁篮内商品账物不符，当天必须向配货中心反映，以便及时纠正，及时补充；商品原封内短缺或破损，由商场直接向采购部有关人员反映，现场必须有主任、验收员签名作凭证依据，一切处理均由商场解决；商品曾开封出现短缺，现场必须有主任、验收员签名作凭证依据，一切归配送中心处理；凡属配送中心发货的商品，若发现质量不符或有到期前一个月的商品，每月规定一个时间，由配送中心根据各商场上报的退货商品和数量进行集中退货。

7.2.1.3 存货作业管理

已到货的商品不可能全部陈列在卖场，有一部分需要进入仓库暂时保管。将各项商品分类管理，使人对商品的位置一目了然，补货工作才能顺利完成。存货作业同进货作业一样都是商店销售的基础。每一个商店的仓库空间都是有限的，应该在满足销售要求的前提下，有效地进行商品库存，使库存商品占用空间最小化，放置最优化。如果物流配送跟得上的话，商店最好不设仓库，实现零库存经营，这样可大大节约库存费用，降低经营成本，最终增强商店的竞争能力。

商品储存的类型主要有三种：一是周转性商品储存，它的作用是保证商品销售连续不断地进行；二是季节性商品储存，它是商店为了保证季节性销售的需要而进行的储存；三是专用性商品储存，这是商店为了应付市场销售的特殊变化而保持一定数量商品的机动储存。三种情况中最基本的是周转性商品储存，季节性商品储存和专用性商品储存都是在特定时间和特定情况下使用的。例如，近年来，消费者对耐用消费品的需求有所增长，而人们对耐用消费品的购买多集中于节假日期间，因为节假日有充足的时间可以进行仔细挑选并可货比三家。因此，商店可以采用专用性商品储存，即在重大的节假日前储备充足的此类商品，以免商品在节假日期间脱销。

在进行存货管理时，商店负责人应该做到：及时分析哪些商品是适销对路的，哪些商品是逾量储存的，哪些商品是滞销的，哪些商品是残次变质的；按类别、单品分析掌握情况，及时采取改进措施；建立健全统计报表制度。

7.2.1.4 盘点作业

商店经过每日的营业，在商品大量的进货及销售过程中，账面上的存货金额和实际金额往往会产生不一致的现象。通过盘点，才能准确知道账面金额与实际金额的差距，才能了解日常管理中是否存在漏洞，才能确定一定时期内的商品销售数量，弄清楚盘点缺少的具体商品和数目，并保证商品账面余额与实际余额相符。盘点数据还可以计算商店费用率、毛利率、货损率等经营指标。因此，盘点的结果可以说是一份商店经营绩效的成绩单。

商品盘点是商店一项十分重要的工作，通常是每月一次。盘点作业可分为初点作业、复点作业和抽点作业。

（1）初点作业

初点作业需要注意的事项是：先点仓库，后点卖场；若在营业中盘点，卖场内先盘点购买频率低的商品；最好两人一组进行盘点，一人点一人记；盘点单上的数据应写清楚，以免混淆；不同特性的商品盘点应注意计量单位的不同；盘点时应顺便观察商品的有效期，过期商品应随即取下，并做记录；营业中盘点应注意不可高声谈论，或阻碍顾客通行；店长应掌握盘点进度。

（2）复点作业

复点作业需要注意的事项是：复点可在初点进行一段时间后进行；复点人员应手持初点的盘点表，依次检查，把差异填入差异栏；复点人员用红色笔填写。

（3）抽点作业

抽点作业需要注意的事项是：抽点办法可参照复点办法；抽点的商品可选择卖场内死角，或不宜清点的商品；也可选择单价高、金额大的商品；对初点与复点差异较大的商品，要加以实地确认。

7.2.2 加盟店商品陈列

7.2.2.1 商品陈列的原则

卖场气氛是经营成功的重要因素，卖场气氛与商品陈列有直接的关系。合理的商品陈列要符合以下五项原则：

（1）充实感

通过商品陈列给顾客的第一印象极为重要，货架一定要摆满，不能空置，要展现出商品的丰富与充足，品种齐全，琳琅满目，给顾客充分的选择，使顾客产生一种想拥有的感觉。如果货架上商品摆放不满，会使消费者产生商品是选剩下的感觉而失去购物欲望，也会让消费者产生商店衰败的印象而不愿再次光临。

（2）美感

商品陈列应是艺术的表现，要给人一种美的享受。商品陈列所体现的美感既是商品本身所焕发出来的特性，也是商店的形象定位的综合体现。每种商品都有其优点，商品陈列要突出这一优点，如丝绸面料的服装要突出其轻盈飘逸，西服要展现其挺直、潇洒，给顾客一种强烈的吸引力。商店本身的定位也要通过陈列显示出来，或是雍容华贵之美，或是通过色调与整洁所营造出来的朴素淡雅之美。超级市场若讲究豪华之美，反而会给光顾的消费者以心理压力，清爽之美则能使顾客轻松愉快地采购。而百货商店若简单整齐陈列则会显得单调，降低了商品档次，使顾客失去"掘宝"的兴趣。

（3）亲切感

商品陈列仅有美感是不够的，因为商品毕竟不是供人欣赏的艺术品，而是具有使用价值的物品，因此，商品陈列要使人产生亲切感，使人愿意拿取，希望拥有。商品陈列的亲切感应该通过商品布局、陈列方式以及货架POP广告体现出来。亲切感由商品陈列的吸引力和拿取商品方便两方面因素形成，包括容易看清楚和判断商品的品质，价格标签和条码清晰，有关的商品信息齐全，顾客举手易取。除了高档商品需要用封闭的玻璃柜陈列外，其他商品的陈列要尽量裸露，鼓励顾客触摸。

（4）新鲜感

新鲜感主要有两层含义：一是对于生鲜食品而言，要尽量让顾客感觉商品非常新鲜，或是刚刚出炉，或是刚刚从果树上摘下，或是刚从田地里运出来，这需要商店在各个环节对生鲜食品进行鲜度管理；二是对于一般商品而言，要不断推陈出新，有新的商品、新的式样或新的品种展示出来，卖场的特殊陈列或陈列焦点需要不断变化，不要总是一副老面孔，要给人一种常来常新的感觉。

（5）关联感

将关联性强的商品靠近陈列，凡是邻近的商品区域或商品货架，一定要彼此密切相关。顾客在卖场中由一个商品区域到另一个商品区域时，其感觉应该是在关联中逐渐过渡。关联感能诱导顾客延长采购时间，走过尽可能多的商品区域，经过尽可能多的货架，从而增加采购量。

7.2.2.2　商品陈列的基本要求

（1）商品和价签、说明卡显而易见

卖场中商品成千上万，每一种商品都要让顾客容易看见，或容易判断商品在什么部位。商品附加的价签或说明卡也要突出，尤其是开架自选的超级市场，没有营业员的介绍，往往通过写着商品的特点、品质、使用方法等有吸引力的说明卡，来唤起顾客心中的购买欲望。

（2）尽量突出商品价值，增强购买欲望

例如，气味芳香的商品，摆放在柜台上最能刺激消费者嗅觉的位置；样式新颖的商品，摆放在消费者视觉最易感受到的位置；用途多样的商品，摆放在消费者易于触摸、观察的位置；新商品、名牌商品、流行商品，摆放在显要醒目的位置。玻璃制品，要充分显示其玲珑剔透的质感；黄金首饰，要显示出华贵高雅的质感。

（3）保证顾客容易拿取

顾客对商品产生了良好的印象后，就会有触觉的需求，会拿起来观赏，对商品做进一步的了解，因此，商品陈列的高度和货架的层隔应适宜，要使顾客摸得到、够得着，拿取方便。

（4）充分利用陈列面积

在不影响顾客顺利流动的前提下，凡是顾客能接触到的部位，应尽量利用各种陈列设施和方法陈列商品，以便顾客随时随地都可以看到商品，提高营业场所的利用效率。同时，还要注意陈列场地的合理使用，要将最好的位置用于冲动性购买的商品、重点推销的商品，充分发挥陈列场地的潜力。

（5）陈列与出售的商品相统一

做到没有不出售的陈列商品，而且，陈列时要尽量便于售货员取放、搬运、盘点、操作和管理。

（6）反差过大商品分开陈列

在形象上、档次上相差过大的商品不宜邻近陈列；在化学性质上有互相影响的商品，不宜就近陈列；而连带消费商品之间则要保持相互衔接，邻近陈列。

7.2.2.3　商品补货上架作业

补货上架作业是指将标好价格的商品，依照既定的陈列位置定时或不定时地补充到货架上或商品陈列处。定时补充是指在营业高峰时段补充；不定时补充是指随销随补，即只要卖场上的商品即将售完就立即补充。在没有仓库的商店里，只要商品验收完毕，即可进行标价，补货上架陈列；在有仓库的商店里，商品验收完不一定立即送进卖场，一般可在非营业高峰期进内仓取货，标价后补货上架。商品补货上架时应注意：

（1）制定好商品配置表

商品配置表应针对每个货架设计，商品应陈列于何处，陈列多少排面，应十分明确。理货员应严格按照商品配置表上的说明，将商品正确陈列在货架上。

（2）补货时应遵循先进先出的原则

许多商品尤其是食品都有保质期限，顾客会很重视商品出厂的时间，用先进先出法来进行商品补货，可以保证货架上商品的新鲜性。一般的做法是：把货架上原来的商品取出来——放入补充的新商品——在新商品前面陈列原来的商品。

（3）同类商品垂直陈列

超级市场上敞开式的货架在陈列商品时，需要注意同类商品的垂直陈列。这样一方面可以体现商品的丰富感，起到促销的作用；另一方面是按人的视觉移动方式来安排陈列，避免顾客来回选择商品。此外，这样陈列还有利于商店盘点商品。

（4）整理商品排面，以呈现商品的丰富感

如果某一商品仓库暂时缺货，货架上摆不满时，应将后面的商品移到前排，以保证货架的丰满。如果该商品全部卖完，该位置暂时空下，应在货架上插上"暂时缺货"的标签，以告诉消费者本店仍然经营该商品，只是暂时缺货。

（5）食品陈列注意保鲜和卫生

食品的陈列器具要十分讲究，尤其是散装食品的陈列，既要考虑商品的新鲜度，又要保证商品的干净卫生。生鲜食品为加强鲜度管理，应采取三段式补货陈列，即在早上开店时，应陈列全部品项，数量保持在当日预定销售量的40%，中午再补充30%的陈列量，下午营业尖峰前再补充30%的陈列量。

7.2.3　加盟店促销管理

7.2.3.1　促销活动的实施

一项促销活动若要成功，除了有周密的计划、正确的媒体宣传以及能打动顾客的诉求主题与促销商品外，一个重要的因素还在于商店各岗位能够执行和配合，使促销活动进行得活跃、热闹。因此，促销活动的实施要注意以下几方面：

（1）人员方面

由于促销活动内容繁杂，工作千头万绪，要使活动有条不紊地开展，管理人员要事先对每一项工作进行分工，安排人员具体负责。如安排不同人员在规定的时间内完成广告内容的撰写、广告媒体的联系、卖场气氛的布置、商品价格的调整、供应商的联络、促销商品的陈列等。另外，还要有专人负责对商店营业人员的促销培训，使每个员工都能清楚地了解促销的内容与要求，从而为顾客提供更好的服务。

注意事项：第一，商店所有人员（包括厂家促销人员）都必须了解促销活动的起讫时间、促销商品及其他活动内容，以免顾客一问三不知；第二，各部门主管必须配合促销活动，安排适当的出勤人数、班次、休假及用餐时间，以免影响高峰时间内对顾客的服务；第三，商店营业人员必须保持良好的服务态度，保持服装仪容的整洁，给顾客留下良好的印象；第四，如果预期轰动效应过大，可以考虑增加临时的保安人员和联系厂商支持，且一定要避免因促销而发生安全事故。

（2）商品方面

在商品管理方面要注意：第一，要准确预测促销商品的销售量并提前进货，促销商品必须充足，以免缺货造成顾客抱怨及丧失促销机会；第二，促销商品价格必须及时调整，以免顾客产生被欺骗的感觉及影响收银工作的正常进行；第三，新产品促销应配合试吃、示范等方式，以吸引顾客消费，以免顾客缺乏信心不敢购买；第四，商品陈列必须正确且能吸引人，除了促销活动中必须做的各种端架陈列和堆头陈列外，还要对其他陈列做一些调整，配合促销，以达到最佳效果。如促销商品和高毛利非促销商品必须有效组合、关联陈列，以提高顾客对非促销商品的关注。

（3）广告宣传方面

在宣传方面必须注意：第一，确认广告宣传单均已发放完毕，以免留置卖场逾期作废；第二，广告海报、宣传布条等应张贴于醒目的位置，如入口处或布告栏上，以吸引顾客入内采购；第三，特卖品的POP广告应放置在正确位置，价格标示应醒目，以吸引顾客购买；第四，线上内容营销广告按节奏逐步推出。

（4）商店氛围布置

商店氛围可以根据促销活动进行有针对性的布置，应张贴悬挂各种季节性、商品说明性、气氛性的海报、旗帜、气球等物品，以增加促销气氛，同时应辅以灯具、垫子、隔物板、模型等用品以更好地衬托商品，刺激顾客的购物欲望。适当的时候可以播放轻松愉快的背景音乐，使顾客感觉更舒适。必要的话也可以适当安排专人在商店直接促销商品。

7.2.3.2 促销活动评估

（1）检查法

对促销前、促销中、促销后各阶段的工作逐一进行检查，分析哪个环节出了漏洞，影响了整个促销效果，作为经验教训以备将来参考。以连锁超市门店为例，检查的主要内容见表7-4。

表7-4 **某连锁超市促销活动评估检查内容**

促销阶段	检查内容
促销前	促销宣传单、海报、POP广告是否已经发放和准备妥当 卖场所有人员是否均知道促销活动即将实施 促销商品是否已经订货或进货 促销商品是否已经通知电脑部门变价
促销中	促销商品是否齐全、数量是否足够 促销商品是否变价 促销商品陈列是否具有吸引力 促销商品品质是否良好 促销商品是否已经张贴POP广告 卖场所有人是否均了解促销期限和做法 卖场气氛是否更加活跃 服务台是否定时广播促销做法
促销后	促销海报、POP广告、宣传单是否均已拆下 商品是否恢复原价 商品陈列是否已经做好调整，恢复原状

（2）目标评估法

这是将促销实际业绩与目标业绩进行比较分析，一般而言，实际业绩在目标业绩的95%～105%，算是正常表现；若是在目标业绩的105%以上，则算是高标准表现；若是在目标业绩的95%以下，则需反思。有些促销目标很难用销售额来直接表示，这使得促销活动的评估很困难，需要管理者研究一套专用的评估体系和办法。例如，促销目标是树立企业良好形象、增进顾客忠诚度，管理者通常在促销前后要进行一系列调查，研究企业的形象问题以及老顾客的来店频率等情况。一般来说，促销目标越具体明确，评估工作越容易进行。

（3）前后比较法

这是选取开展促销活动之前与进行促销时的营业情况进行比较，一般会出现十分成功、得不偿失和适得其反等几种效果。促销十分成功说明此次促销活动使顾客对商店的印象有所加强，商店的知名度和美誉度均有所提高，增加了销售量，在活动结束后，该影响持续存在；促销得不偿失是指促销活动的开展对商店的经营、营业额的提升没有任何帮助，反而浪费了促销费用；促销适得其反是指促销活动结束后，商店销售额不升反降，可能是由于促销活动中管理混乱、设计不当，某些事情处理不当，或是出现了一些意外情况等，损伤了商店自身的美誉度，结果导致促销活动结束后，商店的销售额不升反降。

（4）消费者调查法

商店组织有关人员抽取合适的消费者样本进行调查，向其了解促销活动的效果。例如，调查有多少消费者记得门店的促销活动，他们对该促销活动有何评价，是否从中得到了利益，对他们今后购物场所的选择是否会有影响等，从而评估商店促销活动的效果。

小思考7-2　为什么说特许经营能否成功关键取决于加盟店的执行力？

7.3　加盟店的业绩提升

案例7-3

尚品宅配连锁加盟的人才软实力

不同企业、不同的发展阶段、不同的规模、不同的企业属性等都需要不同的组织驱动力模式。企业需要找到适合自身的模式并不断创新，才能够实现人尽其才，适应人力资源环境的变革。近年来尚品宅配的高速发展尤为引人注目，从C2B模式创新、大数据指导个性化定制，到工业4.0智能制造及O2O打通线上线下服务消费者，构成了尚品宅配的"系统竞争力"，而支撑"系统竞争力"的是尚品宅配体系化的人才软实力。

1.以用户驱动组织管理

尚品宅配是以"用户需求为驱动"的企业，企业的运作同样是以用户的需求

为出发点。从高管到员工，尚品宅配全员参与，将服务用户的理念与行为渗透到企业运营的各个层面。尚品宅配在打通O2O闭环的同时，也打通了线上线下服务闭环。从前端的预约量尺、线上线下咨询、进店设计到生产安装和售后，尚品宅配形成的一整套服务体系高效运转。体系内每个员工各司其职，既有分工又有协作，为客户全流程的服务实现了无缝衔接。尚品宅配倡导"家文化"，公司是个大家庭，领导就像兄长，同事如手足，互相关心，互相关怀，一家人各尽其能，共同来服务消费者。

2.创新形式，共同成长

尚品宅配的模式，需要集体协作，在组织方式上，强调集体主义、共同奋斗。因此，尚品宅配在组织形式上的一切创新，都是基于"全员参与""统一思想"的核心的。在尚品宅配，所有设计师和家居顾问都会进入"成长学院"进行系统化的业务和技能培训，定期会有营销大咖、优秀员工分享经验，帮助他们快速成长。而刚进入尚品宅配体验店内工作的员工，也会有指定的师傅手把手地教，形成了同心协力、拼搏努力的良好氛围。

尚品宅配的定制实力得到业内专家和无数消费者的一致认可，它同样离不开创新性的人才管理生态圈——设计岛。设计岛是尚品宅配设计师管理平台，它将管理方法同互联网相结合，再融入设计岛的创意，用游戏化的方式实现对设计师的成长和业绩管理。借助这一互联网手段，尚品宅配能够掌握每个店面的具体情况，甚至还能了解到每一个店员的工作状态。通过这些与以往完全不一样的组织管理方式，企业管理更加精细化之余，全国近万名设计师的成长也更加科学可控。

资料来源：作者根据尚品宅配官方微信公众号相关信息综合整理而成。

如何提高加盟店经营业绩，需要加盟总部与加盟店的共同努力，需要持续的管理和服务创新，既要控制成本，又要吸引顾客，还要建立一种优秀的团队文化，拥有一支高素质的队伍，这样加盟店才能向顾客提供满意的服务，最终提升经营业绩。

7.3.1 加盟店业绩指标分析

加盟商要随时了解商店的经营状况和业绩情况，就必须对商店营运的有关资料与报表进行分析比较，以便发现问题，进而拟定完善的改进对策。加盟商主要根据资产负债表、利润表、费用明细表等财务报表分析商店的运营及业绩情况。在进行比较分析时，为使各项数字更客观和更有说服力，可以采用期间比较、相互比较和标准比较三种分析方式。期间比较就是将商店当期的数值与前期的数值进行比较，以了解期间的变化情形；相互比较就是将本商店数值与其他商店的同期数值进行比较，以了解彼此间的差异情形；标准比较就是将商店数值与标准数值进行比较，以了解商店的达标情况。

加盟商分析商店的营运和业绩状况，主要是分析商店的收益力、安全性、生产力和成长力四大内容。

7.3.1.1 收益力指标

（1）净利润率

它是衡量加盟店净获利能力或"真正"的盈利能力的指标。

计算公式：

净利润率=税后净收入÷总销售额

（2）存货周转率

它是衡量加盟店平均存货转化为销售收入的次数的指标。

计算公式：

存货周转率=净销售额÷存货

（3）资本周转率

它是衡量加盟店资本经营效率的高低的指标。

计算公式：

资本周转率=总收入÷总资本

（4）销售毛利率

它是衡量加盟店销售产品的获利空间大小的指标。

计算公式：

销售毛利率=销售毛利÷销售净额

7.3.1.2 安全性指标

安全性指标主要是指经营安全力，它是衡量加盟店收入与盈亏平衡点之间的差距的指标。经营安全性指标越高，表示加盟店经营越安全，不会亏损，或者说商店获利越大。

计算公式：

经营安全力=1-（损益平衡点÷销售净额）

损益平衡点=店铺总费用÷毛利率

损益平衡点越低，表示获利时点越快；损益平衡点越高，表明获利时点越慢。

7.3.1.3 生产力指标

（1）品效

它是衡量店铺经营所有商品的单品平均效益的指标。品效越高，表明商品开发及淘汰管理越好。

计算公式：

品效=销售收入÷单品数目

（2）坪效

它是衡量店铺的经营面积平均创造的营业额的指标。坪效越高，表明店铺经营面积平均创造的销售收入也越高。

计算公式：

坪效=销售收入÷营业面积

（3）人效

它是衡量店铺人员平均创造的销售收入的指标。人效越高，表明员工绩效越高。

计算公式：

人效=销售收入÷店铺员工人数

7.3.1.4　成长力指标

（1）收入达成率

它是衡量店铺销售收入计划的完成情况的指标。

计算公式：

收入达成率=实际销售收入÷计划销售收入

（2）毛利达成率

它是衡量店铺毛利计划的完成情况的指标。

计算公式：

毛利达成率=实际销售毛利÷计划销售毛利

（3）净利达成率

它是衡量店铺净利计划的完成情况的指标。

计算公式：

净利达成率=实际销售净利÷计划销售净利

（4）营业成长率

它是衡量店铺营业收入的增长情况的指标。

计算公式：

营业成长率=本期销售收入÷上期销售收入×100%

7.3.2　顾客满意度与忠诚计划

7.3.2.1　顾客满意度

顾客满意是指顾客通过对一种产品或服务的可感知的效果（或结果）与他的期望值相比较后，所形成的或愉悦或失望的感觉状态。当效果低于期望时，顾客就会不满意；当效果与期望相当时，顾客就会满意；当效果高于期望时，顾客就会非常满意。

顾客期望的形成一般是源自过去的购买经验、亲友的影响、销售者和竞争者的信息和许诺等。可见，如果连锁企业将自己所提供的商品或服务的效果夸大，就会提高顾客的期望，也就容易引起顾客的失望，导致顾客的不满意。

顾客满意度是一个难以精确衡量的指标。对于购买同一种产品和服务来说，不同的顾客期望值不一样，因而满意度也不同；而同一个顾客在不同时期和不同场所对购买同一种产品和服务的满意度也是不同的。这使得连锁企业经营者需要随时了解目标顾客的满意度，以改变营销策略。

企业一般需要根据目标顾客的需求以及自身产品和服务的特点来构建一套顾客满意度指标，该套指标往往包括多个方面。下面以一家干洗店的顾客满意度指标为例进行分析。

在确定了顾客满意度指标之后，接下来就是顾客满意度跟踪调查。加盟店可以通过以下七个方面来收集顾客方面的信息：顾客投诉、与顾客直接沟通、问卷调查、密切关注的团体、消费者组织报告、各种媒体报告、行业研究结果。其中，问卷调查是企业常用的一种方法。一些公司每年都做消费者问卷调查，每年的调查指标都相同，通过这些调查可以发现顾客满意度是有所提升还是有所下降，并进一步分析原因，提出改进对策。

7.3.2.2　顾客忠诚

顾客满意并不一定会形成顾客忠诚。"满意"和"忠诚"是两个有所关联又有所区别的概念。顾客满意是一个基于心理感受的感性评价指标。顾客在购买产品之前，往往对于产品会有一个心理预期，如果达到这个预期，就会觉得满意；如果超过这个预期，就会感到惊喜。顾客忠诚是顾客对某一企业、某一品牌的产品或服务的认同和信赖，表现为顾客持续性、排他性的购买行为。顾客忠诚是顾客满意不断强化的结果，是顾客在理性分析基础上做出的肯定、认同和信赖，是企业追求的主要目标。

顾客忠诚对连锁企业有重要的意义。对大多数特许经营企业而言，其大部分销售额来自少数的顾客，"20%的顾客实现了企业80%的销售额"，这20%的顾客就是企业的忠诚顾客，也是关键顾客。忠诚顾客给企业带来的价值不仅仅带动了企业的销售，还表现在其他三个方面：基本利润、成本节约、口碑效应。

忠诚顾客在其一生中将为商店带来巨大的销售贡献。据《追求卓越》一书的作者彼德斯估计，在美国，零售店的一位老主顾，会在10年内平均购买5万美元的商品。忠诚顾客提供给门店3倍的回报。他们会主动再来购买，从而使得在他们身上投入的营销和销售成本比招来新顾客所投放的成本要低得多。企业对忠诚顾客很了解，不必在交易时花太多时间；忠诚顾客的购买量也较新顾客多，且容易接受商店推出的新产品和新服务。

"花几个月才能争取一个新顾客，而在几秒钟就有可能失去一个老顾客。"研究人员在过去10年多的调查中发现，顾客背离或顾客动摇现象在服务业和零售业中颇为常见。这对连锁企业而言代价很高，因为必须开发新顾客代替失去的顾客，这种替代需要付出很高的成本代价，除了涉及启动运营费用外，还有广告、促销和销售成本。从其他企业获得顾客也是成本高昂的，使竞争者的顾客转移到自己的企业与保持现有顾客相比，需要在服务上做出更大的改进。

忠诚顾客往往传播积极的口碑，可吸引新顾客，进而提高市场份额。口头传播是顾客普遍接受和使用的信息收集手段。由于服务具有较高的不可感知性和经验性等特点，顾客在购买服务时，相关信息更多地依赖人际渠道获得。有调查表明，口碑对顾客购买决策的影响力是广告的2倍。对连锁企业经营者来说，口碑并非管理者所能操纵，企业能采取的唯一行动就是提供让每一位顾客都非常满意的服务，使之对企业保持忠诚。

7.3.2.3　如何培养顾客忠诚

（1）建立顾客画像档案

要识别关键顾客或将一般顾客培养成忠诚顾客，第一步必须建立顾客档案，收集、整理顾客资料。一般而言，顾客资料可以运用活动的方式来收集，具体方法有：利用开业或节庆促销时的DM剪角，填写顾客基本资料来兑换纪念品；利用抽奖活动的奖券来收集顾客资料；利用申请会员卡来收集顾客资料；利用上门拜访住户收集顾客资料；利用电脑POS系统累积顾客购物资料。

顾客资料一般应包括以下主要项目：家庭人口数，住址和联系方式，家庭成员姓名和出生年月，户主及其配偶出生地和学历、职业、收入水平、生活态度、购物习惯、购物品牌、特殊嗜好等。资料收集是一项长期性的工作，不是一次可以完成的，因而必须落实责任到个人，由具体人员负责收集和整理顾客资料，每隔一段时间要及时更新。

《体验经济》（Experience Economy）的作者之一乔·派恩（Joe Pine）曾经在亚特兰大的一家商务旅店住过4天。尽管该旅店提供的服务十分细心体贴，但他仍旧感到不满。第一天夜里他给旅店的前台打电话，请求对方第二天上午给他打一个"唤醒电话"。对方答应之后告诉他，作为旅店的高端客户，他还可以得到一份"特别优待"的服务——是否需要旅店在第二天早上将一份免费的咖啡和一份报纸送到他的房间，他说他喜欢喝茶，前台服务员说没有问题；接着问他是想要《纽约时报》还是《亚特兰大宪法报》，他说想要一份《华尔街日报》，服务员说好的。第二天，旅店照着他吩咐的做了。到了第二天晚上，派恩先生照旧给前台打电话安排第三天的"唤醒电话"，那位前台服务员再次告知他，作为高端客户，他可以得到一份"特别优待"的服务，问他明天早晨是否想要一杯免费的咖啡，他说不要咖啡，想喝茶，对方说，好吧；接着问他想要《纽约时报》还是《亚特兰大宪法报》……第三天和第四天的晚上依然如此，每次都要重新询问一遍，这让派恩先生很无奈。旅店的这个做法的初衷是好的，是为了给客户提供优质的服务，但事与愿违的是，效果很不理想，没有达到提升客户关系的目的。可见，顾客资料的保存对于顾客关系管理十分重要。

（2）提供超值服务

20世纪80年代，美国企业界诞生了一种新的经营战略——CS（customer satisfaction）战略，即顾客满意战略。CS战略已从美国传向欧洲、亚洲乃至全球，此战略的主角便是服务。服务是直接面对人的活动，它比产品质量、价格更容易深入消费者的内心，好的服务能给顾客带来持久的愉悦，而差劲的服务给顾客带来的是无法忍受的烦恼。在从注重数量向注重质量转变的消费时代，顾客越来越要求商店提供细致、周到、充满人情味的服务，要求购买与消费的高度满足。于是，高品质、全方位的服务理所当然地成了企业取得竞争优势的一大法宝。

提供超值服务并不意味着商店要提供各种吸引眼球的多样化服务，而是提供细致入微的人性化服务。下面举一个日本企业的案例。日本一家家用电器零售公司，对顾客购买的家用电器实行如下售后服务：

商品销售后1个月内，公司干练的业务员对每位购物的顾客家庭进行访问。他们把顾客资料一一列入顾客卡保存起来，并从交货日期算起，每到30天就上门检查顾客的电器安装是否恰当，机器操作是否满意。业务员重新说明商品的优点，借以增进顾客的满足感。告别时，业务员嘱咐顾客有什么不明了的地方可以随时打电话与他联系。

商品销售后3~6个月之内进行访问。此时，商品的外部（如空调）可能因日久而变脏，业务员就随身携带清洁整修工具，把商品整理得光洁如新，同时还检查电器各部位的功能是否正常，并告诉顾客平时在商品保养上应注意的事项。

商品销售后1~2年内进行访问。此时正是商品功能退化时期，所以该公司业务员除了像上次那样随身携带服务工具外，还需要携带有关易损零件去，必要时可予以调换。经过一次彻底的检查或整修，好让顾客能继续使用。事后业务员向顾客说明商品性能仍然良好。业务员此时强调本公司的服务精神和营业宗旨，更增加了与顾客之间的密切关系，而且这种关系也由买卖交换变成了人与人之间的朋友关系。这将有助于稳定顾客，使之倾心于该公司的商品，成为终身用户。

在商品销售后3~4年再对顾客进行访问。此时，该公司业务员要着重向顾客介绍新产品，因为技术进步一日千里，商品的式样、功能都有显著的改变，不但外观新颖，而且使用方法也更为便捷，以此激起顾客"汰旧更新"的欲望。

提供超值服务必须建立在了解顾客的基础上，设身处地为顾客着想，最大限度地满足顾客的期望。日本电器零售公司的这种售后服务，一方面使公司完全了解顾客需求；另一方面与顾客保持长久联系，使之成为企业的忠实顾客。

（3）营造良好的顾客关系

如何营造良好的顾客关系，下面介绍几种常用的方式。

① 奖励顾客。商店往往可以采用积分卡方式，在经常来店购物的顾客达到一定的积分后给予购物券奖励，有时也会送一些小礼物给某些常客意外的惊喜。

② 人性化待遇。根据顾客信息寄发生日贺卡、节庆贺卡或健康保险等，以增进双方之间的感情，贺卡最好由店长亲笔具名，及时寄到，并每年更换不同形式。

③ 提供消费信息。定期给关键顾客寄送消费信息，包括企业促销活动、新产品供应、消费常识、采购小知识等，所提供的资料要有知识性、趣味性和实用性，有时可以与DM一起发放。

④ 顾客意见访问。商店可以通过设置顾客意见箱、人员访问或电话访问的形式经常征询顾客意见。商店要重视顾客提出的意见，意见箱要定时开启，向顾客征求意见要有明确的主题，便于顾客有针对性地回答，最好给热心顾客一定奖励。一旦顾客看到自己的意见有了反馈并受到重视，将加强顾客对该门店的关注和喜爱程度。所以说，越是挑剔的顾客，也越是忠实的顾客。

⑤ 成立顾客俱乐部。用某种形式将分散的顾客组织起来，将使商店与顾客的关系更加牢固。如某些商店设立了"消费者假日俱乐部"，每周六为其成员举办商品知识讲座；又如一些书店成立了"读者俱乐部"，将偏好相同的顾客组织起来在一起交流读书感受；一些药店也成立了"健康俱乐部"，经常向顾客传递保健知识，组织相同患者交流养生之道，或请著名医生讲授治病防病知识。

⑥ 积极参与社区公益活动。社区加盟店要赢得社区居民的好感，应将自己作为社区的一员，关心社区公益活动，积极参与社区活动，如赞助当地学校，参与植树活动，热心举办社区各种文体活动等。如美国麦当劳的许多门店都在圣诞节积极组织当地社区的大型娱乐活动，该活动已获得社区居民的认可并成为当地保留的传

统节目。肯德基进入中国之后，也经常结合各地实际情况举办各种文体活动，这些活动执行要点包括：选择与本企业经营理念相符合的项目来实施；鼓励附近商店或其他公益团体共同举办；以新闻的方式加以宣传；掌握社会热门话题。

7.3.3 加盟店团队管理

7.3.3.1 加盟店店长的自我成长

店长是那些能以有限的资源和合理的成本，完成商店营运的绩效、业绩和利润目标，并使商店有可持续进步的人。"店长乃一店之中流砥柱"，这句话深刻地道出了店长的重要性。在规模与效益竞争日益加剧的今天，加盟店店长更成了特许经营发展的关键。店长是一个商店的核心人物，他要对商店的运作进行统筹安排，对商店的整体经营效益负责。一个成功的加盟店，有赖于加盟店店长的自我成长。

（1）善于进行自我管理

商店日常管理工作十分烦琐，经常会发生一些突发事件，如果店长整天忙于应付各种小事，则会永远感觉时间不够用，甚至忽略许多潜在的危机。为了提高管理效率，店长必须学会对时间进行管理，制定作业流程时段控制表和具体工作内容，对自己每日的工作流程进行严格控制。

（2）善于激励和培养部下

店长在管理店员时要注意以下方面：以身作则，遵守公司既定的规章制度，让下属员工有充分的信赖感；尽量倾听下属员工的建议，即使下属持反对意见，也要替下属着想，在作适当的分析后，决定是否接纳建议；公平对待每一位下属，不能因个人的喜好或私底下的交情而影响对公事处理的公平性；随时关心下属的工作情况，把自己成功或失败的经验教训提供给其参考，并要求有所改进；对工作认真负责的下属要不吝表彰；鼓励员工合作，培养员工的团队精神；对业务开展的目标及未来发展的方向要明确化，但对实施细节，则全权交予下属处理；配合公司发展策略，为下属提供个人职业生涯规划及培训计划；让下属参与商店工作计划的制订，而不只是单方面地接受指示执行任务。

（3）学会利用各种数据信息分析问题

数据是商店经营绩效的表现，店长必须有数字观念，并了解关键数据信息，才能改善商店的经营状况。商店管理的重点主要在于人员、商品、金钱及卖场使用效率，故应设置关键评估指标，以作为提升经营业绩的努力目标。这些指标主要有：人效、毛利率、周转率、交叉比率、损耗率、收银差异率、坪效等。店长若要不断提高商店利润，必须时刻关注下列几项数据的变化：营业额是否增长？毛利率是否提升？损耗率是否降低？毛利额是否增加？费用率是否降低？利润率是否提高？

（4）不断创新，永远不满足于现状

店长的管理工作通常都是一些日常例行性工作，在长期的管理过程中，容易流于常态，难有突破。事实上，店长作为一店之长，商店的生存和发展完全维系于店长的工作状态，尤其在激烈的市场竞争中，稍有疏忽懈怠，商店经营就很容易走下坡路。因此，优秀的店长应该在实践中不断总结经验、不断超越自己、不断创新，只有不满足于现状，追求卓越，才能成为一名优秀的店长。

小资料 7-3

麦当劳店长的基本职责

麦当劳操作手册规定，麦当劳店长的主要职责有以下六个方面：

（1）提高销售额

①对店铺的 QSC 基准进行调查，为将其提高到能够令顾客感到充分满意的水准而制订具体计划。

②对店铺所处的商圈和竞争店进行调查与分析，采取切实可行的措施。

③以总部统一的促销活动为基础，策划符合自己店铺实际情况的宣传活动，提高促销效果。

④为维持高标准的 QSC，对零工工作计划进行最终检查。

（2）控制损益

①制订月度利益计划和年度利益计划，并进行管理。

②对每月的利润计划和实际成绩以及损益进行管理，对店铺的最终支付情况进行检查。

（3）人才培养

①制订店铺经理的工作计划，对经理的工作进行评价并实施对经理的培训工作。

②向 OM（上级经营管理员）进行人事变动和人员晋升的提议。

③经常召开店铺经理会议，积极听取来自各方面的意见，提高店铺员工和零工的工作积极性。

④实施新产品的导入试验工作。

⑤确保店铺拥有充足的零工人数，维持稳定的零工力量，并进行零工评价、管理，最大程度提高零工的生产积极性。

（4）事务分析和数据管理

进行 ISP（店铺信息处理）的运用和管理工作。

（5）店铺管理

进行店铺安全和卫生、食品安全及卫生的管理，并不局限于进行保险求偿工作，还要对店铺的所有固定资产、经营销售额、店铺保管现金以及重要资料进行管理。

（6）其他

①进行店铺外部的各种交流工作。

②为提高店铺零工的职业道德而努力。

资料来源：石元蒙，王学思. 特许经营导论［M］. 北京：北京师范大学出版社，2009.

7.3.3.2 建设优秀的团队文化

一个优秀的团队总是伴随着一种优秀的团队文化，文化是企业凝聚力和持续发展的根本所在。在实际工作中，常常听到公司老总抱怨员工对企业的忠诚已今非昔比，而员工们则对公司管理层也存在种种怨言，这种现象实际上归结为团队文化问题。打造一个优秀团队，可以从以下几方面入手：

（1）建立明确的价值观

要想建立一种适应市场竞争的团队文化，你首先必须告诉员工怎么做是对的，怎样的行为是不被允许的。一部价值准则陈述了那些为管理者所期望的和那些不会被管理者容忍或支持的行为和价值观。美国商业伦理研究中心的一项研究表明，财富500强公司中90%的公司和其他公司中的半数公司都已订立了公司价值准则。准则表明了公司对员工行为的期望，阐明了公司的理念，即公司希望其员工能接受公司倡导的价值观与行为伦理。这是建立健康的强势团队文化的基础工作。

为了让团队成员之间有默契地配合，麦当劳制定了七项提升员工执行力的基本政策：QSC+V（品质、服务、卫生+价值）；TLC（细心、爱心、开心）；顾客永远第一；冲动、年轻、刺激；立刻动手，做事没有借口；保持专业态度；一切由你。在麦当劳餐厅里常常可以见到这样一些标语口号："保持新鲜，质和量""快速，微笑充满生气""清洁之后还是清洁""随手清洁""充满快乐的地方，亲切好意""固定的客人与新来的客人，家庭式餐厅""保持动个不停"。这些基本理念并没有写进操作手册中去，但弥补了操作手册的不足，当这些理念深入到每一个员工的头脑中时，也就容易传递到每一个顾客身上。

（2）公平与信息共享

在团队文化建设中，管理者的公平态度与正确领导非常重要。他必须牢记自己的每一个行动都会对团队文化产生影响。员工通过观察管理者的一言一行来学习企业价值观、信念和目标。当管理者自己出现了非伦理性的行为或不能对别人的非伦理性行为做出果断、严厉的反应时，这个态度将会渗透到整个团队内部。如果管理者不去维护伦理行为的高标准，那么正式的伦理准则和培训计划就会毫无用处。

此外，让下属全面了解企业的发展计划及努力方向，才能激发他们的工作热情。一个企业要想快速发展，就必须将企业经营理念和发展目标明确化，把企业发展目标转化为员工的使命。商店管理也是这样，员工越了解目标，使命感越强，团队向心力就越大。与员工分享信息的举动传达的是对员工的信任，让员工产生自己"拥有"商店的感觉。拥有者才会真正关心商店的发展，才会从内心深处思考自己如何为商店做贡献的问题。一个团队如果有多数这样的员工，团队文化建设的成功应该就指日可待了。

（3）适当授权

团队的成长，要靠员工的努力，管理者要充分信任员工，适当授权给他们，使员工养成独立工作的能力。授权不仅仅是封官任命，管理者在向下属分派工作时，也要授予他们权力，否则就不算授权。管理者要帮被授权者消除心理障碍，让他们觉得自己是在"独挑大梁"，肩负着一项完整的职责。授权应注意把握好两点：一是让所有相关人士知道被授权者的权责；二是一旦授权就不再干涉。

（4）多表彰员工

企业管理千头万绪，其中最困难的是用人。认可员工的努力，对于他们的出色工作给予肯定，不但可以提高工作效率和士气，同时可以有效地建立其信心，提高员工的忠诚度，激励他们接受更大的挑战。有些员工总是抱怨说，领导只有在员工出错的时候才会注意到他们的存在。管理者有责任对员工的工作给予及时正面的回馈，以加强他们的自信。为了充分调动员工的积极性，必须使他们相信，他们的努力会使工作富有成效。

（5）鼓励员工合作

团队的力量来自合作。当一群人在一起工作时，常常能够完成单人无法胜任的工作。此外，个人由于有同伴的激励，有可能将个人最大的潜力发挥出来。失败的团队建设中一个最常见的错误就是成员"各自为政"，自行其是。宜家家居是世界上品牌知名度最高的公司之一，它所创建的团队文化独具特色，为他人所称道。为了鼓励团队成员间的高度融合和协作，加盟总部不要求门店给每个员工制定明确的岗位说明，相反，要求团队成员自己讨论决定谁负责什么，整个团队该如何运作才最有效率等，然后如此执行。团队的领导人也没有特殊的头衔，与他人平等，主要起协调沟通的作用，理顺团队并让每个人都能充满乐趣地工作。因为宜家只是一个家具店，每个人的工作内容都不复杂，每个人都能胜任他人的工作，没有人是不可取代的，所以团队的管理关键在于成员之间的互相磨合和默契配合，在于创造积极向上的、彼此信任和喜欢的团队气氛。这样当任何人有忙不过来的时候，暂时有空闲的人就会主动帮助，让顾客得到良好的服务。

（6）培训员工

一家不肯花钱培训职员成才的企业，不可能成为有前途的优秀企业。成千上万的企业，包括那些曾经兴盛一时的大企业，都因为不舍得在人才培训方面作投资，先后在企业界衰退以致消失。支持员工参加职业培训，如岗位培训或公司付费的各种学习班、研讨会等，有助于减轻疲沓情绪，降低工作压力，提高员工的创造力。

（7）合理的薪酬制度

报酬是一种有效的刺激物，无论管理者多么高明，都必须以物质力量为后盾，而稳定的工资收入，是员工工作动力的永久源泉。报酬可以分成两种：一种是财务报酬，一种是心理报酬。

在财务报酬方面，一般企业常忽略两个问题：第一，没有将薪酬和员工的表现结合在一起。不论企业的业务是成长还是衰退，员工都领固定的薪水。但问题是，今天的环境变化激烈，企业应该让员工的薪酬反映企业的现状，员工才会产生和企业共存共荣的感觉。第二，薪酬结构没有鼓励团队合作。薪酬结构往往和管理者强调的团队精神毫不相关，大多数薪酬制度都鼓励个人绩效。这和缺乏互信有很大的关系，如果扭转这个局面，大家就会产生一种团队感，也会了解每个人对团队的不同程度的贡献。

在心理报酬方面，管理者应该善用三种心理报酬：第一，社会报酬。创造一种归属感、友谊和公平性。当员工感觉充分融入企业中，而且觉得有趣，就是对他最好的回馈。第二，心理回馈。让员工觉得他的才能受到肯定、发展，而且被团队所运用。第三，精神报酬。让员工产生一种感觉：我的工作很有意义。这时，不论报酬多寡，都能够激励他全力以赴，投入工作。只有善用财务报酬和心理报酬，企业才能激励员工发挥最大的潜力。

小思考7-3　顾客满意与顾客忠诚是一种怎样的关系？

本章小结 ✓

潜在加盟者要加盟特许经营业务，首先必须选择一个合适的项目，他需要了解以下情况：一是该业务所在行业的发展前景、行业性质、竞争程度；二是加盟总部的竞争力，包括加盟总部所处阶段、加盟总部的财务状况、加盟总部产品的市场竞争力、加盟总部的内部管理；三是加盟店经营情况；四是加盟总部的支持服务；五是特许经营费用及营业潜力；六是合作条件及合约内容。此外，加盟者还必须考虑自己是否适合特许经营行业，考虑资金是否足够，考虑商店的选址，最后才能做出加盟决策。特许经营的成功是商业模式和技术经验完美复制产生的结果，如何把这种模式在国内成功地复制，关键在于加盟店的执行力。加盟店必须加强自身的商品管理、商品陈列、促销管理等一系列店面作业管理，才能提高自己的执行力，复制特许经营的成功模式。衡量加盟店的业绩指标主要有收益力指标、安全性指标、生产力指标和成长力指标。要提高商店的经营业绩，关键在于提高顾客的满意度，进而将高满意度转化为顾客忠诚度，为此，加盟店需要采取一系列顾客忠诚计划，包括建立顾客档案、提供超值服务和营造良好顾客关系。这一系列顾客忠诚计划的实施，又取决于加盟店是否拥有一支高素质的队伍和优秀的团队文化。

主要概念和观念 ✓

特许经营业务评估　开业资金　店址选择　商品组合　经营业绩　顾客满意
顾客忠诚　团队文化

基本训练 ✓

□ 知识题

1.潜在加盟商如何评估一项特许经营业务是否适合自己？

2.加盟商在选择合适的店址时需要考虑哪些因素？

3.加盟店如何确定商店的商品组合？

4.商品陈列的基本原则是什么？商品陈列需要注意哪些方面的问题？

5.衡量加盟店经营业绩的指标具体有哪些？

6.什么是顾客满意度和顾客忠诚？如何培养顾客忠诚？

7.加盟店店长如何才能实现自我成长？

8.如何打造优秀的团队文化？

□ 技能题

1.试设计评估一家特许经营业务的关键评估指标，并制作成评估表。

2.试为某具体行业的加盟店设计一套顾客满意度调查指标，并策划一次具体的调查方案。

□ 能力题

1.案例分析

蜜雪冰城的成功能不能被复制？

蜜雪冰城创立于1997年，是一家以新鲜冰淇淋-茶饮为主的连锁品牌，于2025年3月3日在港交所主板挂牌上市。根据其发布的首份年报，截至2024年12月31日，蜜雪冰城全球门店总数达46 479家，同比增加了8 914家，成为全球现制饮品门店规模第一的品牌。蜜雪冰城的成功离不开极致的供应链整合和高效的门店数字化管理。

在供应链能力提升方面，蜜雪冰城通过在鲜果、牛奶、茶、咖啡等核心原材料以及冷链体系的持续开拓和完善，为消费者提供优质的产品体验。作为果茶的核心原料，蜜雪集团通过水果原产地建厂、气调保鲜、鲜果低温加工等技术手段，保证果浆的新鲜度与风味口感。在物流方面，蜜雪集团建立起覆盖全国的冷链运输网络，为门店及消费者提供优质的产品供应。截至2024年12月31日，蜜雪集团在中国内地共设27个仓库，在4个海外国家建立了本地化的仓储体系；配送网络则覆盖中国31个省（自治区、直辖市）超过300个地级市，并覆盖4个海外国家。

在"最后一公里"的冷链配送上，蜜雪冰城建设了一条"毛细血管式覆盖"的冷链道路。27个仓储基地、35万平方米的冷链仓配体系，支撑起"12小时触达90%县级区域"的效率"神话"，且在约97%的中国内地门店实现冷链物流覆盖，让品质稳定性突破地理限制。供应链能力的提升，为蜜雪集团门店扩张提供了强力支撑。

蜜雪冰城成功的第二要素就是高效的门店数字化管理。蜜雪冰城多为轻量型店型，搭载模块化体系，拥有满足不同消费场景的门店设计方案。更关键的是，蜜雪冰城依托数字化中台实现的"超万店标准化"，从原料配送到产品操作动线，确保门店输出完全一致的品质与效率。

对于蜜雪冰城而言，对上万家门店如何进行高质量管理，成为蜜雪冰城面临的新问题。蜜雪冰城通过一系列数字化技术手段实现了对门店的高效管理。首先，蜜雪冰城通过采用先进的自动化设备和数字化工具，提升了供应链的管理效率。例如，在河南、海南、广西、重庆、安徽的五大生产基地，配备了60多条智能化生产线，提升了生产效率和产品质量，从而保证所有门店的物料品质。

其次，蜜雪冰城建立了标准的加盟管理机制，每个门店都配备了统一的进出货系统、POS机等，总部可以实时获取到每个区域、每个门店的经营信息。通过CMS加盟商管理系统、POS门店收银系统、小程序点餐系统和蜜雪冰城APP等，支撑加盟门店的数字化运营管理。

再次，全国门店还配备了智能摄像头系统，可实时研判和追踪食品安全风险，提高监管精准度和有效性。同时，该系统还能对门店操作规范进行全天候监测，方便加盟商进行多店管理，保证门店操作的标准化。

最后，蜜雪冰城为加盟商提供了"蜜管家""蜜雪通"等数字化系统，简化了门店运营流程。门店的选址、订货等环节均可以通过数字化实现。蜜雪冰城还成立了教育科技有限公司，负责加盟商的培训业务。加盟商在新签约、续约等阶段均需经过培训，并考核合格才会被允许开店。

从后端供应链到一线门店，蜜雪冰城通过高度的数字化技术应用，不仅提升了门店的运营效率，还保证了产品质量和品牌形象，为品牌的快速扩张和持续发展奠定了坚实基础。

资料来源：赵洪伟. 供应链、平价、加盟模式……蜜雪冰城能不能被复制？［EB/OL］.（2025-05-27）［2025-07-07］. https://mp.weixin.qq.com/s/HvNPKx4n7QReYJfTtjwq-g.

问题：（1）极致的供应链整合为蜜雪冰城带来了什么竞争优势？

（2）蜜雪冰城高效的数字化门店管理主要体现在哪些方面？

2.社会实践作业

（1）试从网上调查几家特许经营企业，说明该企业目前处于什么发展阶段，具有什么特点。

（2）从周围调查同一行业的几家不同特许加盟店，分析这些加盟店在商品、促销和服务上各有什么特点。

第8章
特许经营风险规避

学习目标 ✔️ ·····················●

知识目标
- 了解加盟总部和加盟商特许经营风险的主要来源；
- 掌握加盟总部规避特许经营风险的主要方法；
- 了解加盟双方冲突产生的主要原因和应对方法；
- 掌握加盟商识别特许经营欺诈和规避特许经营风险的主要方法。

技能目标
- 学会为加盟总部建立一套完整的风险预警系统，并说明监测内容和步骤；
- 掌握化解加盟双方风险的具体操作方法。

能力目标
- 能发现加盟总部特许经营风险的苗头，并就其风险来源提出相关的规避建议；
- 能识别特许经营欺诈的主要手法，并为加盟店提出应对特许经营欺诈的具体方案。

8.1 特许经营的风险来源

案例 8-1

"水果第一股" 洪九果品走向崩盘

洪九果品创立于 2002 年，它的崛起，堪称一个从底层奋斗到成功的创业传奇，同时也是资本助力下财富增长的典型范例。凭借其在市场中的高占有率，洪九果品在 2018 年赢得了资本市场的高度关注，并连续完成了三轮融资。此后，洪九果品继续受到资本市场的青睐，陆续获得了阿里巴巴、中信国际资产、广发证券、南方基金等知名机构的大额投资。

2022年9月，洪九果品在香港交易所成功上市，募集资金4.97亿港元，并被誉为"水果第一股"。上市当天，公司市值便高达186.8亿港元，最高时甚至突破了600亿港元。然而，这场资本盛宴并没有持续太久。洪九果品上市第二年，股价便开始一路下跌。2024年3月，由于未能按时发布2023年财报，洪九果品被港交所强制停牌，市值缩水至不足20亿港元。当时，市场普遍认为这只是疫情后供应链混乱的余波。然而，直到审计机构毕马威发布辞任声明，资本游戏的真相才被揭开。

调查发现，洪九果品在2023年第四季度向数十家所谓的"影子供应商"支付了高达34.2亿元的预付款，占全年预付款总额的76%。这些供应商大多是空壳公司，注册资本不足百万元，社保参保人数为零，甚至有些供应商的地址与洪九果品的办公地址重合，形成了资金在内部循环的黑洞。更严重的是，洪九果品的应收账款超过100亿元，而账上现金仅有7亿元，坏账风险令人触目惊心。当毕马威要求查验会计凭证时，洪九果品却以"资料不全"为由推诿，最终导致审计机构愤然离场。

作为"端到端"供应链模式的倡导者，洪九果品的这种模式依赖高周转和高杠杆，通过预付款锁定上游货源，再利用应收账款质押融资来维持现金流。为了确保稳定的水果供应，洪九果品需要在果园的水果尚未成熟时，就提前支付款项下单。然而，在将水果销售给商超等客户后，往往需要等待数月甚至更久才能收回款项，这相当于把公司的资金主动权交给了客户。这种模式导致洪九果品虽然表面上业务扩张迅猛，但实际上资金却越来越紧张，难以及时回收现金。由于其"端对端"的商业模式，洪九果品的经营性现金流长期为负。为了维持公司运营，洪九果品不得不依靠举债度日，通过借新还旧来维持资金链。

上市两年多来，洪九果品仅发布过2022年报、2023年中报，之后便再也没有披露过定期财报，且洪九果品从2024年3月起即停牌。2025年4月，传来公司高管被采取强制措施的消息，办公场所陷入停滞，这家曾经市值高达600亿港元的"水果巨头"似乎瞬间陷入了困境。

水果行业的"龙头"企业遭遇困境，也为整个水果零售行业敲响了警钟。从某种角度来看，洪九果品所面临的危机不仅反映了家族企业管理的混乱，更是资本推动快速扩张模式的一个缩影，凸显了行业"重资产、轻现金流"的弊端。

资料来源：王涛. 600亿，阿里投资的水果大王暴雷了［EB/OL］.（2025-04-27）［2025-07-07］. https://mp.weixin.qq.com/s/TRoGyvDVsp6j-vMrQeDXZw.

冰冻三尺，非一日之寒。许多企业多年来依靠特许经营，已经将品牌成功地做到了国内无人不知、无人不晓的地步。然而，它们在近几年的发展却陷入了困境。其中有很多方面的原因，除了消费者的因素以外，加盟总部对市场风险的低估不能不说是其中一个主要的原因。

8.1.1　加盟总部的风险来源

特许经营对加盟总部而言是一把"双刃剑",其前进的每一步都可能隐含风险,很多特许经营企业为这一风险付出了沉重的代价。虽然加盟总部不能完全避免特许经营的风险,但仍然可以识别一些关键性的风险源头,以便及时防范这些风险,或者在风险来临时尽量减少损失。这些关键性的源头就是合约缺陷、错误招募、加盟双方冲突的升级以及加盟总部内部管理的体系漏洞。

8.1.1.1　来自合约缺陷的风险

精确完善的特许经营合约有助于建立一个良好的特许关系,同时,当关系处于危机时,又能帮助加盟总部尽可能地降低损失。海王星辰药店加盟总部曾经起诉某加盟店违反操作规程私自进药而要取消其加盟者的资格,但法庭一审宣布加盟总部败诉,后经过第二次上诉才终于将官司打赢。历经此次风波,海王星辰加盟总部的管理者被弄得筋疲力尽,索性取消了全部的特许经营业务,可谓因噎废食。此次官司几经波折的真正原因是原合约内容的不完善,没有将加盟者违约的情形及后果详尽写明,导致加盟者有机可乘。虽然写在纸上的东西有时无法约束加盟者,但至少打起官司来可以作为一个可靠的依据,使加盟总部不至于处处被动。许多经验表明,合约的缺陷完全有可能断送原本健康的特许经营事业,使加盟总部的工作无法展开。

来自合约缺陷的风险往往表现在以下几个方面:①合约内容与国家法律有冲突,导致一部分条款失效,在打官司时难以成为胜诉的依据;②合约形式不规范,该有的基本条款缺乏,不能称为一份正式合约;③合约中的文字措辞明显地表露出双方地位的不平等,容易被法官视作不公平合约而被认定为无效;④合约中的措辞含糊不清,容易使人误解或有多种解释的可能;⑤合约中描述的特许经营权组合不准确,出现遗漏,导致日后部分特许经营权没有被完整地授予加盟者;⑥特许经营权组合中的关键性要素,如商标、商号等商业标识没有经过正式注册,难以证明归加盟总部所有,因而在遭人抢注后无权授予他人使用,且加盟者离开特许经营系统后,加盟总部也无法通过法律途径要求其放弃各种商业标识的使用;⑦特许经营权组合中的关键性要素,如经营诀窍没有申请专利,容易泄露出去被他人盗用;⑧加盟总部的管理者希望加盟合约的设计能够做到言简意赅,但遗漏了许多细节,同时忽略了附属合约的签署,导致日后纠纷不断;⑨加盟合约的内容本身不完整,一些保密条款、终止条款表述不全,给加盟双方关系终止后的处理工作带来许多困难;⑩根据不同加盟者的要求重新设计加盟合约,或修改内容较多,使日后管理出现混乱。

由于特许经营业务的性质各不相同,其合约的内容也会不一样,合约中的每一项缺陷对日后工作的影响也不一样。没有哪一份标准合约可以完全反映自己企业的真实情况,也没有哪一家企业在特许经营事业开始之初就能设计出一份完美无缺的合约来。合约的完善是一个长期的过程,是加盟总部在获得了很多经验的基础上不断修正的结果。

　　加盟双方都有面临合约缺陷的风险，合约探讨阶段是加盟双方在双赢的基础上，为各自的未来利益做第一次现实的争取，也往往是加盟双方第一次出现冲突的时候。加盟总部需要注意的是：①精心设计一份完善严谨的加盟合约，将每一个细节考虑周全；②仔细分析合同中特许经营权组合的每一项因素，尤其要进行商标注册，取得法律的保护；③当一份加盟合约无法涵盖所有细节方面的内容时，那么加盟总部必须考虑设计一系列的辅助合约；④解释并说服潜在的加盟者接受所有加盟商基本一致的格式化的特许经营合约；⑤在签约关头，既不能因为合同条款的争议而使潜在的加盟商离开，也不能为了强留加盟商而无原则地让步；⑥合约的内容不能完全站在加盟总部的角度来考虑，也应该考虑加盟者的利益，合约应当是平等地规定双方权利和义务的一份说明，并能为双方的成功合作提供保证。

8.1.1.2　来自错误招募的风险

　　特许经营的成功与否在很大程度上取决于合作伙伴。国外很多加盟总部都设计了一套测试体系来对潜在的加盟商进行甄别，以避免吸纳无所作为和懒散的人。虽然只有极少的筛选体系被证明是有效的，但每一个筛选体系都值得尝试。因为错误的招募选择带来的损失是巨大的，不符合条件的加盟者会损害整个体系。虽然他们最终会离开，并且从出资者的角度来看他们对加盟总部的损害似乎也不会太大，但是对加盟总部无形资产的损害是难以衡量的。

　　错误招募的风险主要产生于以下途径：①加盟总部在发展初期急于寻找合作者，因而来者不拒；②加盟总部为了追求发展速度而饥不择食；③加盟总部没有设计出明确的筛选标准或标准太低；④加盟总部的招募人员没有选择加盟者的经验；⑤加盟店店址选择不当而加盟总部没有进行科学的评估或指导；⑥加盟者自身的管理经验不足，不具备领导者的特质，无法管理好一个团队；⑦加盟者的资质合格但自身不努力，容易满足于现状；⑧加盟者具有强烈的创新精神和独立精神，不愿意受约束；⑨加盟者的投资太多，对他而言，该项目仅是一种附属投资，不值得投入全部的精力；⑩加盟者的事业遭到其家人的强烈反对。

　　在吸纳潜在的加盟者进入体系之前，确定有过强企业家精神的人与确定不胜任者同样重要。企业家精神过强的潜在加盟者不适合被吸纳进来，因为他们最终会无法忍受特许经营体系的一系列约束机制而不会选择长期地待在一个体系内，至少他们不会快乐地留在体系中，加盟总部很可能在培养一个新的竞争对手。另外一些加盟者过分依赖加盟总部，他们总认为加盟总部会为他们搞好一切事情，会解决一切问题，而他们只是做一个出资者，然后等着加盟总部"手把手"地帮助他们经营。这类人显然也不是合格的加盟者，当他们遇到问题时很容易惊慌失措，当现实收益与心理预期相差过大时很容易失落，最后成为一个抱怨最多的加盟者，而不是积极进取的加盟者。

　　选择好的合作伙伴，这个问题看似简单，实则很难。俗话说：失之毫厘，谬以千里。如果加盟总部和合作伙伴有太多的分歧，将无法继续发展共同的事业。必须注意加盟总部和合作伙伴有没有相似的经营理念，有没有共同的利益，有没有共同发展的长远打算。总之，加盟总部选择一个加盟者，不是坐等着加盟者为自己赚钱，而是将自己的一份事业交到了加盟者手上，好的加盟者能将事业发扬光大，而差的加盟者则会断送自己的事业。

8.1.1.3 来自加盟双方冲突的风险

加盟店依靠加盟总部的势力壮大自己，加盟总部也通过加盟店获取更多的利益，这种依靠契约维系关系的经营结构，有时候很容易产生敌对情绪和冲突。在加盟双方的合作中，冲突是难免的，但冲突发展到一定阶段，就会出现危机。所以，对于一个特许经营体系而言，不能没有冲突，否则整个体系将成为一潭死水，没有创新和进步；但冲突过多也不利于工作的开展，尤其是一些损害双方利益的恶性冲突，对整个组织的危害更大。

冲突可能存在于加盟双方最初的接触中，诸如加盟费的多少、双方权利和义务的安排等，但真正的冲突产生于加盟店正式运行之后，此时双方的交往更多地融入了理智、法律的成分。随着交往的增多，彼此之间了解得更加透彻，所有的缺点和优点都会暴露无遗。此时，如果双方足够理智，学会互相欣赏会更加友好，而互相指责就会引起冲突。

加盟双方冲突产生的原因主要有：①加盟总部一开始就选错了加盟者，于是一错再错，合作中双方矛盾不断，最终不可挽回。②加盟总部的经营模式在市场中没有经过充分的试验，产品和服务缺乏独特性和多样化，导致加盟者经营不顺利；或者加盟总部的经营模式在其他地区比较成功，而在个别地区不太成功，导致加盟店经营不顺利。③加盟总部没有兑现当初的承诺，缺少持续的支持和服务，后续的加盟费不断提高，相应的服务质量却没有提高。④加盟总部的管理工作出现漏洞，对商店选址的指导不够，对新店开业的支持不够，以及拙劣的培训、不完整的营运手册、不充分的市场调查、差劲的广告宣传资料、过少的信息服务、过多的处罚等。⑤加盟总部过于注重收取加盟费和权益金，而不是将精力更多地放在帮助加盟店的运转上。⑥加盟总部将精力更多地放在开发新加盟者的身上，而忽略了现有加盟者的要求。⑦加盟总部没有进行持续的产品创新和管理改进，其产品在市场中的竞争力被削弱。⑧加盟者在加盟前对盈利目标定得过高，在加盟之后因没有达到目标而感到失落。⑨加盟者不愿意配合加盟总部的政策，不愿意尝试加盟总部的新技术和新产品。⑩加盟者不愿意受到加盟总部太多的束缚，而不断争取自身的权利。⑪加盟者没有严格地实施加盟总部的经营要求，不断地自作主张进行修改。⑫加盟者认为自身的努力决定了营业业绩，对加盟总部设置的权益金产生怀疑。⑬加盟者希望尝试一下其他供应商的产品，因而争取额外的商品采购权。

由于加盟者与加盟总部之间关系的长期性和双方相互依存的缘故，这种关系犹如一场婚姻关系，有时会变得紧张，出现交流中断，可能会产生大量无关紧要的问题。维护良好的加盟关系是双方共同的事情，任何一方都有责任和义务去努力。长期的合作需要双方的信任和支持，双方必须知道自己能够给合作伙伴带来什么。如果加盟总部还没有足以使自己更加强大的经营理念，最好不要开展特许经营业务。如果开展了特许经营业务，就必须认真负责，不能居高临下，偏重自我，应该感谢加盟者用其资源和辛勤的工作来推动加盟总部的事业发展。只有加盟店经营成功，双方存在的冲突才会迎刃而解；如果加盟店经营失败，加盟总部无论怎样努力，双方的关系也不大可能出现好转。

如果加盟总部仅仅将加盟店作为自己的分销渠道和赚钱机器，就容易引起加盟店与加盟总部的分歧。这种做法使双方的关系疏远，加盟店更愿意在适当的时候寻找更加合适的供货商，等到羽翼丰满便会振翅高飞或另觅高枝。如果加盟总部把加盟者视为自己的朋友和事业伙伴，经常持续地给予其尽可能多的、有效的支持和帮助，那么双方的冲突就很容易得到化解，关系也会更加稳固。

作为加盟总部，要像麦当劳一样帮助加盟店，帮助它们选择供货商，进行日常经营指导，使加盟店对加盟总部始终保持一种依赖关系，尽量弱化加盟总部是供货商的概念。麦当劳对它的加盟店表示："我将为你们做好一切服务，但我绝不做你们的供应商。"麦当劳除了收取加盟费和利润分红以外，剩下的只有支持。它从来不向其加盟店供应原料以及厨具，但它会尽最大的努力帮助加盟店培养和选择供应商，进行营销指导、融资以及开展公关活动，以确立其加盟店在当地的优势。正因为如此，麦当劳的加盟店与加盟总部始终保持着一种亲切的隶属关系，而不是单纯的利益关系。麦当劳的加盟店没有勇气主动脱离加盟总部的管理，其实任何人都不会拒绝这种无私的帮助。

8.1.1.4 来自内部管理的风险

对于加盟总部而言，最大的风险不是来自加盟者，而是来自加盟总部自身。因为无论是选择错误的加盟者，还是双方冲突日渐增加，这些问题毕竟只是局部的问题，它对整个体系的发展影响是有限的；但如果加盟总部自身出现了问题，这些问题不仅对整个体系的发展影响重大，对加盟者而言，有时可能是毁灭性的打击。

加盟总部管理不善主要有以下原因：①加盟总部的业务没有经过充分的测试，在开展特许经营业务的地区没有被证明是成功的；②加盟总部的产品和服务定位不准确，或市场发展变化之后，没有进行重新定位；③加盟总部没有与众不同的商标形象、与众不同的运作体系和方法；④加盟总部的业务体系和方法无法在一个经济合理的时间框架内被成功复制；⑤企业扩张过于迅速，后续的管理和服务难以跟上，或者难以保证原先的服务质量；⑥加盟总部质量控制体系不科学，导致整个体系扩大之后，无法控制到位；⑦加盟总部资源不足，尤其是人力资源的数量和质量达不到要求；⑧加盟总部的激励机制不健全，难以有效地激发员工的积极性；⑨加盟总部业务的操作方法落后，加盟总部没有及时改进以满足顾客的需求；⑩加盟总部的信息渠道不畅通，难以获得加盟总部战略决策需要的信息资源；⑪加盟总部的错误投资，浪费了宝贵的财力而使资金周转不足。

一个成功的特许经营体系要具备完备的物流配送、培训督导、产品开发、促销推广、信息反馈、客户管理以及企业的CIS系统。这些管理的基础工作必须在特许经营业务开展之前就准备就绪，业务开展之后还要继续完善，持续创新，保持体系的活力和竞争力。特许经营鼻祖胜家公司的衰落，最重要的原因就是产品创新性太差，企业"一劳永逸"的思想太严重。尽管产品的创新和开发是其成功的原因，但到了20世纪80年代缝纫机市场竞争激烈时，其产品仍然保持老一套，没有任何改变，最后只能被市场无情地淘汰。

有些加盟总部失败的原因在于扩张过于迅速。尽管特许经营能给加盟总部带来超出常规速度的增长，但这种增长不是无限的，而是以企业的管理基础和资源条件作为限制的。当一个企业的规模增长带来的不是竞争力的提升时，它很可能会被这种增长的负面效应所拖垮。并不是只有特许经营企业才会产生上述问题，其他的连锁企业也同样存在类似的问题，这正是目前国内一些连锁企业陷入困境和倒闭的原因。加盟总部更应该警惕上述问题的产生，这不仅是对自己负责，而且是对众多投入毕生心血的加盟者负责。

8.1.2　加盟商的风险来源

无论特许经营能为加盟者带来多少利益，都不能消除其内在的风险。尽管其风险已经在减少，失败的概率较非特许经营的新企业要低，但是失败的风险还是始终存在的。由于加盟商是投资者，将为特许经营事业投入大量的精力和财力，一旦遇到风险，其遭受的损失将更大，更无法挽回。因此，对于加盟者来说，重要的是找到失败的原因，分析是否能够避免失败的风险，并从他人的失败中吸取教训，以期对未来的经营有所帮助。

8.1.2.1　来自特许经营欺诈的风险

特许经营欺诈是加盟商面临的最大的投资风险，一旦踏入陷阱，几乎没有完好退出的可能。"忽如一夜春风来，千树万树梨花开"，用这句诗来形容当今特许经营在中国的发展一点也不为过。对于这样一个快速发展的行业，难免鱼龙混杂、泥沙俱下。事实上，我国连锁经营于1990年才开始出现，特许经营也是在1997年才开始产生，比美国起步足足晚了一个多世纪。如今，我国却用短短10年的时间就赶英超美，迅速成为世界上最大的特许经营国，这种发展速度让人惊喜，也令人担忧。

一般而言，特许连锁经营是直营连锁发展的高级阶段，只有成熟的连锁企业才有能力开发特许经营模式。如今，网络上到处充斥着诸如此类的广告词："一到两年就能收回投资！投资利润率高达85%！加盟费只需1万元……"让不少潜在的投资者产生一种加盟的冲动。然而，一个又一个的骗局告诉我们，投资者只要稍不注意就可能掉进特许经营的陷阱。特许经营欺诈一般有以下几种情况：

（1）无法兑现的高承诺

一些不法企业故意披露虚假信息，将自己的产品包装得"富丽堂皇"、难辨真伪；向投资者描绘一个具有诱人前景的市场，然后设置一个较低的加盟门槛，如"免加盟费""加盟费只需1万元"等；对投资者许下高额回报的诺言，有些甚至承诺经营无回报时可以退款、退货，骗取投资者的信任，从而吸引大量的投资者加入。然后宣布公司破产或"人间蒸发"，其目的就是快速敛财。一些特许经营企业打了法律的擦边球，如声称"一两年收回投资成本""投资回报率达95%"等，在推广宣传书上却用小字注明"仅供参考"，这些宣传内容非常符合现在中国大多数投资者的心理，投资者很容易被企业的诱人宣传所吸引，忽略"仅供参考"的字样，以为"天上掉下馅饼"，最终被骗走了自己的血汗钱。

（2）推销假冒或低劣的产品和机器

借特许之名卖产品、卖设备也是国内特许经营常用的圈套之一。这种案例在我们的社会中有很多。例如，我们经常可以看到这样一些所谓的加盟总部，原本就是一家普通的批发企业或生产企业，连零售经验都没有，开展特许经营只是为了稳定销售网络，给自己的产品寻找出路。这些商品甚至就是假冒伪劣产品，加盟这样的"连锁公司"，结果可想而知。

也有一些加盟总部开展特许经营纯粹是为了卖机器设备。某地曾经出现过一个爆烤鸭店的特许经营陷阱，加盟者众多。众多加盟新店招牌的油漆尚未干，爆烤鸭店就由热转冷，导致特许经营的加盟者血本无归。众多加盟商被迫关闭店门之后才明白，原来公司不是想要扩大品牌的规模，而是想出售设备。这种情况通常集中出现在彩扩、洗衣、咖啡店等通过代理销售设备的行业。如果投资者在考察某个加盟项目时，发现同样的机器在市场上可以用更低的价格买来，且购买机器的费用占了加盟连锁金额的大部分甚至是全部的话，就要提高警惕了。《商业特许经营管理条例》指出，除专卖商品以及为了保证特许经营的品质必须由其提供的货物外，加盟总部不得强行要求加盟商接受其货物供应。

（3）制造合约圈套

特许经营合约往往是特许经营诈骗者玩花招的一个关键，如果加盟者的法律知识稍微欠缺一些，就容易中他们的圈套。例如，某家公司在与加盟者签订合约时，找了一个空壳公司，当加盟者要与它打官司时，才发现这个公司根本不存在。也有的特许经营企业用没有资格的主体来签订合同，如以办事处和加盟者签订协议，这样出问题时加盟者经常会投诉无门。

还有一种特许经营合约圈套就是使加盟者欲罢不能。特许经营企业在合同中承诺可以收购加盟方的产品，但他们会在合同上注明加盟方的产品必须达到他们的产品标准，然而这种标准规定得又很模糊。加盟商生产出产品以后，授权方可以以产品不符合要求为由拒收，加盟者只能吃哑巴亏。有一位投资者曾经加盟过一个壁画公司，尽管双方约定由对方包销，但是这位投资者的产品一直不能达到对方的品质要求，花掉大量的时间和差旅费后，他才明白自己陷入了一个圈套。

因此，投资者在签订加盟合约时一定要十分注意，合同是保障自己权益的最后一道屏障，必须将所有与自己切身利益相关的条款仔细确定清楚，如果自己能力有限，最好请专业人士予以协助。《商业特许经营管理条例》对签约合同条款的内容进行了详细规定，涉及特许经营权的内容、期限、地点等，明确保护加盟者这方面的权益。

（4）利用加盟者开辟市场

还有一种性质极其恶劣的欺骗类型，即一些特许经营公司故意利用加盟者的经营网络为其直营店铺平道路。一开始，特许经营公司总是鼓励投资者开更多的加盟店，其目的就是希望加盟者过度扩张，当一些加盟店经营失败时，加盟者不得不为了清偿失败的加盟店的债务而放弃经营状况良好的加盟店。于是，特许经营公司将这些经营状况良好的加盟店回收过来自己经营，回收的价格远远低于加盟者最初投资的价格。对于特许经营公司而言，既用较低的成本开了店，又利用了加盟者的投资试探了该区域的市场潜力。对外在招募加盟者时，还可以装作很负责的样子告诉加盟者，如果经营失败，加盟总部会回购店铺，投资者完全可以放心投资。实际上，市场开拓的风险全部由投资者承担了。

特许经营公司将低价收回来的加盟店再转卖给新的加盟者，这样，同一份特许经营合约就能够不断地被重复出售，从而可以一次又一次地收取加盟费。因为每一次卖出，虽然合同上注明加盟者经营失败可以由加盟总部收回，但是加盟费不会退还给加盟者。于是，一些特许经营公司就利用这一策略不断敛财，把经营不善的店铺重新包装一下又出售出去。

合同欺诈可分为两种类型：一是合同主体欺诈行为，比如虚构不存在的单位或个人与对方签订合同。二是合同条款欺诈行为，这方面的欺诈行为又可分为质量条款欺诈、价格条款欺诈和标识条款欺诈三种。合同质量条款欺诈行为是指欺诈方虚假或不真实地陈述自己的产品，或对自己的产品的质量瑕疵予以隐瞒，如出示真样品，履行时以伪劣品替代；假冒专利产品或谎称自己的产品是专利产品，以推销自己的伪劣产品等。合同价格条款欺诈行为是指欺诈方以虚假或让人容易误解的价格条款，使被欺诈方产生错误认识。合同标识条款欺诈行为是指欺诈方对合同标识条款作虚假的陈述或隐瞒有关事实真相，如对商品外包装印制假的质量认证标志、名优标志或标注假的生产日期等，以推销伪劣、过期商品等。

8.1.2.2 来自加盟总部的经营管理风险

许多加盟风险都来自开始时的错误选择，包括前面提到的加盟诈骗风险，很多加盟者往往忽视了科学选择加盟总部的程序和方法，一时冲动带来了严重的后果。例如，一些加盟者不去全面地调查该特许组织的经营状况，忽略向现有加盟店进行征询，而只是偏听偏信加盟总部的一面之词，被加盟总部人员所描绘的美好蓝图所吸引，结果后悔莫及；一些加盟者只看到某个加盟总部当时迅速发展的表面现象，不去考察加盟总部的后续服务是否跟得上这种业务的发展，结果也只是空欢喜一场；有些加盟者不去仔细推敲加盟合约的各个条款，被一些别有用心的加盟总部钻了空子，到头来上当受骗，全部的心血付诸东流。可以说，选择一个合适的加盟总部对于加盟者来说是非常关键的一步，在这上面多花一些精力，将来在业务上就会多一分顺利，成功的机会相应地也会增多。

下面是一些加盟总部经常存在的问题，这些问题往往是加盟者面临的风险来源：①加盟总部在开展特许经营前对有关业务概念的测试不适当或没有做充分的测试；②加盟总部的特许经营业务市场狭小，或正处于一个衰退的行业中，缺乏发展潜力；③加盟总部的产品没有特色和竞争力，或该行业已经出现十分强大的竞争对手；④加盟总部的资本不够充足，无法支撑其承诺的优良后续服务；⑤加盟总部的经营观念不正确，过于重视自己的利益，而不重视加盟者的利益；⑥加盟总部在重大问题上做出了错误的决策；⑦加盟总部人员素质太差，无法管理一个不断扩大的特许经营体系；⑧加盟总部有商标纠纷，或加盟总部本身不拥有自己的商标；⑨加盟总部扩张太快而出现了一系列的管理问题；⑩加盟双方矛盾冲突频繁；⑪加盟总部随意终止加盟合约。

上述种种问题都有可能给加盟者带来投资风险，如果不充分研究分析，贸然加盟一个特许经营体系，这种风险随时可能变成经营危机。曾经在一个特许经营加盟展上，有一个"十字绣制作"的产品十分吸引人，仅在展会上就有十多人申请加盟，然而，这种产品很快就过了它的生命周期。类似这种加盟业务还有很多，如气球派对、吸氧氧吧等，这些都属于时尚产品。但是，凡是时尚产品就有不再流行的时候，一旦过时，投资者的事业就有可能受到重创。

8.1.2.3 来自加盟商本身的风险

在前面的分析中，我们主要探讨了来自加盟总部的风险。但大多数真实情况是，在加盟总部同一水平的支持和援助下，一些加盟者取得了成功，而另一些加盟者则经营失败。如果不考虑选址错误这一致命的因素，所有加盟者都被提供了相同的发展条件，因此从理论上来说，他们应该做得一样好。然而，在各个特许经营体系中，我们却看到一部分加盟者取得了成功，一部分加盟者基本能够维持现状，而另一些加盟者则维持不下去而不得不转手或关门。这说明，在加盟者遭遇的各种风险当中，一部分风险来自自身的因素。

（1）缺乏管理经验

开创一个新事业，加盟者要想获得成功，管理水平极其重要。即使是家小小的店铺，管理也是不可忽略的要素。许多加盟店之所以会陷入经营困境，很大程度上是因为加盟者缺乏管理经验。一些加盟者以前属于上班一族，在大企业中精通于对某个小部门的业务管理，但要经营一个事业，这点经验往往是不够的。还有一些加盟者在加盟前已经创有自己的一个小小的事业，买一个特许经营权只是希望能够做到多方面发展。这一类投资者往往会犯一个错误，即自以为是，把过去经营自己企业的独断专行的作风带过来，认为自己拥有经营管理的经验，而忽略了整体纪律的重要性。这些都是缺乏特许经营事业管理经验的表现。

（2）过分依赖于加盟总部

加盟者加入特许经营后，必须使用加盟总部的商号、商标，推销加盟总部所供应的商品，这是加盟者必须遵守的协议，也是连锁经营的基本特征。这本来是吸引加盟者的主要原因，但这个优点也可能促使加盟者陷入另一个失败的陷阱。因为加盟者经营的成败几乎完全由加盟总部决定，尤其是加盟者所销售的商品必须由加盟总部提供，加盟店失去了自由选择货源的权利。当今流行趋势在不断变化，市场竞争日趋激烈，商品的生命周期越来越短，任何一种产品都不可能永久立于不败之地，所以，一旦加盟总部的商品不再受到市场的欢迎，那么加盟店是无力回天的。

（3）投资者不亲自经营

美国某地区的一项调查资料表明，该地区的加盟店失败的最主要的原因是投资者加盟后不亲自经营管理，而是雇请他人管理。一些成功的、认真的特许经营加盟总部，在合同上总是特别要求加盟者或其中一个主要的股东必须亲自全天候投入管理。道理非常简单，毕竟雇员的拼搏精神不如投资者。一个事业的成功，往往与投入的精力与心血成正比，所以投资者亲自管理是成功的要素之一。

小思考 8-1　为什么说特许经营欺诈是加盟商面临的最大的投资风险？

8.2　加盟总部的风险规避

案例 8-2

赛百味缘何风光不再？

赛百味曾是世界餐饮特许经营 500 强，在全球 110 个国家及地区设立门店超过 44 000 家，被美国《企业家》杂志评为连锁加盟系统第一名。但是，近几年赛百味公布的数据显示，赛百味的扩张道路似乎出现了巨大的困难。自 2014 年开始，赛百味走向大规模亏损；2015 年，赛百味在美国本土开设 911 家店，却关闭 877 家；2016 年，又关了 359 家店，遭遇历史上首次店铺数量负增长；2017 年和 2018 年分别关闭了 800 多家和 1 000 家门店。2019 年，赛百味在美国就关闭了 1 000 多家门店，同期麦当劳仅关闭了 68 家门店。

赛百味的危机始于它沉迷于快速扩张导致加盟系统管理不善。和其他的快餐巨头相比，赛百味的加盟费用只需要 1 万~1.5 万美元，开第二家则更便宜，店铺投资最低只需要 10 万美元。而赛百味的竞争对手麦当劳，却需要加盟商投资至少 100 万美元。毫无疑问，对于很多加盟商来讲，赛百味是低门槛的创业方式。低门槛的加盟制度，使得赛百味在开店的速度上独占鳌头。然而，这些缺乏经验和资源的加盟商往往难以掌握经营餐厅的奥秘所在，赛百味的营收抽点却高达 12.5%（品牌使用费用 8%，宣传费用 4.5%）。除此之外，赛百味在供应链上的能力也比同等级竞争对手来得差一些。

赛百味在全球只有 5 家供应商，这意味着 5 家企业需要负责各个国家及地区的全部 4 万家门店的供应。结果，物流链过于漫长，周转慢，导致产品创新进程缓慢，成本过高，很多加盟商苦不堪言。当市场对三明治的热度降低的时候，压力就大多转移到了加盟商的头上，以至于需要不断地通过和解化解加盟商的抗议。同时，赛百味对加盟商的服务不到位，也导致了加盟商对总部的要求难以快速执行到位。

2015年，赛百味曾经调整过2次logo。而在2016年中，赛百味又一次对logo进行升级调整。然而，赛百味全球44 000家门店更换门头的速度却不统一。在美国官网已经更新了logo的情况下，至今赛百味的中国官网仍然使用旧logo。当餐饮这个传统行业也开始比拼时间效益的时候，赛百味品牌形象迭代更新这一件事，从2016年中期起超过1年的时间里，都没能从美国传到中国。在logo升级的事件上，加盟者便难以对赛百味的加盟系统产生信心。

长期以来，赛百味一直以"新鲜"和"健康"定义自己。赛百味一直暗示消费者，自家产品是健康的，但赛百味"伪健康"的标签一次次被消费者"打脸"。加州大学曾在美国做过一项研究，赛百味三明治平均含有787卡路里热量，而麦当劳的三明治则为572卡路里。在赛百味用餐的人平均摄入食盐2 149毫克，在麦当劳则是1 829毫克。在消费者呼吁使用无抗生素猪肉的市场需求下，麦当劳承诺在2年内解决，赛百味却说"它挺费时间的"。随着市场上提倡健康理念的餐厅越来越多，赛百味的"健康"标签逐渐失去了吸引力。

资料来源：于见. 跌下神坛的赛百味，讲不好的三明治故事［EB/OL］.（2023-08-09）［2025-07-07］. https://www.thepaper.cn/newsDetail_forward_24165171.

特许经营正式进入中国的历史比较短，国内企业对这一崭新模式的运用还很不成熟，有些甚至走了弯路。正因为如此，特许经营在中国的发展需要一批本地优秀的企业去探路，而后来者会主动汲取先驱们的实践经验和教训。通过这些精神财富的传承和积淀，国内企业的特许经营事业才会不断臻于成熟。

8.2.1 构建风险预警系统

特许经营与其他的经营方式相比，降低了加盟双方的经营风险。加盟总部的风险减少到利用加盟者的资本来开发系统的程度，加盟者的风险也减小了，因为他们所投资的商业领域，是经过实践证明并为消费者所认可的。上述结论只是从理论上说的，实际上特许经营本身也存在不少风险，这些风险始终存在于特许经营的每一个环节中，如果处理不当，风险随时可能发展到危机的地步。因此，风险的规避应该从特许经营的第一步开始，从双方关系发展的最初阶段开始，通过风险识别达到风险预警，进而达到风险规避的目的。企业越早认识到风险的存在，越早采取适当的措施，就越有可能控制住问题的发展。从国内外特许经营企业应对风险和危机的成功经验和失败教训中可以得知，对风险进行预防是企业抵御危机、防止失败的有力武器。

特许经营风险预警系统是加盟总部设计的一整套风险识别、风险评估和风险防范体系，以帮助加盟总部及时掌握动态，防患于未然，或在风险来临时正确地应对风险、控制风险，将风险的损失降到最低水平。风险的发生具有客观性，而且企业面临的经营环境瞬息万变，建立风险预警系统就显得十分迫切与重要。加盟总部将可能导致自身危机的因素一一列出，并尽可能量化，以此为基础确立风险在何种条件下可能发生的指标体系，构建风险预警监测系统。通过该系统，加盟总部可以及早预见风险产生的可能性。图8-1、图8-2是风险预警监测流程和风险预警监测内容。

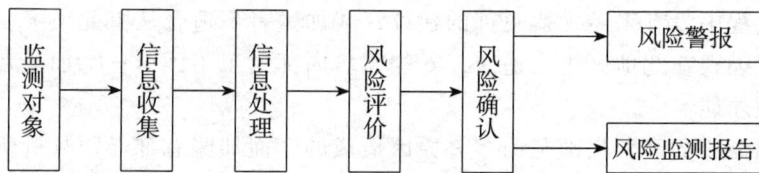

图8-1　风险预警监测流程

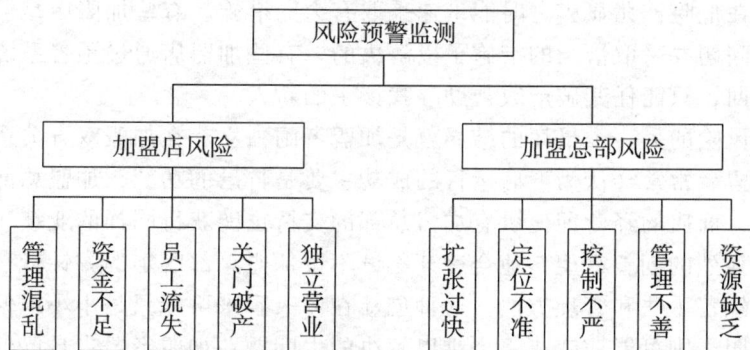

图8-2　风险预警监测内容

在特许经营中，尽管加盟总部可能会遇到许多经营风险，但这些风险都会集中到两个方面——加盟者和加盟总部。因此，我们将这两个方面作为监测对象，都列入企业的风险预警系统中。

出现风险的一方是加盟店，风险出现的最坏结局表现为加盟店的破产关门或加盟者自行独立。加盟双方唇齿相依，加盟店的经营失败就意味着加盟总部的经营失败，因而加盟总部不能对加盟店的经营坐视不理。加盟总部构建的这一风险预警系统不仅要确保加盟总部知道应收取每一个加盟店的特许费用是多少，而且要能向加盟总部提供加盟店的业绩数据，使加盟总部能从中发现加盟店的业务发展趋势，也许会从中发掘出企业风险来临前的信号。如果加盟店有出现问题或遇到困难的苗头，加盟总部应该设专门的组织或专人督促加盟者重视该问题，防止问题的扩大。当加盟店真正出现问题而无法自行解决时，加盟总部的区域经理或督导员就应当及时出现，共同探讨问题的解决方案。

无论加盟者失败的理由是什么，其失败的征兆都很可能首先表现为现金的不足，即加盟者无力支付特许经营费用。这种现金不足的情况当然不是在一夜之间发生的。破产是一个逐步发展的问题。加盟总部应该设立一个监视系统，该监视系统应该从加盟者的业绩状况中发现有关苗头并努力采取措施避免最坏结局的产生。在加盟者破产之前，总会出现各种征兆，例如，加盟者经常延迟支付权益金，加盟店不断减少商品的购进，加盟店不断抱怨，加盟店管理出现混乱，加盟店的员工频繁离开等。然后，加盟总部要确定是什么原因导致加盟店生意逐渐下滑。这一点很重要，因为弄清楚了真正的原因，才能知道自己应该采取的对策。

　　加盟店出现的问题可能有以下几种情况：①加盟者没有按照规定的经营模式和操作规程行事；②加盟者的工作态度不够认真勤奋，或财务成本控制不力；③加盟者在经营过程中没有采纳加盟总部的建议；④加盟者不适合从事此项事业；⑤加盟总部的经营模式在此地区不太适应；⑥加盟店内部员工不团结；⑦加盟者自己不具有领导管理才能。

　　也许加盟店的经营失败是由多方原因造成的，而加盟总部必须分析所有这些因素，知道病因才能对症下药。因此，加盟总部应确保特许经营体系有各种应急处理方案，以便在危险征兆显露之时能迅速采取有力的措施。有些加盟店是可以通过预警系统发现问题并采取恰当的措施予以解决的，有些加盟店通过预警系统发现问题后却无力挽回，只能任其破产或帮助寻找接手的新人。

　　加盟店风险的另一个最坏的结局就是加盟者闹独立。在加盟双方关系发展成熟后，一些加盟者常常会认为商店运行的成功主要是自己的功劳，加盟总部对他们来说是多余的，商店的经营即使没有加盟总部的支持也能获得同样的业绩。如果这个加盟者具有强烈的创新欲望，他会逐渐尝试不按加盟总部既定的方针行事，而是自己独创一些经营手法和管理方法。这种创新在今天看来可能只是小小地偏离了运营标准，但在明天则可能演变成一个难以解决的大问题：加盟者要走自己的路。许多加盟总部的管理者心里会抱有这样一种想法：今天培训加盟者实际上是在为自己培养一个未来的竞争对手。这种想法更加不利于加盟双方良好关系的建立，最终导致加盟者的真正"出走"。

　　加盟店出现问题或风险真正来临时，加盟总部最经常的解释是：我犯了一个错误，他不是从事特许经营的合适人选，他没有能力按照我们的经营模式去运作业务。也许当初加盟者的选择确实存在问题，但风险出现时，一味地悔恨当初的错误选择已经无济于事，目前最重要的是如何度过这一危机。任何一个有责任的加盟总部都应该尽力去帮助一个陷入困境的加盟者尽可能地摆脱困境，挽回损失，这可能需要加盟总部提供再培训和专门的管理辅导，甚至是接手管理或给予财务上的额外支持。如果最终证明加盟者不适合从事特许经营，那么加盟总部也应该尽力地帮助他找到一个业务上合适的买主，以尽可能使其收回他的主要投资。也许执意闹独立的加盟者不会领加盟总部的情，但大多数加盟者会心存感激，他们的态度会影响其他潜在加盟者的态度。

　　风险出现的另一方面的原因在于加盟总部自己，即自身的原因。加盟总部的风险预警系统不能仅仅找出加盟店出现了什么问题，还要找出自身体系出现了什么问题，诸如后续服务跟不上，管理不到位，人员素质参差不齐，企业扩张速度过快，产品在市场上缺乏竞争力，产品质量控制不严，决策出现失误等。许多加盟店出现的风险也可能是由于加盟总部管理和服务跟不上造成的。加盟总部出现的问题所产生的结果不仅影响自身的经营，而且对加盟者的打击有时是毁灭性的，更应该引起加盟总部的重视。

有些企业危机是经营管理中的问题日积月累的结果，有的问题已经到了病入膏肓的程度，一旦变成风险并引爆为危机，即使再高明的专家也解决不了，也改变不了早已注定的失败。温水煮青蛙的故事就是企业风险意识不浓的生动写照：如果把一只青蛙扔进沸水中，它会立即跳出来；如果把一只青蛙放进凉水里逐渐加热，青蛙会在不知不觉中失去跳出的能力，直至被热水烫死。特许经营中的问题也是这样，一些小问题日积月累会成为大问题和潜在的问题，当风险突然来临时，企业往往会失去应对风险的能力。

从总体上看，特许经营的风险预警要从以下几个方面着手：

第一，树立风险意识。特许经营风险预警的关键是树立人们的风险意识，尤其是树立管理者的风险意识。要把风险管理的工作做到风险实际来临之前，并为企业应对风险做好组织、措施、人员、资金方面的准备。

第二，设立风险管理的常设机构。这个机构可以由加盟总部最高管理者负责，由所有特许经营的督导人员和相关部门的工作人员组成，设立专职监测风险信号和进行风险评估。当风险真正发生时，该机构就成为应对风险的核心机构。

第三，监测企业的风险信号。风险在转化为危机之前，总会出现各种各样的征兆，发生各种各样的事件。人们对于某些事件的发生可能会习以为常，不加重视，但很多时候，往往一个小小的事件也会慢慢演变成一个重大的事件，最终酿成重大危机。因此，企业必须建立一套完善的监测系统，随时跟踪检查经营中的风险信号，并对这些信号的未来发展方向做出估计。

第四，制订风险管理方案。对于一个特许经营体系来说，有效的风险管理有助于防止风险的发生或改变风险发生的过程。实施风险管理时，要准确地判断未来风险的危害程度，并针对不同的问题设置具体的解决方案。一旦风险发生，即可启动风险管理方案。

没有风险的事业是不存在的，许多风险也是无法避免的，特许经营的利弊剖析实际上已经为我们展示了这种经营模式巨大诱惑下所隐藏的巨大风险。对于加盟总部而言，关键是要及时发现风险的征兆，并在风险转化为危机之前成功地将其化解。

8.2.2　化解加盟双方的冲突

8.2.2.1　加盟双方冲突产生的原因

特许经营的加盟双方存在与生俱来的冲突，加盟总部在前期投入了大量的时间和资本建立了一个经得起检验的商业模式，创立了一个市场认可的品牌，这种商业模式要求加盟者必须严格遵守其经营方式和加强质量控制的水准。但加盟者作为分店的投资者，是分店真正的所有者，它为了分店的利益经常会产生脱离加盟总部自己独立的思想，并抵制加盟总部的任何限制。这种紧张的关系如果能够处理好，它能创造出令人兴奋的、充满活力的气氛，进而实现双方的目标——特许经营事业的发展和加盟者的独立与成功。然而在多数情况下，这种紧张的关系并不能恰当地处理好，常常会引发许多冲突和纷争，这些冲突和纷争会分散双方实现他们共同目标的时间和精力，也是特许经营的风险所在。

冲突的产生往往是双向的，既有加盟者对加盟总部的不满，也有加盟总部对加盟者的不满。目前，国内外加盟总部与加盟者之间的纷争不断产生。我国台湾地区有关机构的一次调查中，分别列出了加盟店对加盟总部最不满意的前五项和加盟总部对加盟店最不满意的前五项。

加盟店对加盟总部最不满意的前五项为：①加盟店对加盟总部所提供的营销支持与辅导不满意；②加盟店对加盟总部所提供的商品品质不满意；③加盟店对于每月的营业额不满意；④对于采购限制不得自行进货的看法有分歧；⑤加盟店对加盟总部所提供的商品价格不满意。

加盟总部对加盟店最不满意的前五项为：①加盟店对加盟总部所举办的促销活动不愿意配合；②加盟店对加盟总部的政策配合度与执行力很低；③加盟店对加盟总部所提供的商品价格不满意；④加盟店与加盟总部之间对于商圈保障范围的看法有分歧；⑤加盟店不能依照合约签订的日期按时上交货款。

可见，加盟双方发生冲突的原因是多方面的，要维持和发展加盟关系，双方都要共同努力，从整个事业发展的大局和长远的角度来考虑，做出一定的让步，并积极主动地解决出现的问题。在特许经营中，冲突是不可避免的，双方要做冲突的解决者，而不是冲突的制造者。只要坚持这一观点，即使经营中有再多的冲突，也能本着理解冷静的态度共同商讨，渡过难关。

8.2.2.2　如何化解加盟双方的冲突

加盟总部与加盟者之间的关系不是雇佣关系，而是合作伙伴的关系。既然双方有了矛盾，就必须相互了解、相互沟通、相互交换意见。加盟总部不能等着加盟者遇到问题找上门才做出反应，而应积极与加盟者保持联系，尤其是在冲突出现时，双方应立即协商，不要等到冲突扩大，以至于演变成危机。许多加盟总部都采用各种方法，如即时通信、公告、手册以及电话来加强与加盟者的沟通，互联网技术的发展为加盟双方的信息交流提供了最有效的手段，加盟总部应充分利用好这个手段，及时了解加盟者的情况。下面是加盟总部对常见问题的解决方案，见表8-1。

表8-1　　　　　　　　　　　　　加盟总部对常见问题的解决方案

冲突原因	解决方案
加盟者抱怨商品价格太高，没有竞争力	重新挑选优良的供应商，或督促现有供应商改进管理，降低原材料和产品的成本
加盟者抱怨广告的促销方式落后，没有效果	重新设计宣传推广方案，接受加盟者的建议，下放一定的权力让加盟者自行做广告
加盟者抱怨运营手册不完整，许多问题找不到解决方案	利用加盟者的经验来帮助更新运营手册，借助特许经营顾问委员会研究问题的解决方案

冲突原因	解决方案
加盟者抱怨培训效果不佳	建立强大的培训计划，选择良好的培训师，改进培训方式
加盟者抱怨加盟总部信息不公开	改进即时通信的方式，设立24小时咨询热线，在公司网站上经常反映公司的动态，提高信息透明度
加盟者抱怨加盟总部对店址评估有误	评估并改进加盟总部和加盟者对于选址的标准，协助加盟者迁移或进行补偿
加盟者抱怨加盟总部的产品单一，缺乏竞争力	在充分的市场调查的基础上，不断开发新产品，提高产品的质量
加盟者抱怨督导人员缺乏经验，不能提供有价值的参考建议	严格选择合适的人担任督导员，并经常培训督导员
加盟者抱怨加盟总部的服务跟进不够	改善服务的质量，加强沟通，增加相关的服务人员
加盟者抱怨加盟总部人员高高在上，不了解下面的情况	通过制度规定督导员必须一星期巡访加盟店的次数，经常了解分店运作的情况；建立内部投诉电话，提高加盟总部人员的服务水平
加盟者抱怨门店业绩不理想	与加盟者共同分析门店经营中的问题，并提出相应的改进措施，在招募加盟者时降低加盟者对盈利的期望
选择了错误的加盟者	培训加盟者，或帮助寻找新加盟者接手门店的业务；改进招募程序和招募标准；选择更有经验的招募人员

小思考8-2　为什么说风险规避的最好方法是风险识别和风险防范？如何识别风险产生的苗头？

8.3　加盟商的风险规避

案例8-3

从"狂飙"到"速冻"，2元面包店为何大面积闭店？

在当下的消费市场中，2元面包曾如一颗耀眼的新星，以低价优势迅速吸引众多目光，门店如雨后春笋般在各地涌现。然而，好景不长，从2025年开始，大量2元门店相继闭店。社交平台上，"最快倒闭的2元面包店""加盟2元菠萝包被割韭菜"等帖子频发，反映出加盟商普遍面临亏损困境。这背后究竟隐藏着怎样的原因？

一方面，目前市面上许多2元面包门店，均由品牌方统一配送半成品，加盟商只需在店内进行简单加工和烤制即可。然而在实际操作中，部分品牌方为短期牟取暴利，根本不具备自有工厂，而是随意采购外部拼凑而来的半成品。这导致各批次产品在味道、硬度、外观、口感等方面差异巨大，严重影响顾客消费体验，进而造成顾客流失。缺乏自有工厂还意味着没有标准化的生产流程，烘烤全凭人工操作，火候依赖个人经验，产品质量难以保证。

另一方面，租金、人工成本与低价策略之间的矛盾愈发突出，客单价仅5~8元难以覆盖运营成本。从价格上看，2元面包确实让消费者享受了实惠，但从成本角度而言，低价设定与门店开店成本之间存在巨大矛盾。租金方面，2元面包店虽多选址于社区和校园周边，租金相对低廉，但随着该模式店铺密集开设，顾客消费被严重分流和稀释，单店营收难以平摊租金成本。人工成本上，不少2元面包店主打手工制作，店内员工虽仅需1到2天培训，但日常薪资支出仍是一笔不小的开支。除上述成本外，原料成本也不容小觑。加上馅料、水电和人工，普通甜面包原料成本至少1.3元。若再算上店铺租金和损耗，以这样的客单价实现盈利难度极大。

最后，2元面包行业扩张过快，加盟乱象丛生。由于2元面包店门槛低、可复制性强，不少主打短期收割的品牌方，以低成本、高回报的"造富故事"吸引加盟商。一是编造"暴富"案例。部分品牌方在抖音、小红书等平台以"创业者自述"形式发布虚假文案，诸如"95后裸辞开2元面包店，月入18万元"，"0经验小白开店3个月买新车"等，用夸张收益数据吸引眼球。二是虚构门店流水数据。品牌方在社交平台宣称"50平方米小店日营业额2万元""日翻台超20次"等，用"高流水"包装"成功模板"。于是，大量加盟商被"低投入、高回报"吸引，跨行进入烘焙行业，其中不少人毫无餐饮经验。

由此可见，2元面包店的加盟乱象本质上是"快招模式"与"长期经营"的冲突。品牌方靠营销快速圈钱，加盟商缺乏理性评估，最终导致行业"大起大落"，这也是低价赛道野蛮生长的必然代价。

资料来源：小贝. 从"狂飙"到"速冻"，2元面包店为何大面积闭店？[EB/OL]. (2025-05-26) [2025-07-07]. https://mp.weixin.qq.com/s/r3ED7U_y1YdhBGOENe6AcQ.

加盟商的风险来源有很多，有来自自身能力不足的风险，有来自加盟总部管理不善的风险，更有来自恶意的特许经营欺诈的风险。对前两大风险来源的规避，对于加盟商来说相对容易解决，其解决的出发点就是尽快做出判断，尽量减少损失。加盟商需要重新评估自己的能力和加盟总部的管理能力，一旦发现不适合加盟，即使已经签约了，也必须立即退出。一般情况下，加盟总部也希望招募到有能力的加盟商，对于能力不足的加盟商在退出时比较容易达成谅解。但对于第三种风险来源，即特许经营欺诈的风险，这就需要加盟商高度防范，避免陷入欺诈陷阱。下面主要就特许经营欺诈风险来谈谈加盟商的风险规避方法。

8.3.1 仔细识别加盟陷阱

每一个加盟者的成功都依赖于加盟总部的经营状况，如果加盟总部的经营出现了问题，那么，即使加盟者是最优秀的管理者，他也会发现自己的事业和投资正处于危险之中。正是因为加盟总部的经营状况与加盟者的成败息息相关，选择合适的加盟总部就显得十分重要了。由于特许经营对缺乏经验的投资者有很大的吸引力，一些投机分子或商业骗子便会利用人们对特许经营不了解而又感兴趣的弱点，钻法律的空子，使用种种"障眼法"，骗取投资人的信任，进行各种诈骗活动。因此，投资者若想加入特许经营组织，在选择加盟总部时，要小心谨慎，千万不要轻信加盟总部的一面之词，需要自己进行冷静的判断与分析。

8.3.1.1 对加盟总部的甄别重点

在前面的章节中我们已经详细地分析了加盟者选择加盟总部要注意的几个方面，包括要考虑加盟总部所在的行业、加盟总部发展和经营的现状、其他加盟者对加盟总部的评价、加盟总部可提供的帮助和支持、合约的内容以及特许经营费用等。这里，加盟者要避免日后的风险，需要对加盟总部的后续支持能力进行仔细甄别。加盟者可以从以下几个方面分析加盟总部的支持能力：

（1）分析加盟总部督导人员的数量是否足够

任何政策的推动，都需要通过人的运作来完成。以便利店为例，基本7家到15家，加盟总部就应该设有一位专门负责辅导该区域的督导人员。假设该加盟总部现有300家加盟店，光是督导人员至少就要有20位。所以，投资者在考察加盟总部时，不妨认真对照一下该加盟总部督导人员与现有加盟店的比例，如果差距太大，则意味着将来加盟总部对加盟店的后续服务与支持可能会出现力不从心的状况，投资者需要多加考虑。

（2）加盟总部应具有一定数量的直营店，可以保证督导人员的素质和水平

督导员的工作属于专业工作，应该有多年丰富的实践经验才可能胜任，不是加盟总部随便对外招募一个人就可以胜任。如果加盟总部没有多少加盟店，意味着加盟总部的督导员也没有实际锻炼的机会，只是通过口头培训培养出来的，这样的督导员服务能力有限，只会对加盟店进行管制，不会对加盟店提供任何帮助。如果加盟总部有一定数量的直营店，加盟总部为了培训与留住人才，会从直营店挑选优秀的管理人员担任区域辅导的工作。这样的督导人员，具有门店的实践经验，在与加盟店协调沟通的过程中，能够真正地体会到门店经营的困难，提出正确的建议，而不会成为加盟总部的单向传声筒。

（3）加盟总部应具备完善的管理制度和信息沟通渠道

真正拥有一套完整的管理办法的加盟总部，一定会有一些相关的表格，如营业日报表、单日营收统计表等，要求加盟者按时填报，加盟总部可以根据上报的数据掌握加盟店的经营情况。一旦出现经营问题，可以及时发现并进行修正。所以，当加盟店经营状况不理想时，加盟总部要对症下药，不能单凭直觉，一定要结合加盟

店平日上报的报表与数据进行解决。如果该加盟体系没有报表和数据，则说明该体系管理比较混乱，加盟总部对加盟店的经营情况完全不了解，希望得到它们的帮助是不现实的。

（4）加盟总部应具备成熟的关键技术

对于经营状况良好的加盟总部，其管理制度应该是健全完善的，经营模式应该是经过市场检验的。加盟者一定要明白，这些加盟总部之所以具备一定的规模，其Know-How的建立已经经历了多次的市场洗练，这样的加盟总部，执行标准、管理范围虽然会比较严格，但这一点正是保证体系成功的基础。一般来说，这样的加盟总部对自己经营的Know-How有信心，加盟者只要按照规定进行运作，大多数都能成功。

8.3.1.2 特许经营欺诈的识别技巧

特许经营欺诈是加盟者面临的最大风险。一些不法分子打着特许经营的牌子圈钱、搞传销，而投资者经验不足，很容易上当受骗。加盟者要避免这一风险，关键要练就一双"火眼金睛"。前面介绍的评估内容更多的是针对该特许经营体系本身的成熟度及对加盟者的适合程度而言的，这里还要着重介绍一些选择的注意事项，以便投资者及早发现特许诈骗的苗头。

小资料8-1

13种常见的加盟陷阱

1.加盟总部的人员告诉你这是一项很赚钱的特许经营业务，而你却发现加盟总部只是一个自然人而不是一个法人机构。毫无疑问，这是骗子公司，因为自然人不具备开展特许经营的资格。

2.加盟总部的人员告诉你这是一项很赚钱的特许经营业务，而你却发现他的商标不是注册商标，不受法律的保护。商标不注册的业务风险很大，因为不受法律保护的商标要么就是不属于他的商标，要么将来可能会被他人模仿或被抢先注册，要么从头到尾就是一场骗局。

3.加盟总部的人员告诉你这是一项很赚钱的特许经营业务，而你却发现这一项目仅仅是个概念，加盟总部没有自己的直营店，甚至也没有几家加盟店。当你质问他时，他却告诉你"现在是知识经济时代，知识就是金钱"。虽然知识可以是金钱，但是没有经过实践证明过的知识则可能是伪知识。

4.加盟总部的人员告诉你这是一项很赚钱的特许经营业务，加盟总部向你保证只要你投资就能100%赚钱。不要相信他的话，任何投资都有风险，100%赚钱的项目是没有的，如果你信了，结果100%赚钱的是他而不是你。

5.加盟总部的人员告诉你这是一项很赚钱的特许经营业务，不管你是谁，只要你买够几十万元的产品就可以加盟。千万不要相信，因为加盟总部就是靠加盟者帮他推销产品，他应该感谢你帮他推销产品，结果你却还要向他交纳加盟费。

6.加盟总部的人员告诉你这是一项很赚钱的特许经营业务，但公司的老总很忙，忙得连签订合约的时间都抽不出来。千万要注意这种情况，你与公司接触了几次，对方都让你无法知道整家公司的主管是谁，或者让你无法接触到公司的核心人物，甚至连签约的时候都不露面，你就要考虑一下他是否设了合同陷阱。

7.加盟总部的人员告诉你这是一项很赚钱的特许经营业务，当你想了解加盟商的经营情况时，他们却支支吾吾地告诉你不要打扰他们，要你"扫好自家门前雪，莫管他人瓦上霜"。这种情况你也要好好地考虑一下，因为骗子公司总是不希望你知道他人被骗的经历和真实的情况。

8.加盟总部的人员告诉你这是一项很赚钱的特许经营业务，在你还没有充分了解该公司业务的情况下，便要求你立即做出投资的决定。"时间就是金钱"，否则你就没有这么好的优惠条件了。打折的业务永远不是货真价实的业务，等你加盟进去，你会发现你的盈利机会也被打折了，甚至被打没了。

9.加盟总部的人员告诉你这是一项很赚钱的特许经营业务，不管你的能力和经验如何，只要你肯"杀熟"，介绍亲朋好友加入，赚钱的机会就会大大提高。或者听到介绍人说："我是你的好朋友，我才介绍给你，别人很难有这样的机会。"这种情形千万要谨慎，因为他们100%是披着特许经营的外衣干着传销的勾当。

10.加盟总部的人员告诉你这是一项很赚钱的特许经营业务，可你却发现每次你与公司的人员商谈时都是不同的人接待的，你问原因为何，他们却振振有词地回答："我们是铁打的营盘流水的兵，干事靠体系不靠人。"如果公司连人员都留不住，很难想象这项业务会留得住加盟者。

11.加盟总部的人员告诉你这是一项很赚钱的特许经营业务，只要你做出一笔投资，便可安坐家中坐享利润。天上是不会白白掉下馅饼的，如果你不努力就指望天上能够掉馅饼，得到的只能是一个陷阱。

12.加盟总部的人员告诉你这是一项很赚钱的特许经营业务，但是后续的权益金必须按一个周期来收，一个周期是3年至5年。这种情况不能表明加盟总部是在谨慎行事，而只能说明他们没有信心在以后的3年至5年收到权益金，或者赚一把就走，根本别指望会有以后。

13.加盟总部的人员告诉你这是一项很赚钱的特许经营业务，但当你要认真研讨"特许经营合同"的条款时，他告诉你"我还会骗你吗？什么都好说，别拿合同伤了咱俩的和气"。这种情形要注意，生意是生意，朋友归朋友，如果两者不分，到头来只能是既丢了生意又丢了朋友。

资料来源：佚名. 12种常见的加盟陷阱［EB/OL］.［2025-07-06］. http://www.ppzw.com/Article_Show_19286.html.

作为一个投资者，在选择加盟总部时遇到上述情况一定要小心，上述这些情况都有可能是骗子公司借特许经营的名义进行诈骗。要时刻保持高度的警惕，这一点对加盟者非常重要，尤其在选择特许经营加盟总部时，不要轻易相信加盟总部的任何承诺和无根据的数据，不要在没有任何考察的情况下就头脑发热地签下合约。即使完成了全部的考察分析工作，最好也要给自己留一个冷静期，不要"趁热打铁"，抱着"机不可失"的态度匆忙决定。加入特许经营体系以后，也不能完全信赖加盟总部，自己要有自己的想法。要对加盟总部的经营策略提出改进的建议，毕竟是自己的事业，要对自己负责，完全依靠他人是做不成大事的。

8.3.2 全面考察加盟总部的情况

8.3.2.1 考察加盟总部的资格证件

（1）审查加盟总部的营业执照

主要看其开业的年限，这反映了企业的从业经历。如果加盟总部从事特许经营的年限比较长，加盟商的风险相对就比较小；如果较短，因其经验不足可能给加盟商带来的风险相对就比较大。以特许经营作为手段进行诈骗的加盟总部，从事特许经营的时间一般不长，如果一个特许经营企业刚刚开业一年，号称"知名品牌""有100个加盟者"，显然不值得相信。

（2）审查加盟总部的商标注册证、专利权证书

这包括商标是否已经进行了注册，是否取得了注册证书，是否有争议和诉讼，注册类别与被许可使用的类别是否一致，许可使用的时间、空间、业务种类限制，是否有明确的商标保护等。还要注意三个方面，即专有性、时间性和地域性。专有性就是要看权利人是否是该特许经营的企业；时间性就是要看商标权、专利权的有效期限，因为商标权有效期满后可以延长，而专利权有效期满后即成为社会公用的财富，如果这个环节审查不清极易上当受骗；地域性是指选择外国品牌或中国港澳台地区的特许品牌时要审查该品牌是否也在中国大陆注册了。上述这些证件的审查必须看原件，因为复印件比较容易造假。另外，对于从国外引进的特许经营项目，一定要注意审查该项目在原创国的基本情况，并审查国外项目公司对其中国特许经营推广商的授权证书和该项目在中国商务部门的批准证书。因为有的不法分子以所谓的国外品牌在中国开展特许经营，其实国外根本就没有这个品牌。

（3）审查加盟总部的住所是否存在

有的不法分子以特许经营的名义进行商业欺诈，其住所可能并不存在。有的租期很短，必要时要调查其租期，包括是否按时向房主交纳了房租。

（4）审查加盟总部的注册资金

如果加盟总部的注册资金少，实力相对较弱，业务模式的成熟性就可能偏低，同时，其能够承担的法律责任就小，加盟商的风险相对就要大一些。

8.3.2.2 考核加盟总部披露的信息

《商业特许经营管理条例》规定，加盟者有权要求特许经营企业披露其经营状况、经营业绩、财务状况、人员组成、为加盟者提供的服务项目等信息，对这些信息应逐一审查其真实性。必要时可以走访有关的部门或者提请律师、会计师代为审

查。审查时主要注意两个方面：真实性和全面性，即加盟总部所宣传的资料是否真实，所披露的信息是否全面。

关键的信息包括加盟总部的费用、加盟店的数量、加盟合约的解约情况、加盟总部卷入诉讼案件的情况等。加盟总部收取的费用一般包括：加盟费、权益金（品牌使用费、管理服务费等）、保证金等。加盟费是一次性收取的，权益金可以按照使用加盟总部特许的时间或者使用量（比如销售额、使用次数等）收取，保证金应该在合作终止时退还。加盟总部收取这些费用并非越少越好，如果不收取这些费用，那么其一定有其他的收入来源。收费少，不足以维持特许经营体系，加盟总部对加盟商不提供服务，这样的特许经营体系没有生命力，加盟商的风险就比较大。如果加盟总部有合约解除的情况，一定要了解是什么原因导致了合约的解除，加盟总部的因素有哪些，加盟商的因素有哪些。如果加盟总部有知识产权诉讼案件，一定要了解是侵权还是被侵权。属于侵权的，说明其知识产权的权属有问题，不宜加盟；属于被侵权的，也要慎重加盟，看其品牌受到侵害的程度，以及加盟总部采取哪些措施去维护品牌。

这里特别要注意的是加盟总部披露的有关企业经营状况信息。《商业特许经营管理条例》中规定，特许人应当向被特许人提供在中国境内现有的被特许人的经营状况评估的信息。《商业特许经营信息披露管理办法》进一步规定，特许人进行信息披露应当包括以下内容：对被特许人进行经营状况评估，特许人披露被特许人实际或预计的平均销售量、成本、毛利、纯利的信息，同时应当说明上述信息的来源、时间长度、涉及的特许经营网点等；如果是估算信息，应当说明估算依据，并明示被特许人实际经营状况与估计可能会有不同。但事实上，加盟总部对外广告宣传中的被特许人从事特许经营活动收益的内容，常常被加盟者视作总部披露的经营状况评估信息而加以相信，过后又由于广告宣传与实际不符而产生纠纷。必须注意，广告宣传不能等同于"信息披露"，特许人披露的被特许人"经营状况评估"应当是书面的，而不应该是电子的，也不应该是通过声音来传播的。特许人自己设计制作的宣传手册，仅仅用于特许人的宣传目的，而不是用于信息披露的目的。如果加盟者要求特许人承诺未来经营收益，必须将内容明确地写进合同中；否则，不能以广告宣传的收益作为加盟后自己的经营收益标准，达不到则指责加盟总部违约或信息披露不真实。

8.3.2.3 考察门店的经营情况

根据《商业特许经营管理条例》的规定，企业必须拥有至少两家直营店才有资格开展特许经营活动。因此，如果特许经营企业没有两家直营店，它是没有资格从事特许经营活动的。考察门店的经营，一是要看直营店，二是要看加盟店。

考察直营店或样板店经营，主要是考察直营店经营是否规范、经营项目的市场适应情况如何。如果样板店生意好，一定要详细考察生意红火的原因，看其是否具有普遍性，同时注意看样板店的各方面环境、条件与投资者规划中的加盟店是否具有可比性。

考察加盟店的经营，主要选择几家与自己经营环境相似的加盟店，观察并向加盟店老板和员工了解其经营情况，判断加盟店的经营情况与加盟总部承诺的是否接近。从一定程度上来说，加盟店更能真实地反映特许经营体系的状况和盈利能力。加盟者与潜在加盟者立场一致，更容易获得真实、准确的信息。

值得注意的是，有个别特许经营企业为了迷惑投资者，故意制造直营店或加盟店的虚假繁荣景象，以欺骗投资者。因此，投资者不能光看加盟总部推荐的企业，还要看没有推荐的企业，最好自己去考察，不要由加盟总部的人员带领去考察。考察的时间要长一些，才能了解真正的市场行情。

如果有条件，投资者最好向考察店的顾客进行一些调查，有计划的问卷调查更好，考虑得会更周全，获取的信息更有针对性。顾客才是真正了解加盟项目和竞争对手区别的人，如果是顾客都认可的项目，这一项目的市场前景应该不会有问题。

8.3.2.4 考察加盟总部的机构设施

投资者加盟一个特许经营体系，除了希望获得有一定知名度的商标外，还希望获得加盟总部的培训和后续的服务支持。因此，考察加盟总部的培训机构和服务支持系统是否完备也是非常重要的环节。服务支持体系体现在加盟总部对加盟者的支持、指导和监督方面，不同的行业，监督指导的内容不完全一致，一般包括选址、门店设计、设备的安装调试、营业即时指导等。

培训中心是一个重要部门，培训制度的完善直接反映了加盟总部的经营理念和成熟程度。目前很多加盟商缺乏生意经验，要保证生意的高成功率，非常需要加盟总部的培训支持。从店铺形象、陈列指导，到货品管理、促销手段的运用，如果公司能够有一整套培训方法，那加盟者生意的成功就有了一大半的保证，反之则前途渺茫。加盟总部应该有比较完善的培训机构、培训设施和详细的培训计划，如果加盟总部在招商时不能真实地展示培训设施，不能提供已开展过的培训信息，不能充分地说明培训计划，加盟商可以对其培训表示怀疑。考察培训中心除了要看培训设施以外，还要看其教师的组成、课程设置、教材的编写以及培训、实习场所的规范化程度等情况。

要了解一个公司管理培训加盟店的水平如何，多看几家不同地区的店，情况就一目了然了。麦当劳、肯德基这些国外的成熟品牌运作得很成功，跟这样的公司合作，从第一天开始，公司就会为加盟者制订详细的培训计划，哪怕加盟者原先的经验为零，也丝毫不用担心，只要按照培训计划进行学习，就会成为一个合格的专业加盟店的管理者。而国内很多公司对培训都不太重视，尤其是骗子公司，基本上不会有什么培训计划和培训基地，在收了加盟者的加盟费和货款之后，就无声无息了，既没有培训课程，也没有培训资料。对毫无经验的新手加盟商来说，这几乎就等于断送了一半的生意成功的可能性，剩下的只能是靠自己做生意的天赋了。

大多数行业的加盟总部都应该给加盟商提供配送服务，部分因为行业特点可能没有配送服务，比如教育行业、中介行业能够配送的物品就比较少。配送系统是企业发挥规模效益的重要职能部门，配送系统是否完备也是衡量特许经营体系是否成熟的重要标志。加盟总部提供配送的物品应该包括其专用物品，比如公司一些专用的原辅料和设备、零售企业统一采购的商品等。如果加盟总部不设配送中心，或没有专有物品的配送，则说明它的商业模式很容易被模仿，或者可能有欺诈，它也许并不打算提供配送服务。加盟总部还可能对统一配送的物品指定供应商，加盟商就应该对供应商进行考察，考察其供应的商品有无同类商品，与同类商品相比较，其性能、质量、价格、服务是否具有优势；否则，加盟商有权拒绝指定的供应商。

8.3.3　谨慎签订加盟合约

8.3.3.1　认真分析合约的内容

目前，国内尚未制定一套监管特许经营的法规，加盟特许经营的投资者只能依靠自己的商业眼光去评估这项投资，在签订合约之后则受到《中华人民共和国民法典》的保护。所以加盟者在投资开业前应对加盟总部及其业务进行深入的了解，在可能的情况下，加盟者要对加盟总部所提供的资料进行仔细审查，如发现有疑问的地方，要向总部发问，并要求书面的回答或把加盟总部的承诺和保证反映到加盟合约中。只有这样，加盟者的权益才能够获得法律的有效保护。

当然，在大多数情况下，加盟合约的基本条款是由加盟总部制定的，为维护整个系统的统一性，加盟者对合同条款几乎没有修改的余地。即使这样，加盟者也应该慎重地研究加盟总部拟好的每一项条款，看是否有明显不利于加盟者的地方，并据理力争。如果理由充分，加盟总部也会做出让步，给予一定的修改。加盟者若对合同的条款没有把握或缺乏经验，最好找一个有经验的律师代为审查，以免遗漏一些重要细节。

特许经营合约的签订及履行虽然与当事双方的利益关系密切，但由于合约的内容一般由加盟总部来拟定，相对来说，合约内容会对加盟总部更有利一些，而加盟者则处于被动接受的地位。为了规范特许经营市场，保障特许经营当事人的合法权益，一些地方的政府开始考虑制定范本合同。已出台的示范文本条款相对更为明确、全面，双方权利义务对等。建议广大投资者在与加盟总部签订特许经营合同时，提出使用示范文本的要求，以保护自身的合法权益。下面主要分析加盟者在合约签订及履行时应注意的事项及涉及的法律问题。

加盟者在签订合约时一定要仔细推敲每一项条款，看是否有明显对自己不公平的地方，以及是否有含糊不清的地方，特别是一些关系加盟总部义务的关键字眼。另外，要将双方协商时加盟总部所做出的承诺全部反映到合约中，以作为日后的依据，不应只凭口头承诺作为合作的基础。在签约时，还应特别注意以下问题：

（1）加盟总部的产业权益

特许经营的一大特点是加盟总部准许加盟者利用他本身已经建立的商誉及在业务运作中所需要的知识产权，其中包括商标或服务商标、版权、专利权等。因为加盟店业务成功在某种程度上是依赖加盟总部的产权，为保障加盟者的权益，在洽谈过程中投资者应该仔细核对加盟总部赋予的产权，包括服务和品质控制，保留产权运用和发展等。加盟者在核对加盟总部的产权时，要特别留意加盟总部的商标、专利的专有性、时间性、地域性及法律状态。

专有性是指依法注册、申请的商标、专利具有专有性，即权利人独占或垄断知识产权的专有权利受到国家法律的保护，任何人不得非法侵犯。

时间性是指商标、专利的法律有效时间。我国注册商标的有效期是10年，每申请续展一次可延长10年的有效期。发明专利的有效期为20年，实用新型和外观设计专利权的有效期为10年，均自申请日算起，专利权不可续展。

地域性是指注册的商标及专利受法律保护的地理范围。在我国注册、申请的商标和专利受我国法律的保护；未在我国注册、申请的商标和专利不受我国法律的保护。

法律状态是指受法律保护的情况。《中华人民共和国商标法》规定商标需在期满前申请续展，否则注销其商标。《中华人民共和国专利法》规定专利需交纳年费，没有按规定交纳年费的，专利权在期满前终止。此外，专利权可以因为不具备新颖性而被宣告无效。

因此，加盟者在签订合约时，要了解加盟总部授予的商标、专利是否属于加盟总部的专有权，有无国家颁发的证书；该商标、专利是否在法律规定的有效期内。如果是引进国外的特许经营项目，应了解该商标、专利是否在本国申请了法律保护；该商标、专利的法律状况如何，是否因未交续展费或年费而被终止，或专利权因丧失新颖性而被宣告无效等。

（2）地域限制

为了保障投资利益，加盟者应该享有独家地域权，以避免恶性竞争带来的不良后果。因此，在合约中应说明加盟总部在加盟者区域内不再指定其他投资者经营该业务，也不能将其制造的产品或商标交给第三方使用。从加盟总部一方考虑，若地域权过大，则影响其业务发展的速度。为平衡双方的要求，双方往往会先为该地域预定业绩目标，作为日后更改地域权的依据。

（3）加盟费及收费方法

加盟费是一个十分敏感的问题，合同不仅应该明确费用的标准，还应该明确收费的内容和收费方法，尤其是后续费用，是按年收还是按季或按月收取，以及在什么日期收费。国内特许经营公司还有一大特点，就是加盟费一次收完，与以后的利润分成毫无关系。这与国际特许经营公司除了要求加盟商交纳加盟费，还将日后的部分利润或销售额分给特许方的情况完全不同。

（4）合作年限

合约必须注明合作的有效期，基本上特许经营业务的合作应该是长久的，但是在国内，一般的商业租约都不得超过五年，所以合作期限都不能过长。从加盟者的角度看，该合作年限应该足够让他把这项投资收回来，并可取得预期的回报。在理想的情况下，加盟者应该有续约的权利和迁移加盟店的权利。

8.3.3.2　合约履行的法律问题

加盟者要事先了解在什么情况下才算按照合约内容履行了各自的义务和责任，首先必须以客观和合理的标准去解释该合约，并决定双方权利和义务的性质、范围，然后在实际的环境下界定双方是否执行了合约的要求。在分析加盟总部及加盟者的责任和义务的性质、范围时，还要注意以下几点：

（1）要履行的是什么

在特许经营合约上，加盟总部一般会向加盟店提供有关业务上的帮助，以便加盟店在开业时和开业后，能够顺利地运用加盟总部所制定的经营模式。所以加盟者应该预先了解加盟总部在这方面的义务，才能有效地获取预期的效果。另外，加盟者亦应了解自己所应履行的义务，以确保自己也同样能够遵守合约的要求。法律的要求是严格的，任何一方没有权利单方面改变指定的义务和责任，无论其他代替品或方式与指定的一样好还是比指定的更好。

（2）要何时履行

在一般的特许经营合约上，有指定履行承诺的时限条款，而当事人必须在规定的期限内履行义务和责任。但有些承诺是有先决条件的，例如，加盟总部在接到加盟者要求提供技术的援助后，在合约上所承诺的责任才会产生。此外，有些承诺是需要同时进行的，在这种情况下，除非其中一方是愿意及有能力履行的，否则另一方并没有权利要求对方先行履行合约上的条款。在特许经营合约上，加盟总部为加盟店提供货品及广告等服务的责任与加盟者交付货款及服务费的责任，是属于同时履行的条款，另有协议除外。其余的承诺，一般被视作独立的条款，不论与履行合约的义务有关与否，都要在规定的时限内履行。若在指定的时限内或之后的一段时间（如时间并非要素），未履行合约，除非无辜者能证明给其带来了不可弥补的后果或损失，否则其无权把延迟履行当作解除合约来处理，但他仍然有权要求给予合理的赔偿。

（3）在何处履行

合约内一般都指定履行义务的地点，若该地点并没有在合同上列明或暗示出来，而履行该义务又需要对方在场，则承诺人必须找到对方在他的地点履行。在特许经营合同上，大多都要求加盟总部定期到加盟店提供各方面的技术援助或给予指示等，另外，加盟者亦要派员工到加盟总部的培训中心接受培训等，这些条款都已经把履行责任的地点说明了。

除非在双方同意或在可恕的情况下，加盟总部和加盟者须完全履行合约上所有的义务和责任，而不按合同履行的一方则属违约，并要承担违约的后果。在法律中，可恕的情况包括：①错误；②错误引导；③强迫及不当影响；④违法或对公众利益有损；⑤无能等。当可恕情况出现时，合约是自始无效，犹如双方并没有订立合约一样。但如果合约已有部分履行，而那项条款是可以分割的，则法院在许可的情况下会删除那项条款中非法或无效的部分，以便让无辜的一方决定是否撤销合约或要求补偿。至于合约条款属于可分割还是不可分割的，须视合约的阐释情况和双方在订立合约时的意向。

8.3.3.3 明确业务退出机制

加盟者在签订合约之前就要明确业务的退出机制，这种退出既可能是获得预期的投资收益之后的主动退出，也可能是因为没有达到预期目标而放弃的被动退出，甚至还包括其他原因的自愿转让等。退出方式主要有三种形式，加盟者要了解每一种形式的退出可能涉及的法律和财务两个方面的问题。

（1）合同到期

合同到期后，如果没有续约，加盟者就自动退出了该特许经营体系，不能继续使用特许人的商标、商号、专利等一系列知识产权。一般情况下，加盟者还被要求在合同到期的一定期限内不得从事与原特许经营业务相同或相近的业务，不得有意泄密或不当牟利，这就涉及之前加盟者投入的设备和库存材料如何处理的问题，最好在合同中注明：若不能续签，总部必须对加盟者的专用资产进行价值评估并予以合理回购。加盟者要尽量争取减少退出时的财产损失。

（2）转让授权

如果在合同期内，加盟者因故需要放弃授权，并且在征得加盟总部的同意之后，向第三方转让网点及授权，就可以在不违反原合同的情况下，退出特许经营体系。这时，加盟者需要考虑几个方面的问题：一是寻找合适的买家，并帮助买家获得总部的认可和批准；二是与收购者议价，收购的价格应包括对原加盟者的网点固定资产的价值评估，也应包括对授权本身价值的评估；三是要处理好一切与转让相关的法律手续。

（3）加盟总部回购

加盟者主动或被动向加盟总部转让网点并放弃授权，这种情况目前在实践中出现的频率较高。一方面，一些不负责任的加盟总部可能在招商阶段做出虚假的回购承诺，声称如果加盟店的效益低于一定的水平总部会回购网点，但当加盟者真的因为业绩不佳要求总部履行承诺时，总部又会以各种理由拒绝；另一方面，有些总部可能会预先设定优先回购条款，强行回购一些市场状况和业绩较好的网点，使之转型为直营网点。上述两种做法都会损害加盟者的利益。所以，加盟者在签订合同之初，就必须约定好回购的发起条件、时机、价格等一切与回购有关的权利义务，必要时可以请求律师、会计师等专业人士予以帮助。

8.3.3.4 签约时的注意事项

（1）尽量避免未经任何调查就进行现场签约

一些不法公司在现场搞有奖促销、立即签约的目的，就是要激发投资者产生非理性的冲动，在不明底细的情况下仓促签约，不给予充分时间商讨其预先准备好的合约条款。即使投资者进行了周密的调查，也要给自己留有一定的冷静期，在全面衡量之后再考虑签约一事。因为一旦签约，加盟关系就不可以随便更改了。

（2）在签约时，要注意加盟总部所用名称的合法性

要注意加盟总部在宣传中、签约中使用的企业名称与其在有关部门注册的企业

名称是否一致。如果不一致，则要求加盟总部进行合理解释。为避免曾经出现的招募公司和加盟者实际签约的公司不一致的情况，加盟者在签约时应当要求特许经营企业出示其营业执照正本，仔细核对并确认签约的合同方是自己准备加盟的公司，且特许公司的名称须与营业执照一致，必要时可请律师在现场进行见证。

（3）在签约时，由业务人员作为授权代表签字的情况

如果特许经营企业的法定代表人不亲自签约，而由业务人员作为授权代表签字，在这种情况下，法定代表人应签署委托书给代表人，加盟者须审核法定代表人委托书的真实性，并留有存根，以便在将来发生诉讼时可以作为合约依据。

8.3.4　及时寻求法律的保护

许多骗子公司一旦实现了圈钱的目的之后，之前所有的承诺都不会兑现，后续服务皆成一纸空文。对于特许者指责其违约或要求退出，他们一味地采取拖延战术，到了一定时间，就溜之大吉。如果在特许公司消失之前，加盟者毫无警觉，则事后醒悟已经悔之晚矣。因此，加盟者一旦发现加盟总部形迹可疑，需要立即警觉，并获取证据，及时投诉，寻求法律的保护。

在这种情况下，加盟者一定要有充分的自我保护意识，在与特许经营企业交涉时，注意保存证据，及时依法维权。加盟者可以向当地政府主管部门举报，请求主管部门予以查处。同时，为了捍卫自己的合法权益，加盟者可以根据加盟合约约定的争议解决方式依法提起仲裁或诉讼，并可以同时提出财产保全或证据保全，以防止特许经营企业转移财产或销毁证据。

尽管我们一再强调加盟者需要做好最坏的打算，随时准备寻求法律的保护，但是目前骗子公司的手法层出不穷，要求毫无经验的加盟者能够识别清楚骗子的把戏也确实很难。一般走到这一步，已经能够确定加盟者必然要受到相应的损失，那么只能寻求法律的保护来尽可能挽回一点损失。所以，警惕特许经营欺诈，关键还是在于"防"上，而不是在事情发生后的弥补上。

一些骗子的确很狡猾，有时他们将进入门槛设得很低，首期只要付出区区几千元的保证金就可以了。骗子的思路就是：门槛设得低一点，客户加入的可能性就更大一些，以后这笔钱被黑掉之后，受害者也不会为了区区几千元钱来花大量的精力予以追回。即使受害人报案，这些骗子都是有备而来的，收手之后也很少会给警察留下痕迹。这种官司很容易扯上经济纠纷，公安部门也不方便直接出面处理。因此，加盟者要想在上当之后挽回自己的损失，一般都比较困难。一名普通的加盟者很难负担得起高昂的诉讼费用，包括找到所有的证人、使他们宣誓作证、提供文件、雇用调查员、聘请能力强的律师等。

由于单个加盟者的经济实力是无法与特许经营企业的经济实力相抗衡的，即使上诉也不一定能胜诉，加盟者要想在与加盟总部的斗争中取得胜利，除了需要在经营过程中特别留意保存各种证据外，还要走联合起来发展的道路，积极争取媒体和政府的关注，请求法律专家的帮助，还是可以在一定程度上改变现状的。

因此，对于受骗的加盟者来说，最好的办法是联合起来共同寻求法律的保护，造出声势，引起政府和媒体的关注。但遗憾的是，现实中很多受骗者无法为了共同的事业而联合起来，这里主要有三大障碍：第一个障碍是害怕。一些受害尚不深的加盟者害怕会受到特许经营企业的报复，他们认为如果自己保持沉默，特许经营企业可能不会这样对待他们。第二个障碍是冷漠，如果还没有欺负到自己头上，为什么要管这些闲事。于是，当某一加盟者被特许经营企业不公平地排挤出去时，其他的加盟者只愿意悠闲地站在一边袖手旁观。第三个障碍是独立精神。加盟商都是独立的个体，他们的企业家精神阻止他们不要与其他人形成一个团结的团队，多数加盟者希望独立地解决他们自己的问题。所以，我们经常可以看到这样一种现象，只有大家真正感到绝望了，每一个加盟者都成为真正的受害者，他们才会联合起来，共同声讨，可惜这时已经失去了最佳的时机。而如果体系中有一个加盟者受到伤害，大家都为了他的利益也是为了自己将来的利益共同行动起来，一般事情也不会发展到最坏的地步。

　　我国特许经营的风暴已经来临，风暴难免会卷起泥沙。在泥沙俱下的环境下，需要我们每一个业内人士擦亮眼睛，使欺诈行为没有生存的空间。

　　小思考8-3　特许经营欺诈的"骗子公司"一般采取什么欺骗伎俩？加盟商应该如何防范？

本章小结 ☑ --●

　　特许经营对于加盟总部和加盟商双方来说都是一把"双刃剑"，其前进的每一步都有可能隐含风险。加盟总部的风险来源主要有：来自合约缺陷的风险、来自错误招募的风险、来自双方冲突的风险、来自内部管理的风险。加盟总部要规避上述风险，关键在于建立一整套风险识别、风险评估和风险防范的特许经营风险预警系统，以帮助加盟总部及时掌握动态，防患于未然，或在风险来临时正确地应对风险、控制风险，将风险的损失降到最低水平。此外，加盟总部还需要化解双方的冲突。加盟商的风险来源主要有：来自特许经营欺诈的风险、来自加盟总部经营管理的风险、来自加盟商本身的风险。其中，特许经营欺诈一般有以下几种情况：一是无法兑现的高承诺；二是推销假冒或低劣的产品和机器；三是制造合约圈套，利用加盟商开辟市场。加盟商要规避上述特许经营风险，需要仔细识别加盟陷阱，全面考察加盟总部的情况，谨慎签订加盟合约，及时寻求法律的保护。

主要概念和观念 ☑ --●

　　特许经营风险　风险预警系统　风险识别　风险评估　风险规避　加盟冲突
特许经营欺诈

基本训练 ✓ ────────────────────────────●

□ 知识题

1.加盟总部的特许经营风险的来源主要有哪些方面？

2.加盟商特许经营风险的来源主要有哪些方面？

3.风险预警系统的监测流程和监测内容是什么？

4.加盟双方冲突产生的原因是什么？如何化解加盟双方的冲突？

5.加盟商如何识别特许经营欺诈的陷阱？

6.加盟商考察加盟总部的情况时需要关注哪些方面？

7.加盟商遇到特许经营欺诈时，应该如何保护自己的利益不受侵害？

□ 技能题

1.试为一家加盟总部设计一套风险预警系统，并根据监测内容判断加盟总部的风险情况。

2.当加盟双方发生冲突时，识别这次冲突产生的真正原因并提出相应的解决对策。

□ 能力题

1.案例分析

老百姓健康药房成立加盟商委员会加强自治管理

老百姓健康药房集团自成立以来，发展迅猛。根据其公布的年报，截至2024年12月31日，老百姓构建了共计15 277家门店的营销网络，其中直营门店9 981家、加盟门店5 296家。在高速扩张中，公司也在不断完善发展制度，要求旗下加盟店规范、合法经营，保证品牌形象。

面对加盟商，老百姓健康药房实施7统一管理模式：统一品牌形象，统一管理制度、统一计算机系统、统一人员培训、统一采购配送、统一票据管理、统一药学服务标准，保证门店标准化输出。同时，直营店和加盟店共享会员体系，为加盟门店带来更多客源。

一方面，为了使7统一管理模式顺利落地，公司加强培训赋能，提升店员专业技能。集团目前拥有500多人的讲师团队，不间断地为加盟商提供质量管理风险培训、专业知识培训，强化加盟商、门店店员安全合规经营意识与专业技能，线上线下培训方式一应俱全，全面提升门店服务水准。

另一方面，为保证加盟门店能够按照公司制定的统一标准来经营，集团特地成立了督查审计部门，安排专业人员常年巡查全国各地的加盟门店，从经营规范、药品货源等多个维度进行监管，严禁药品"外购"，确保合规经营，有效保证了公司的品牌，同时也反向保障了加盟商的经营安全。

此外，为了充分发挥加盟商抱团聚力效应，化解加盟总部与加盟商之间的冲突，老百姓健康药房在2019年7月成立了加盟商管理委员会。作为衔接加盟商与总部的桥梁组织，加盟商管理委员会将被打造成一个客观、公开、透明的加盟商平台。其具体工作主要有以下几点：

①组织。充分发挥加盟商管理委员会的主体作用，搭建起集团与加盟商的管理交流平台，并组织公司与委员会相关经营工作协调。

②经营。妥善梳理加盟商相关标准规范，对接加盟商有关商品价格、新品引进、缺货及门店运营等相关事宜，形成有关决策提案，并形成具体执行方案。

③发展。负责本区域内公司形象宣传工作，对接公司发展战略与品牌建设，为公司献计献策，积极组织加盟商参加公益、联谊等社会活动。

④执行。负责协调公司与加盟商重要事宜，以及处理好各种争议事项，并监督公司各经营单位服务加盟商的执行情况。

2020年7月，老百姓健康药房加盟商管理委员会第二次大会在总部召开。在讨论会上，各加盟商委员各抒己见、畅所欲言，纷纷就门店日常经营中所遇到的困惑、希望公司提供的支持以及如何解决建言献策。集团领导人仔细倾听各位委员的意见和建议，并围绕门店营运标准提升、商品满足及价格管控、如何服务好加盟商及未来市场发展重心等核心问题与在场加盟商进行了交流与探讨。

合作基于信任，信任基于了解。老百姓健康药房希望加盟商委员会积极为公司的发展献言献策，共同维护公司良好经营秩序，与公司一起携手共同发展。

资料来源：老百姓大药房加盟（微信公众号）。

问题：（1）老百姓健康药房是如何保证7统一管理模式能真正落地实施的？

（2）老百姓健康药房成立加盟商管理委员会的作用是什么？

2.社会实践作业

（1）从网络上寻找特许经营欺诈的案例，总结这些欺诈案例的主要欺诈手法，并提出识别方法。

（2）做一个加盟店的调查，了解加盟店与加盟总部是否存在冲突，分析冲突产生的原因并提出解决的方法。

主要参考书目

[1] 肖怡. 企业连锁经营与管理 [M]. 7版. 大连：东北财经大学出版社，2025.

[2] 肖怡. 零售学 [M]. 5版. 北京：高等教育出版社，2023.

[3] 特纳. 达美乐：创意披萨巨头如何用科技创新客户体验 [M]. 覃琳，译. 北京：电子工业出版社，2022.

[4] 李维华. 特许经营新思维 [M]. 北京：企业管理出版社，2021.

[5] 肖怡. 零售模式变革：数字经济时代零售企业生存之道 [M]. 北京：企业管理出版社，2021.

[6] 文志宏. 特许经营实战指南 [M]. 北京：电子工业出版社，2020.

[7] 李维华，李松. 特许经营与连锁经营手册 [M]. 北京：经济管理出版社，2017.

[8] 王盈盈，冯珂，王守清. 特许经营项目融资 [M]. 北京：清华大学出版社，2017.

[9] 崔师振. 商业特许经营全程法律风险防范 [M]. 北京：中国法制出版社，2016.

[10] 侯吉建. 特许经营体系设计与构建 [M]. 北京：中国人民大学出版社，2014.

[11] 罗天宇. 特许经营行业分析 [M]. 北京：中国人民大学出版社，2016.

[12] 肖小文，胡勇. 特许经营法律理论与实务 [M]. 北京：中国人民大学出版社，2014.

[13] 袁东. 特许经营概论 [M]. 北京：中国人民大学出版社，2014.

[14] 孙连会. 特许经营法律实务 [M]. 北京：中国人民大学出版社，2013.

[15] 朱明侠，王晓民，牛志敏. 特许经营案例研究 [M]. 北京：中国人民大学出版社，2013.

[16] 王晓民，罗天宇. 特许经营网点投资 [M]. 北京：中国人民大学出版社，2012.

[17] 刘常宝. 特许经营创业 [M]. 北京：科学出版社，2011.

[18] 肖永添，刘常宝. 总部运营管理 [M]. 北京：机械工业出版社，2011.